완전히 새로운 지정학 수업

MYTHS OF GEOGRAPHY

Copyright © Paul Richardson 2024
The moral right of the author has been asserted.
All rights reserved.

Korean translation copyright © 2025
Korean translation rights arranged with A.M. Heath
through EYA Co.,Ltd

이 책의 한국어판 저작권은 EYA Co.,Ltd를 통해
A.M. Heath와/과 독점 계약한 미래의창이 소유합니다.
저작권법에 의하여 한국 내에서 보호를 받는 저작물이므로
무단 전재 및 복제를 금합니다.

■ 대륙부터 국경까지 지도에 가려진 8가지 진실 ■

완전히 새로운
지정학 수업

폴 리처드슨 Paul Richardson 지음 | 이미숙 옮김

미래의창

서문

상상으로 그린 세계지도
5대양 6대주의 진실을 찾아서

그리 오래되지 않은 과거, 세계지도의 끝자락에는 웅크린 신화 속 존재들이 그려져 있었다. 용과 괴물이 육지를 활보하고, 심해의 괴수들은 감히 그들의 바다에 들어선 사람들의 몸뚱이와 배를 박살 내기 위해 도사리고 있었다. 크라켄과 리바이어던, 사이렌과 독사, 거대한 돌고래와 바닷가재는 뱃사람들의 꿈속에 나타나 그들을 끊임없이 괴롭

했다. 이 환상의 짐승들은 중세와 르네상스 시대의 지도 제작계에도 등장해, 상상의 산물들은 장식으로, 거친 바다의 괴물에 대한 목격담은 전설이 되어 지도에 새겨졌다. 신화와 현실이 뒤섞인 지도에 이끌린 모험가들은 괴물의 존재와 아직 발견되지 않은 채 괴물의 주변에 묻혀 있을 부를 직접 확인하고자 머나먼 땅으로 향했다. 지도 속 이야기들이 진실로 밝혀진다면 반드시 부와 명성이 따를 터였다.[1]

그러나 이런 괴물들은 하나둘 지도상에서 사라지기 시작했고, 17세기 말엽에는 거의 자취를 감추었다. 조선과 항해 그리고 지도 제작 기법이 거듭 발전하면서, 유럽 지도 제작계에는 세계와 그 세계를 더욱 정확하게 묘사하는 방법에 관한 지식이 쌓였다. 과학과 합리성의 시대가 등장하면서 이전의 예술적인 장식과 상상 속의 지리는 잊혀져 갔다.[2] 그러나 오랜 역사를 자랑하는 중세와 르네상스 시대의 지도는 여전히 그것대로 의미가 있었다. 지도에 자세히 묘사된 신화 속 존재들이 당시의 지도 제작자, 제국의 창시자, 모험가, 뱃사람들의 정신세계로 들어가는 경이로운 문을 활짝 열어주기 때문이다. 지도와 새로운 기술을 통해 우리는 미지의 세계가 밝혀지기 이전의 그들이 품고 있던 희망과 두려움, 불안을 생생하게 볼 수 있다.

이 지도들을 장식했던 미지의 땅과 신화 속 존재에는 한때 사람들이 세상에 대해 생각하고, 꿈꾸고, 이야기하는 방식을 구성하는 힘이 있었다. 세상을 이미지로 묘사하는 지도의 화폭에는 사실과 허구의 경계가 모호했고, 이는 그 안에서 행동하고 활동하는 사람들의 생활 방식에도 영향을 끼쳤다. 오늘날이라면 그런 지도는 신화와 과장으로 가득한 것처럼 보일지 모른다. 하지만 그것을 창조한 중세의 대가들을 섣불리 판단하는 일은 피해야 할 것이다. 어쩌면 우리가 사는 이 세계 역시 그들의 세계와 다름없이 신화로 형성된 것은 아닐까? 현재의 세계를 이해하는 도구로 사용되는 지도와 개념들이 과거와 마찬가지로 우리를 그릇된 길로 이끌고 있는 것은 아닐까?

신화의 세계는 대개 초자연적이고 영적인 영역에 속한다. 다양한 인간상의 탄생, 삶, 모험, 죽음에 관한 이야기가 동식물뿐만 아니라 신, 영웅, 요정, 엘프, 트롤 등의 이야기와 어우러져 세상에 의미를 부여했다.[3] 체계적인 종교가 등장하고 그 뒤를 이어 과학과 이성의 시대가 도래하면서 이런 신비로운 이야기의 특성과 의미는 빛이 바랬지만, 세상의 질서에 관한 한 신화는 여전히 그 어느 때에 못지않게 생생하게 살아 숨 쉰다. 이 책은 현대 사회의 신화를 탐구하여, 그것이 여전히 강력한 영향을 미치고 있고, 우리가 세계와 지리를 이해하는 방식의 근본적인 요소임을 보여준다.

현대의 신화는 고대의 신화와 마찬가지로 우리 의식 속에 깊숙이 새겨져 있으며, 그래서 그것이 실상은 우리가 열심히 만들어낸 상상의 산물임을 미처 깨닫지 못할 수 있다. 오늘날의 상상 속 지리가 지난날과는 다를지 모르지만, 그것은 여전히 전설의 이상향을 향한 기상천외한 원정이나 존재한 적 없는 용의 목을 베기 위한 여정으로 우리를 초대한다. 이 책은 우리의 삶을 정의하는 근본적인 믿음과 그것이 형성하는 우리의 세계관을 다룬다.[4] 그리고 아주 다양한 방식으로 '지리에 숨은 신화'를 밝혀낸다.[5]

이 신화들은 상상 속의 지리로, 우리 각자의 마음속에 존재하는 세계 그리고 국가, 대륙, 경계, 지역에 대한 이해를 반영한다. 신화는 우리 주변 어디에나 존재하며 이미지, 책, 이야기, 지도, 교재, 연설, 공연, 영화, 미디어 속에서 끊임없이 재현된다. 또한 이를 통해 저마다 우리가 어떤 식으로 세상을 인식하고 살아가는지를 알린다. 하지만 이런 신화들은 한때 지도를 채웠던 무서운 괴물들과 마찬가지로, 세상에 실제 존재하는 것을 전하기보다는 우리의 선입견과 욕망, 불안을 드러낸다. 결국 신화는 우리 자신을 비추는 렌즈인 것이다.[6]

이 책에서 묘사한 여덟 가지 신화, 혹은 허구는 아주 어릴 적 반짝이는 눈으로 지구본을 쳐다보거나 지도와 국기에 색을 칠하던 시절부터 우리 안에 소리 없이 스며들었다. 각 장은 우리가 세상을 바라보며 품어오던 오랜 가정을 완전히 뒤엎고, 신화가 어떻게 해서 물리적인 지리의 자연적인 과정보다 더 손쉽게 산을 옮기고 대륙을 창조할 수 있었는지를 밝힌다. 이어서 우리가 스스로에게 주입시켜온 세상에 대한 믿을 수 없는 이야기들을 조목조목 살펴보면서 그동안 당연하게 여겼던 지리적 '현실'이 갑자기 불확실해진다면, 그것에는 어떤 의미가 있을지에 대해 질문한다. 당대의 가장 뛰어난 지도 제작자들 중 일부가 세상을 '거꾸로' 그렸다면 세상에 대한 다른 시각이 존재한다는 뜻이지 않을까? 세상에 대한 몇 가지 기본적인 가정이 한낱 허구에 불과한 것이 아닐까? 그리고 실제로 존재하는 세상이 아니라 우리가 상상하는 방식대로 만들어진 세상에서 살아간다는 것은 어떤 결과를 낳을까?

　　이 책은 오래도록 지속된 허구의 세계관, 즉 '환경 결정론'에 도전한다. 고대 그리스에서 유래한 이 개념은 기후와 물리적 환경이 인간의 지능과 사회 발전에 영향을 미친다고 주장한다.[7] 이는 특히 식민지 시대의 인종차별과 위계질서 그리고 머나먼 땅과 그 주민들에 대한 제국의 통치를 정당화하기에 적합한 믿음이었다. 수 세기 동안 이어진 결정론적 사고로 말미암아 지리와 환경에 대한 암묵적인 편견들은 결국 고질적인 문제가 되었다.[8] 지리가 운명일 뿐만 아니라 문명의 흥망성쇠, 지배적인 세계 질서, 지정학적 미래를 이해하는 열쇠가 된다는 잘못된 가정이 그런 편견에서 싹튼 것이다. 세계에 대한 이 본질주의적 해석에서는 지리가 우선시되고 지도가 그 뒤를 따른다.

　　그러나 인간과 지리의 관계는 상호 영향을 주는 관계다. 우리에게는 우리의 세계를 형성하는 힘이 있다. 이를테면 북해를 간척해 네덜란드의 국경을 바꾸거나 아마존 열대우림을 벌채해 광활한 농지를 만드는 과정에서 생생하게 드러나듯이 인간에게는 새로운 지형을 창조하는 힘이 있다. 핵무기와 드론처럼 신기술을 발명해 과거 전략적으로 중요시되었던 지역을 무의미하게 만들기도 한다. 기후 변화에도 큰 힘을 끼쳐 육상 및 해양 환경에 중대한 변화를 야기시키기도 한다.

　　이 책은 지리적 사실이 항상 보이는 그대로만은 아니라고 설명한다. 이를 위해 대륙의 여명기부터 중국의 부상과 우크라이나 전쟁에 이르기까지 시공간을 넘나드는 여정에 나서서 한국, 일본, 부탄, 짐바브웨, 중국, 러시아, 멕시코, 미국, 남극, 사하라, 남중국해, 중앙아시아를 누빈다. 또한 이 책은 우리가 세상에 대해 갖고 있는 매혹적인 이야기와 신화를 풀어낸다. 이는 단순히 지적 호기심이나 사고 실험이 아니다. 왜냐하면 이런 신화를 있는 그대로 보아야만 우리가 마주한 실제적인 불의와 분열, 환경의 재앙에 대처할 수 있기 때문이다.

1장에서는 어쩌면 가장 거대한 지리적 신화라고도 할 수 있는 대륙에 대해 이야기한다. 대륙의 모양은 눈을 감고도 곧바로 떠올릴 수 있을 만큼 매우 뚜렷하며, 그 윤곽은 외관상 바다와 선명하고 깔끔하게 구분된다. 하지만 가장 기본적인 질문을 던지는 순간 대륙은 곧 해체되기 시작한다. '몇 개의 대륙이 존재하는가?'라는 질문은 단순하지만, 북아메리카와 남아메리카를 별개의 대륙이라고 볼 것인지 혹은 남극을 그 자체로 대륙으로 볼 것인지에 따라 그 답이 달라진다. 또한 어디까지가 오세아니아에 포함되고 어디까지가 아시아에 포함될 것인가? 그리고 바다나 대양이 경계를 나눠주지 않는 유럽과 아시아의 경우는 대륙의 구분이 더욱 모호해진다. 두 대륙을 나눈다고 여겨지는 우랄산맥은 남쪽으로 갈수록 점점 낮아져 결국 자취를 감춘다. 대륙이 몇 개인지, 대륙 사이의 경계가 정확히 어디인지를 꼭 집어 말할 수 없다니 왠지 석연치 않다.

결국 대륙의 신화, 즉 그것이 우리 세계를 나누는 유일한 방법이라는 신화에 담긴 힘은 이 개념의 단순함(그리고 지도, 도감, 그림 등을 통해 그것이 되풀이된다는 사실)에 있다. 대륙이라는 개념에는 고유한 특성이 없고 대륙을 분류하는 과정은 명확한 과학적 정확성에 들어맞지 않는다. 이를테면 대륙은 판구조론이나 지질학을 기준으로 결정되지 않는다. 혹여 그렇다면 인도는 아시아에서 떼어내어 오세아니아에 붙이는 것이 맞다. 혹은 동식물의 종에 따라 세계를 나눈다면 유럽과 아프리카 대륙을 구분하는 장벽으로 지중해보다는 사하라 사막이 훨씬 이치에 맞을 것이다. 지중해라는 복잡하게 연결된 세계의 해안선은 지브롤터 해협과 보스포러스 해협에서만 아주 작은 단절을 보일 뿐이며, 이는 사하라 사막의 어마어마한 넓이와 위험 요소에 비하면 하찮은 수준이다. 이 책의 나머지 신화와 마찬가지로 대륙은 드러내는 것보다 감추는 것이 훨씬 더 많다.

이 책의 두 번째 신화는 우리가 서로 간에 세우는 장벽에 대해 언급하면서, '국경 장벽은 왜 무용지물인가'라는 질문으로 눈을 돌린다. 도널드 트럼프는 2016년과 2024년 대통령 선거에서 미국과 멕시코를 가르는 장벽 건설을 핵심 공약으로 삼았다. 그러나 장벽을 세우겠다는 그의 첫 번째 시도는 그리 인상적이지 않았다. 일부 장벽이 이미 소노란 사막 Sonoran Desert에서 녹슬어가는 중이었고, 2021년에는 전 구간이 폭우에 휩쓸려 떠내려갔다. 장벽을 따라 사다리가 심심찮게 발견되는가 하면 어떤 장벽에는 앵글 그라인더로 구멍이 뻥 뚫려 있는 곳도 있었다. 좀 더 가까이 들여다본 국경 장벽은 사람들이 생각한 만큼 튼튼하거나 난공불락이거나 영구적이지 않다. 장벽의 효과는 그 웅장한 위용과 상징성과는 좀처럼 어울리지 않을뿐더러 그것이 약속한 안전과 분리의 느낌을 전달하지도 못한다.

트럼프의 국경 장벽, 영국 북부의 하드리아누스 방벽, 중국의 만리장성 등 무엇이든 간에 이런 대단한 공학적 업적과 노력은 '우리'와 '그들'을 가르는 안전한 방어선으로 생각되는 경향이 있다. 그러나 실제로는 그런 식으로 작용하지 않으며, 오히려 거대한 장벽이 드리우는 그림자 아래 다양하고 활기찬 국경 문화가 싹트기도 한다. 하드리아누스 방벽에서는 현재의 시리아와 루마니아 출신 이주민들이 한때 브리타니아였던 땅의 북쪽 국경을 지켰으며, 중국은 만리장성 너머에서 온 여러 왕조의 통치를 받았다. 국경은 사람들을 밀어내는 것만큼이나 끌어당기기도 하며, 안전보다는 불안의 기념비로 전락하기 쉽다. 국경과 장벽은 그것들을 둘러싼 신화와는 반대로 정체보다는 이동을 상징한다. 하드리아누스 방벽은 완벽하지 않았으며(심지어 건설 직후에 버려졌다가 다시 점령되기도 했다), 트럼프의 장벽은 마약이나 이민자의 흐름을 막는 데는 거의 무용지물이었다. 오히려 미국-멕시코 국경 장벽이 높아질수록 미국인들의 두려움은 더욱 고조되고 이를 극복하려는 이민자들의 시도는 더욱 절실해진다. 타인의 삶에 대한 책임감이 국경에서 멈춘다면 아무도 안전을 보장받을 수 없다. 그저 우리는 우리의 인간성을 망가뜨리고 있을 뿐이다.

오늘날 경계선은 주로 세 번째 신화인 국가와 연관되어 있으며, 이에 대해 '나'라는 존재가 사라진 후 오랜 시간이 흘러도 "영국(각자 소속감을 느낄 만한 어떤 나라)은 언제나 존재할 것"이라는 말이 있다. 이는 국가의 신화와 그것이 유구하고 자연스러운 것이라는 확신에 기반한다. 그러나 국가를 창조하는 과정에는 상상력과 선택적인 기억, 불편한 진실을 지워버리는 망각이 뒤따른다. 현대 국가는 과거와 현재의 이주, 문화의 혼합, 갈등, 식민지화가 뒤섞인 만화경과도 같다. 국가의 본질을 추적하기 위해 더 먼 시간으로 거슬러 올라갈수록 그 본질은 점점 모호해진다. 바로 이 때문에 현대 국가는 끊임없이 새롭게 만들어지고 실행되고, 해석되고, 학습되어야 하는 것이다. 이런 재창조의 무한한 연속이 보편화되다 보니 이제는 국가의 틀에서 벗어나 사고하거나 행동하거나 통치하거나 교육하기란 불가능에 가까워졌다.

그러나 국가의 개념이 가변적이라는 것은 (이름도 생소한 어떤 독일 지방의 군주, 전직 KGB 요원, 뉴욕의 부동산 개발업자 같은) 어떤 특정 집단이 국가의 권력과 의미를 손에 넣을 수 있다는 뜻이기도 하다. 이들은 자신들이 만들어낸 이미지 속에서 국가를 개조하고자 시도한다. 물론 국가란 언제나 그런 식이었지만 말이다. 이따금 이런 노력의 이면에는 다른 사람들을 희생시키면서 엘리트층의 권력과 부, 영향력을 유지하려는 의도가 감추어져 있다. 하지만 우리는 인류가 존재한 이래 대부분은 국가가 없는 상태로 지냈고 국가 대신에 다른 공동체와 종교, 제도에 우리의 충성심과 정체성을 맡겼다는 사실을 명심해야 한다. 한때 영원해 보였던 제국과 마찬가지로, 세계를 국경선에 따라 구성하는 방식이 미래에도 존재하리라는 보장은 없을 것이다. 그렇다면 그때까지 우리는 영토와 국경을 놓고 끊임없이 분쟁을 반복해야 할까? '영원하다'고 추정되는 지배적인 최신판 국가 가치관에 맞지 않는다고 소수집단을 소외시키고 박해해야 할까? 국가라는 개념에 대한 집착 때문에 국제적인 경계선 따위는 아랑곳하지 않는 팬데믹과 기후변화에 합심해서 대처하지 못하는 것은 아닐까?

국가에 이어서 네 번째 신화는 또 다른 불편한 질문을 제기한다. '세계는 누구의 것인가?' 세계지도를 보면 각 나라를 다른 색상으로 칠해서 표시한다. 하지만 영토, 소유권, 권위에 대한 개념을 색깔로 쉽게 정의할 수 없는 모호한 지역들이 있다. 가령 사하라 사막 동부의 비르 타윌 Bir Tawil은 어느 나라도 적극적으로 영유권을 주장하지 않는 유일한 거주 가능 지역이다. 그런가 하면 지중해에는 영토나 국경이 없어도 자체 전자 여권, 우표, 동전, 자동차 번호판을 발행하고 유럽연합 주재 대사와 유엔의 공식 지위, 100여 개 국가와의 외교 관계를 가지고 있는 종교 단체가 있다. 광활한 땅덩어리를 어느 한 국가가 소유하거나 관리하지 않는 남극 대륙도 또 다른 예외로 꼽을 수 있다. 이런 독특한 사례에서 한 가닥의 실마리를 찾을 수 있으며, 이 실마리를 따라가다 보면 특정한 영토에 주권을 주장하기 위해 반드시 필요한 요소란 전혀 존재하지 않는다는 사실을 발견할 것이다.

2016년 여름부터 21세기에 주권이란 무엇을 의미하는가를 둘러싼 대대적인 실험이 진행되었다. 영국이 유럽연합에서 탈퇴하겠다고 선택한 배경에는 국경과 영토에 대한 통제권을 쉽게 결정하고 되찾을 수 있다는 주권의 신화가 자리한다. 이 장에서는 한 단일 국가가 행사하는 권력의 내부(혹은 외부)에 있다고 단순화하기에는 너무나 복잡한 세계와 주권 신화 사이의 괴리를 검토한다.[9]

국경 장벽과 인프라 구조 안에서 주권을 구체화할 수는 있으나 결국 주권은 추상적인 개념이다. 때와 장소에 따라 심지어 사람에 따라 주권의 개념이 달라진다. 특히 이상화한 주권 개념이 혼란스러운 현실과 충돌할 때 그 복잡성과 모순이 적나라하게 드러난다. 하지만 주권이 시공간에 따라 변한다는 사실을 인식한다면 지금까지와는 다른 세계 질서를 구성하기 위한 새로운 영역이 열릴 수 있을까? 그리고 우리가 주권의 의미를 명백하게 이해한다면 세계의 경계를 세우는 기존 방식을 대체할 방법은 무엇일까?

지금까지 당연하게 여겨온 세계의 구성 요소(대륙, 국가, 국경, 주권 등)가 강력한 지리적 상상력의 산물이라면, 적어도 국가 경제처럼 실체적이고 견고한 무언가가 세상의 모든 것은 그냥 만들어진 허구가 아님을 증명해야 하지 않을까? 하지만 안타깝게도 국내총생산GDP이라는 개념을 통해 성장과 발전을 측정하는 방식마저도 또 다른 인위적인 전통에 지나지 않는다. 그렇다면 어째서 GDP를 사람과 나라가 잘사는 정도를 매기는 지배적인 척도로 삼는 것일까? 사람과 장소를 분류할 더 좋은 방법은 없을까? 특히 세계에서 가장 부유한 지역과는 거리가 먼 어떤 지역의 주민들은 선진국 국민보다 몇 년 심지어 수십 년 동안 더 건강한 삶을 영위한다는 점을 고려한다면 말이다.

오로지 경제 성장만이 행복과 가치를 나타내는 믿을 만한 지표가 아니라면 GDP의 상승은 진보의 징조일까, 아니면 파멸의 척도일까? 성장이라는 신화를 수용함으로써 우리는 자신과 세계의 상태와는 무관한 수치에 의존하게 되는 것은 아닐까? GDP로 경제 규모를 측정하는 방법에 문제가 있다는 사실이 이미 오래전부터 알려졌는데도 이 신화적인 수치에는 여전히 우리를 지배하는 독특한 힘이 있다. 경제 성장을 좇는다고 항상 번영과 안전이 보장되는 것이 아니다. 열대우림이 파괴되고 습지가 개간되면서 기후 위기와 생물종의 대규모 멸종이 가속화되고 있다. 탐욕스러운 자원 채취를 연료로 삼아 무한 경제 성장을 추구하는 현재의 궤도는 과거에도 있어왔다. 인류 사회는 이미 여러 차례 환경의 재앙적 위협을 집단적으로 간과해왔다. 그러나 이번에 마지막이 될 가능성이 있다. 기후변화의 속도가 빨라지고 해수면이 상승하는 지금 이런 질문을 던져본다. GDP와 경제가 급상승하고 있는데, 왜 우리는 가라앉고 있는가?

이 책의 나머지 부분은 서구에서 오랫동안 잘못 이해되어 온 주요 지역 세 곳에 대한 신화를 다룬다. 그 첫 번째는 러시아와 관련된 시의적절한 질문으로 시작한다. '러시아는 왜 항상 이웃 국가를 침략하는가?' 푸틴은 한때 '러시아 세계'를 통합하고 유라시아 연합을 건설하며 러시아를 존경받는 강대국의 지위로 회복시키고 추앙받는 지도자가 되겠다고 꿈꾸었을지 모르지만 현재로서는 악명을 떨치고 있을 뿐이다. 2022년 개시된 우크라이나 침공은, 팽창에 집착해 영토를 수탈하는 강대국이라는 러시아에 대한 신화를 확인시키는 것처럼 보인다.

이 신화는 푸틴을 완전히 매료시킨, 강력하고 매혹적이며 겉보기에는 자명한 개념이다. 하지만 그것은 단순한 팽창주의라기보다는 레반시즘revanchism(보복주의, 영토회복주의라고도 한다—옮긴이)이자 억압과 공격적인 민족주의의 과정이다. 푸틴은 이것이야말로 러시아의 세계적 입지를 확립할 수단이라는 상상에 사로잡혔다. 그러나 러시아의 세계적 위상을 높일 목적으로 러시아 영토를 이양한 인물도 다름 아닌 푸틴이었다. 아무르강에 있는 볼쇼이 우스리스키섬(일명 헤이샤쯔섬)에서는 2008년 열린 한 엄숙한 기념식에서 중국 국기가 게양되었다. 그 섬의 절반이 러시아에서 중국으로 평화롭게 이양되었기 때문이다.[10] 이후 러시아와 중국의 관계는 꽃을 피웠다. 푸틴에게 이 일은 다음과 같은 골치 아픈 의문을 불러일으켰을 것이다. 영토 이양이 레반시즘에 따른 우크라이나 침공보다 러시아의 세계적 입지에 이로웠을까? 19세기에 알래스카를 매각하고 중국에 자국의 섬을 양도했듯이 러시아의 운명을 결정한 것은 팽창주의만이 아니었다. 우크라이나 침공은 푸틴주의의 왜곡과 기만에서 빚어진 불가피한 결과겠지만 단순히 팽창주의에 기반해 전략적으로 영토를 확보하기 위한 탐색이 아니라 불만에 의해 형성된 상상 속의 지리가 그 틀을 구성하고 있다.

러시아는 서구의 오랜 경쟁자였으나 최근 들어 새로운 도전자가 등장했다. 최근 몇 년간 중국은 세계 역사상 가장 원대한 건설 프로젝트를 진행하고 있다. 다름 아닌 중국과 전 세계를 잇는 신新실크로드의 건설이다. 이 프로젝트에는 남중국해 수역에 건설 중인 인공 콘크리트 섬을 비롯해 중국 연안에서 런던 동부까지 유라시아를 횡단하는 열차들이 총망라되어 있다. 신실크로드는 볼리비아부터 버뮤다에 이르기까지, 전 세계와 모든 방위를 따라 중국을 훌쩍 넘어 세계에서 가장 야심 찬 인프라 건설 프로젝트이자 네트워크로 뻗어나가고 있다. 이 프로젝트가 세계의 지리를 개편하고 있을 수도 있지만 신실크로드 신화에는 단순히 세계 지배를 위한 전략 그 이상의 의미가 있는 것은 아닐까? 과연 모든 길은 중국으로 통할까? 이처럼 거대한 계획이 과연 성공을 거둘까? 아니면 인프라 건설 프로젝트가 제대로 활용되지 못하고 자체의 중력을 이기지 못해 물속으로 가라앉으면서 무너지는 것은 아닐까?

이런 질문에 답하려면 중국의 지정학적 권력 욕구에 대한 단편적인 신화를 넘어 더 깊이 있는 통찰이 필요하다. 이 프로젝트의 이면에 존재하는 이유와 근거는 복합적이며, 오로지 경제적·지정학적 강점에서 비롯된 것만은 아니다. 그것은 일관적인 전략이라기보다는 (국가가 명한 GDP 목표를 달성하는 일부터 주권적 통제권을 행사하고, 권위주의적 지배를 정당화하고, 자국민을 위해 국가 정체성을 강화하는 일에 이르기까지) 중국이 신화 속의 용을 추적하는 과정에서 형성된 프로그램에 가깝다. 이 프로그램의 목적은 상충되고 모순적일 수 있으며, 신실크로드라는 상상 속의 지리가 쉽게 변경되지 않는 실제의 인적·물리적 지리와 충돌할 때 발생할지도 모를 잠재적 위험을 부각시킬 수 있다.

마지막으로 이 책은 '자구책이 필요한 대륙'이라는 아프리카에 대한 신화를 살펴본다. 이 신화는 "자신의 문제를 해결하는 데 기능적으로 무능하다"는 아프리카의 이미지를 통해, 오늘날 서양에서 아프리카를 바라보고 관계를 맺는 한 방식으로 여전히 활발하게 활용되고 있다.[11] 이런 관점은 활기차고 다양하며 복합적인 거대한 지역을 퇴색시킨다. 아프리카의 과거와 현재, 미래를 왜곡하는 오랜 전통의 최신판은 아프리카를 온정적인 외부 개입과 자선이 필요한 지역이라고 묘사하는 것이다. 이보다 앞서 상황이 더 열악했던 시기, 남부 아프리카의 국가였던 로디지아Rhodesia의 백인 통치자들은 웅장한 그레이트 짐바브웨 유적지의 기원을 치밀하게 날조하는 등 부조리한 행태를 자행했다. 11~16세기 동안 점령지였던 중세 도시 그레이트 짐바브웨는 현대 유럽의 어떤 지역과 비교해도 뒤지지 않을 만큼 인상적인 위용을 자랑한다. 로디지아 백인 통치하의 교과서나 학술 논문에서는 이곳을 아랍 상인들의 잔해나 멸족한 초기 민족의 흔적, 심지어 잃어버린 신화 속의 '백인 문명'이라고 주장했다.[12] 위대한 왕국의 수도를 건설한 이들이 짐바브웨 원주민만 아니라면 그 누구라도 상관없다는 논리다.

최근 수십 년 동안 사람들은 그런 신화를 철저하게 비판했지만 이 지역의 지리와 역사에 대한 잘라내기와 짜깁기는 오늘날에도 여전히 성행한다. 제국의 역사를 좀 더 솔직하게 기술한 자료를 가르치는 건 고사하고 영국 같은 식민 강대국에 관한 지식에 대해서는 큰 공백이 남겨져 있다. 제국의 고통과 수치로부터 주의를 딴 데로 돌리기 위해 자비롭고 선량하며 문명화된 백인이 통치하는 것에 향수를 불러일으키는 신화가 이런 공백 속에서 뿌리를 내리고 지속될 수 있다. 카이로에서 케이프타운에 이르기까지, 수백만 명의 운명을 결정짓고 전 세계에 지속적인 영향을 미치는 이 충격적인 사건들은 정작 그 일을 자행했던 국가들에는 거의 알려지지 않았다. 과거의 신화를 극복하려면 이 역사와의 연대가 필요하다. 그렇지 않으면 온 지역이 계속 무시되고 축소될뿐더러 '잃어버린' 영토에 대한 환상통과 주체할 수 없는 제국의 경련은 결코 가라앉지 않을 것이다.

이 책의 마지막 장에서는 이렇게 묻는다. '다음 차례는 무엇인가?' 첫걸음을 떼려면 우리가 쉽게 의심하지 않는 세계와 지역에 대한 기존의 통념을 넘어서야 한다. 이런 신화가 수많은 사람에게 사실상 현실처럼 받아들여지고 있지만, 우리가 그것들에 대한 맹목적인 믿음을 고수한다면 이는 고대의 뱃사람들처럼 지구 끝자락의 환상적인 생물을 찾아 맹목적으로 항해하는 것이나 다를 바 없다.

수천 년 동안 우리 조상은 이 책에 실린 지리적인 신화들을 거들떠보지 않았다. 그렇다면 어째서 우리는 그런 신화적 허구가 지금도 우리를 구속하고 우리의 미래를 결정하도록 내버려두는가? 물론 이런 신화를 부정한다면, 극적인 결과가 따를 수 있다. 하지만 신화를 신봉한다고 해서 우리의 조화와 안전이 보장될까? 신화에 생사를 걸 가치가 있을까? 현재 직면한 세계적인 문제에 대처하려면 우리가 스스로에게 강요한 신화에서 벗어나야 한다. 변화를 관리할 수 있는 새로운 가능성과 더불어 진보를 평가하고 신뢰를 구축할 더 포용적인 방법을 상상해야 한다.

　이 책의 결론에서 제안하듯이 수많은 해결책이 이미 우리 곁에 존재하며 노력과 용기, 학습과 이해를 통해 우리를 갈라놓는 물리적인 상상의 벽을 허물 수 있다. 신화의 세계를 해독하는 것은 당황스럽고 때로는 직관에 반하는, 미지를 향한 발걸음이다. 사실과 허구가 혼합된 새로운 미디어 환경에 적응하는 일은 한층 더 복잡한 투쟁이며, 어쩌면 과학적 측정과 조사를 신화 속 생물이나 황금의 도시와 나란히 합쳐놓은 고대 지도와 별반 다르지 않을지도 모른다. 그러나 희망은 있다. 이런 지리의 신화를 있는 그대로 인정한다면, 우리가 상상력을 발휘해 더 멋진 신세계를 창조할 수 있을지 모른다.

차례

서문. 상상으로 그린 세계지도_5대양 6대주의 진실을 찾아서 4

1부. 현실에 근거하지 않은 현실

1장. 대륙_몇 개의 대륙이 존재하는가? 25
2장. 경계_장벽은 왜 무용지물인가? 63

2부. 허구 위에 쌓인 허구

3장. 국가_국가란 무엇인가? 99
4장. 주권_실체를 알 수 없는 모호한 주장 137
5장. GDP_부, 건강, 아니면 행복? 159

3부. 신화는 여전히 계속된다

6장. 러시아_푸틴은 어떻게 레반시즘에 사로잡혔나? 189
7장. 중국_신실크로드, 모든 길이 중국으로 통하지 않는 이유 217
8장. 아프리카_영화로운 제국의 사라진 역사 245

맺음말. 신화를 넘어_새로운 세계지리 280
주 290

MYTHS OF GEOGRAPHY

1부

、

현실에 근거하지
않은 현실

1장

대륙
몇 개의 대륙이 존재하는가?

아이슬란드의 싱벨리어Thingvellir 국립공원은 독특하고 신비로운 곳이다. 인상적인 주상절리와 장엄한 절벽은 지형을 창조하는 지구의 힘을 여실히 보여준다. 이 공원은 풀로 뒤덮인 광활한 용암 지대와 방문객들을 가두어 버릴 듯이 드높이 솟은 화산암 협곡을 에워싸고 있다. 두 개의 지각판이 갈라놓고 있는 이 열곡을 따라 호수들이 늘어서 있고 호수의 맑고 깨끗한 물에는 주변의 눈 덮인 봉우리와 높은 산마루의 모습이 비친다.[1] 일부 방문객은 북아메리카와 유럽을 받치고 있는 지각판 사이로 헤엄칠 수 있다는 이야기를 듣고 유네스코 세계문화유산으로 지정된 이 공원을 찾는다. 공원에서 가장 인기 있는 다이빙

아이슬란드, 싱발라바튼호의 물속에서는 북아메리카와 유럽을 받치고 있는 지각판 사이로 헤엄칠 수 있다. 두 판 사이의 거리가 멀지 않기 때문에 두 팔을 양 옆으로 뻗으면 두 대륙의 지각판에 몸이 닿는다.

장소가 있는데, 바로 유라시아판과 북아메리카판이 불과 0.5미터 간격으로 벌어진 곳이다. 여기서 팔을 뻗으면 두 지각판에 동시에 손을 댈 수 있고, 내 몸으로 두 대륙을 잇는다는 짜릿한 느낌을 만끽할 수 있다.

하지만 심장이 약한 사람이라면 아이슬란드 최대의 자연호인 싱발라바튼Thingvallavatn호의 빙하수에 뛰어드는 일은 재고하는 것이 좋다. 바닷물이 겹겹의 화산암을 통해 걸러져서 사람이 마실 수 있을 정도로 맑고 깨끗하지만, 물의 온도는 거의 0도에 가깝다.[2] 얼음장 같은 심해의 찬 기운에 숨이 멎을 것 같은 순간, 아름다운 수중 풍경이 펼쳐진다. 그러나 국립공원을 가로질러 아이슬란드와 대서양까지 이어지는 대륙 열곡 속으로 뛰어들었다가 물 밖으로 나올 때면 지금 내가 유럽과 아메리카 가운데 어느 편으로 돌아가는 건지 갈피를 잡지 못할지 모른다. 어느 편에서 떠오르는지에 따라 답이 달라질까? 아니면 아이슬란드가 유럽과 아메리카 사이의 어딘가쯤에 있는 것일까? 싱발라바튼호의 얼음장 같은 물속에서 이제껏 우리가 알고 있던 대륙 간의 분명한 선들은 산산이 깨지고 부서진다.

우리는 대부분의 경우 대륙을 즉시 알아볼 수 있다. 대륙의 윤곽선은 그것을 둘러싼 바다로 명확하게 구분되어 있기 때문이다. 세계의 어느 곳에서든 지금 내가 어떤 대륙에 있는지는 언제나 알 수 있다. 그러나 대륙에 관한 가장 단순한 질문을 던지기만 해도 곧바로 중대한 문제들이 고개를 든다. 몇 개의 대륙이 존재하는가? 북아메리카와 남아메리카는 별개의 대륙인가? 남극은 대륙인가? 아시아와 오세아니아의 경계는 어떻게 구분하는가? 그리고 경계를 나타낼 바다나 대양이 없다면 유럽과 아시아의 경계는 정확히 어디일까?

대륙이 존재한다고 그토록 확신하는데도 대륙이 몇 개인지, 혹은 대륙 사이의 경계가 정확히 어디인지를 곧바로 명확하게 말할 수 없다니 왠지 석연치 않다. 하지만 대륙의 모양은 어렸을 때부터 우리에게 각인되었고 그 이후로도 지도과 도감, 그림에 반복되어 나타났다. 대륙의 신화와 더불어 대륙이 우리의 세계를 배열하는 분명하고 단순하며 유일한 방법이라는 개념은 다름 아닌 이 단순성과 그것의 반복 때문이다. 그러나 어떤 지리적 공간에 대륙이라는 '명예'를 부여하는 것은 결코 쉬운 일이 아니다. 그것은 오히려 답하기 곤란한 질문을 꺼낸다. 누가 언제 대륙의 윤곽선을 결정했는가? 세계 영토를 소수의 거대한 구획으로 나눈 결과 어떤 일이 일어났는가?

인간의 상상력에 의해 나뉘어진 대륙

사실 현재의 대륙 구도는 물리적인 지형보다는 오히려 우리에 대해서 더 많은 것을 알려준다. 대륙은 인간계와 자연계, 지질학계의 여러 중요한 요소들을 은근슬쩍 덮으면서 지구를 구분하는 한 수단이다. 대륙이 중요하게 여겨지는 것은 지리적 균일성이나 고유한 자연적 특성, 혹은 분류의 과학적 정확성 때문이 아니다. 오히려 현재 대륙이 인식되는 방식을 반박하는 증거가 차고 넘침에도 불구하고 그것이 그렇게 존재한다고 애써 주장하는 우리의 상상력이 얼마나 대단한지를 보여준다.

    대륙의 신화는 점점 더 강력해져서 자체적으로 현실을 창조하기에 이르렀다. 오늘날 학교 교실에서부터 수화물에 붙인 배지, 로고, 심지어 탈취제에 이르기까지 대륙의 이미지는 어디에나 존재한다. 그러나 이는 모두 뿌리 깊은 신화의 일부로, 마틴 루이스Martin Lewis와 카렌 비겐Kären Wigen의 명저 《대륙의 신화The Myth Of Continents》에서 이에 대한 이야기를 찾아볼 수 있다. 두 사람이 설명하는 대륙 신화의 기원은 기원전 5세기까지 거슬러 올라간다.[3] 에게해, 흑해, 아조우해Sea of Azov의

양쪽 땅에 처음으로 '유럽'과 '아시아'라는 이름을 붙인 사람은 고대 그리스의 주민들 그리고 그들의 철학자와 지리학자, 항해사였다.[4] 이 바다들은 고대 그리스인의 소통과 문화 그리고 상거래에 필수적인 요소였다.

하지만 해안선의 일부를 제외하고는 이 방대한 공간에 대한 고대 그리스인들의 지식은 제한적이었다. 대륙을 나누는 방식은 당대에도 논란을 불러일으켰다. 당대의 일부 사상가들은 지금의 발칸반도 남동부인 트라키아Thracia의 북부(그리스령이 아닌 영토)를 가리키는 유사어로서 '유럽'이라는 용어를 썼다.[5] 어떤 이들은 그리스 본토를 유럽 안에 포함시키면서 그리스 남부의 섬이나 펠로폰네소스반도는 유럽에서 제외했다.[6] 그런가 하면 철학자 겸 과학자인 아리스토텔레스처럼 그리스의 영토와 그 주민들의 특성이 유럽과 아시아의 '중간 위치'에 있다고 주장하는 사람들도 있었다.[7] 리비아(고대 그리스인들은 현재의 아프리카 지역을 리비아라고 불렀다)가 나일강 삼각주 서쪽의 아시아와 분리되어 3대륙 구도를 형성하면서 상황은 더욱 복잡해졌다.[8]

그리스의 지리학자이자 역사가인 헤로도토스에게 이처럼 나일강을 따라 아시아와 아프리카를 구분한 것은 이집트의 명백한 통일성을 해체하는 자의적인 경계선처럼 보였다.[9] 헤로도토스는 또한 아시아와 아프리카가 유럽과도 그러하듯이 실제로 분리되지 않고 이어져 있다는 불편한 지리적 사실을 지적했다. "나를 당혹스럽게 하는 또 다른 한 가지는 '실제로는 하나인 땅덩어리에 왜 서로 다른 세 여자의 이름(유럽, 아시아, 리비아)을 붙여야 했나'라는 점이다."[10]

이런 반대가 있었음에도 3대륙 구도로 세계관이 형성되기 시작했고, 그 구도는 고대 이후 더욱 확대되어 거의 2,000년 동안 변함없이 세계를 나누는 하나의 분류 수단으로 자리 잡았다. 비록 대륙 구도는 대체로 유지되었지만, 방대하고 새로운 지역들이 추가됨에 따라 대륙의 의미는 변화했다. 기독교의 부상과 더불어 대륙은 신성한 의미를 부여받았다. 특히 노아의 후예들에 관한 이야기가 대륙에 추가되었고 불가타 성경Vulgate Bible의 번역가 성 예로니모St. Jerome에 따르면 "노아는 세 아들 셈, 함, 야벳에게 세계의 세 지역을 유산으로 나누어주었는데, 그것이 각각 유럽, 아시아, 아프리카였다."[11] 그리하여 새로운 대륙 구도에는 영적 정당성과 권력의 의미가 추가로 담기게 되었다.

특히 프톨레마이오스를 비롯해 고대 그리스와 로마 세계의 일부 유력한 지리학자가 대륙의 모양과 윤곽을 충실하게 그리려고 노력했지만, 지리적 정확성을 위한 이 같은 초창기의 시도는 훗날 세계를 더욱 신학적으로 재현하고자 하는 제단에 희생양으로 바쳐졌다.[12] 중세 유럽에서는 고대 그리스인의 지리적 사상이 종교적·영적 지리학과 결합했다. 이처럼 우주론적인 요소가 가미된 지도 제작법은 이른바 '티오T-in-O'지도에서 인상적으로 표현된다. 티오지도에서 'O'는 알려진 세계의 경계를 나타내고 이 'O' 안에서 십자가의 상징인 'T'는 세 수역을 지정했다. 지중해와 나일강, 중앙러시아에서 아조우해로 흐르는 돈강(정식 명칭은 타나이스강)이 바로 그것이다. 이 수역들의 용도는 유럽, 아시아, 아프리카의 대륙을 분리하는 것이었다. 중세 지도 제작자들은 유럽 대륙을 명확히 인식했으나 대체로 창조된 전체의 한 요소로만 묘사했다. 하나님이 거느리는 보편적인 전체성에 중점을 두었고, 프톨레마이오스 같은 일부 학자가 소개한 세계의 정확한 묘사는 철저히 배제되었다.[13]

중세 티오지도의 낮은 정확도뿐만 아니라 나침반의 방위 또한 현대인을 혼란스럽게 한다. 이 지도의 상단에는 지구의 북쪽이 아니라 동쪽이 위치하는데, 동쪽은 해가 뜨는 곳이자 중세 기독교인들이 그리스도의 재림을 기다리며 바라보는 곳이기 때문이다.[14] 이런 지도의 신학적 편향은, 지구라는 동그란 공이 우주에서 어느 방향으로 회전하고 있는지조차 그 누구도 확실히 알지 못한다는 사실을 다시금 떠올리게 한다. 그리고 나침반이 당장은 확실하게 북쪽을 가리킬지 모르지만, 수십만 년마다 지구의 자기장이 뒤집히면 자북극과 자남극의 위치가 갑자기 뒤바뀐다. 이런 일이 일어나는 순간 우리는 갑자기 지도의 위아래를 뒤바꿀까, 아니면 나침반 바늘의 반대쪽 끝을 빨간색으로 칠할까? 나아가 동서남북의 방향이 확정되거나 영구적인 것이 아니라면 다른 지리적 확실성 또한 흔들리고 사라질 수도 있는 것일까?

영국의 히어포드 대성당Hereford Cathedral에 있는 중세의 세계지도인 마파 문디Mappa Mundi(마파는 '천', 문디는 '세상'을 뜻한다 — 옮긴이)를 보면 근본적으로 다른 축을 중심으로 돌아갔던 세계를 볼 수 있다. 이 지도는 오늘날까지 절묘하게 살아남은 티오지도다. 이 지도에서는 동쪽이 지금의 북쪽을 나타내고 유럽은 지도의 왼쪽 아래로 물러난 한

히어포드 대성당의 마파 문디. 중세 유럽에서는 고대 그리스인의 지리적 사상이 종교적·영적 지리학과 결합해 티오지도를 탄생시켰다. 이 지도에서 'O'는 세계의 경계를 나타내고, 십자가의 상징인 'T'는 세 개의 수역으로, 유럽, 아시아, 아프리카 대륙을 분리한다.

편 아시아는 지도의 상단에 놓여 있다. 마파 문디의 중앙에서 하단까지 길고 좁은 지중해가 흐르고, 돈강과 드네프르강은 실제보다 크게 그려져 있으며, 좁다란 에게해와 흑해가 'T'의 왼쪽을 구성하는 한편 나일강과 삼각주가 'T'의 오른쪽을 완성한다.[15]

이 지도는 항해를 위한 것이 아니었으며, 대륙은 그저 성스러운 풍경의 배경이었다. 마파 문디에는 13세기 학자들이 정신적·지리적 측면에서 세계를 해석한 방식이 고스란히 담겨 있었는데, 그 중심에는 예루살렘이 있다. 3D 스캐닝을 이용해 원본을 정밀조사한 결과, 예루살렘이 위치한 양피지 지도의 중앙에 작은 컴퍼스 자국이 나타났다. 이 자국은 지도 제작자가 이 세계의 테두리를 이루는 바깥 원, 즉 'O'를 그리기 위해 컴퍼스를 사용했던 위치였을 것이다.[16] 대륙 위에는 당시 유행하던 신화와 전설, 불가사의 등 인간 세계를 겹쳐 그렸다. 실제 성당과 파리, 로마, 페트라, 다마스쿠스, 히어포드 등의 도시가 로도스 거상 Colossus of Rhodes, 알렉산드리아 등대, 알렉산더 대왕의 원정에 대한 기록 같은 고대 세계의 불가사의와 함께 배치되어 있다. 지도에는 노아의 방주, 에덴동산, 수몰된 도시 소돔과 고모라, 바벨탑, 홍해의 기적 등 성경에 나오는 사건과 장소에 대한 묘사도 포함되어 있다. 지도 곳곳에는 스키를 탄 노르웨이 사람부터 에티오피아의 애꾸눈 왕에 이르기까지 이방의 민족, 식물, 동물, 새, 실제와 상상의 피조물 그리고 미노타우로스의 미궁, 황금 양모, 지브롤터 해협의 헤라클레스의 기둥 등 고전 신화에서 따온 이미지들이 그려져 있다.[17]

유럽에서 멀어질수록 괴물과 기이한 짐승들이 더 많이 등장한다.

에메랄드를 지키는 그리폰과 식인종 에세도네스Essedones뿐만 아니라 머리가 없는 블레미스Blemmyes, 커다란 외다리를 가진 스키아포데스Sciapods, 동굴에서 사는 혈거인Troglodytes, 개의 머리를 가진 키노케팔로스Cynocephali, 자신의 큰 귀에 싸여 있는 파네시Phanesii 같은 기이한 상상 속 존재가 세계의 주변부에 도사리고 있다. '모든 것이 과거와 현재, 가까이와 멀리에서 포착되고 연결되어 있는 지도' 위에서 신화와 현실이 공존한다. 마파 문디는 '하나님이 계획한'[18] 세계에 대한 장대한 진술이고 이 가운데 일부는 유럽 너머의 세계를 들여다보는 인상적이고 무시무시한 창과 같아서 보는 이들을 공포에 떨게 했다. 상상 속의 지리는 오래도록 사람들의 의식 속에 남아 있었으며, 이후 수 세기 동안 계속된 식민 시대에 아시아, 아프리카, 아메리카 대륙 등지로 진출해나간 유럽인들은 지도에 묘사된 괴물들과의 만남을 기대하며 그곳으로 향했다.[19]

하지만 티오지도가 그 시대의 유일한 세계지도는 아니었다. 12세기 중반 무하마드 알-이드리시Muhammad al-Idrisi는 중세 지리학과 지도 제작계의 최고 걸작으로 손꼽히는 작품을 탄생시켰다. 모로코 세우타Ceuta의 한 귀족 가문에서 태어난 알-이드리시는 코르도바에서 수학했고, 열여섯 살부터 지중해, 아나톨리아, 이베리아반도, 심지어 영국까지 두루 여행했다. 1138년 경, 그는 시칠리아의 노르만 군주, 로저 2세(재위 1130~1154)의 초청을 받아 팔레르모Palermo로 향했다. 로저 2세는 알-이드리시가 귀족 출신이라는 사실이 자신의 정치적 영향력을 지중해 서부까지 확대하는 데 유용하리라고 생각했겠지만, 정

작 세계관을 바꿔놓은 것은 알-이드리시의 지도였다.[20]

알-이드리시의 걸작인 '타불라 로게리아나Tabula Rogeriana'는 15년에 걸쳐 만들어졌고, 70개의 세계 세부 지역 지도와 아라비아어 설명으로 구성됐다.[21] 타불라 로게리아나는 당시의 지도 제작과 지역에 관한 지식이 축적된 놀라운 결과물로 비록 비례는 맞지 않았어도 아프리카 북부 지역뿐만 아니라 유럽과 아시아 대륙을 알아볼 수 있도록 묘사했다. 알-이드리시는 프톨레마이오스의 《지리학Geography》에 뿌리를 둔 프톨레마이오스 지도학파를 추종했다.[22] 하지만 발키 지리학파Balkhi School of Geography의 무슬림 지도 제작자들에게도 영향을 받았는데, 이들은 남쪽을 상단에 배치하고 메카Mecca를 중앙에 놓는 지도를 그렸다.[23] 알-이드리시의 지도는 그리스와 아랍의 지식과 자신이 직접 관찰한 결과와 여행자들의 보고를 결합함으로써 이후 3세기 동안 가장 정확한 세계지도로 자리를 잡았다.[24] 알-이드리시의 세계는 오늘날의 지배적인 세계관과는 달리 '위아래가 바뀐' 상태였지만, 타불라 로게리아나는 혁명적이고 놀라우리만큼 정확하게 세계를 재현했으며 당시 기독교 유럽에서 제작한 세계지도보다 훨씬 뛰어났다.[25]

중세 시대가 끝나고 르네상스와 대항해 시대가 시작되면서 비로소 유럽에 지리적으로 더욱 정확한 대륙 구도로 회귀하려는 바람이 불었다. 15~16세기 유럽에서는 그리스와 로마의 학문에 대한 새로운 관심과 함께 1,000년 넘게 서구인들이 까맣게 잊고 있던 프톨레마이오스의 유산을 되찾는 과정이 시작되었다.[26] 그러나 되살아난 고대 지도의 대륙 구도에 의문을 제기한 르네상스 학자는 거의 없었다. 그

티오지도와 달리, 무하마드 알-이드리시가 만든 타불라 로게리아나는 비록 비례는 맞지 않았으나 아프리카 북부 지역, 유럽과 아시아 대륙을 알아볼 수 있게 묘사했다. 오늘날의 지도를 뒤집은 모양이지만 놀라울 정도로 정확하다.

들은 그저 중세에 제작되었던 지도의 3대륙 구도를 재현했을 뿐이었다. 그 결과 여러 지역의 인적·물리적 지리가 더욱 정확하게 분류되고 구분됨에 따라 대륙 구도의 권위와 중요성이 확대되었다.[27]

그런데 르네상스 지도 제작자와 지리학자들이 유럽, 아시아, 아

프리카의 지도를 점점 정확하게 그려가던 바로 그때 그들은 갑자기 엄청난 규모의 '우주적 충격'을 마주했다.[28] 예기치 못하게 아메리카 대륙을 발견하면서 새로운 지리학적인 문제가 등장한 것이다. 제노바 출신의 탐험가 크리스토퍼 콜럼버스는 포르투갈과 스페인, 피렌체의 탐험가들과 아시아를 목적지로 삼아 항해를 떠났다. 그들은 대서양을 횡단하던 중 불편한 진실과 마주했고, 아메리카 대륙의 '발견'으로 신성하게 정해진 지배적인 대륙 구도가 산산이 부서졌다. 세계지도는 새로이 발견된 대륙을 위한 공간을 시급하게 찾아야 했다.[29]

독일의 지도 제작자 마르틴 발트제뮐러Martin Waldseemüller의 특별한 지도인 '유니버설리스 코스모그라피아Universalis Cosmographia(1507)'는 이 순간을 포착하고 있다. 2003년 미국 의회도서관이 요하네스 발트부르크 볼페그 왕자에게서 이 지도를 1,000만 달러에 매입하면서 역사상 가장 비싼 지도가 되었다.[30] 사실상 '미국의 출생증명서'라는 가치가 반영된 금액이었다.[31] 발트제뮐러는 유니버설리스 코스모그라

1507년 마르틴 발트제뮐러가 제작한 지도에서 처음으로 신대륙이 '아메리카'로 칭해졌다. '미국 출생증명서'라는 별명이 붙은 이 지도는 미국 의회도서관에 소장되어 있다.

피아에서 유럽 지도 최초로 태평양을 독립된 해양으로, 서반구를 별도로 묘사했다. 이 지도는 피렌체의 상인이자 탐험가, 항해사였던 아메리고 베스푸치Amerigo Vespucci가 1501~1502년 항해를 통해 '신세계'의 존재를 주장한 이후에 제작되었다. 발트제뮐러는 아메리고 베스푸치를 기리고자 이 대륙의 이름을 '아메리카'라고 지었다. 그렇게 '새로운' 대륙과 '새로운' 세계는 세례를 받았다.[32]

우랄산맥, 유럽과 아시아를 나누다

17세기 후반 무렵 유럽에서는 세계를 유럽, 아시아, 아프리카, 아메리카라는 네 개의 대륙으로 명확하게 구분하는 지도들이 제작되고 있었다.[33] 이와 동시에 지도 제작자들은 고대 그리스인들도 고민에 빠뜨렸던 고통스러운 문제에 맞닥뜨렸다. '유럽과 아시아의 경계를 어디에 두어야 할 것인가?' 지리적 지식이 쌓이고 지도 제작 기술이 발전함에 따라 '두 대륙의 시작과 끝이 정확히 어디인가'라는 난감한 질문이 제기되고 있었다. 동쪽을 향한 탐험과 직접적인 만남을 통해 얻은 지식은 지도 제작자들을 더욱 더 힘들게 했다. 즉 유럽과 아시아는 서로 단단히 연결되어 있고 이를 깔끔하게 구분하는 방대한 수역은 존재하지 않았다.[34]

고대 그리스인들에게 아조우해 북쪽 해안의 건너편은 대부분 테라에 인코그니테terrae incognitae, 즉 미지의 땅이었다. 이는 고대 지리학자들과 중세 초기 그들의 후계자들에게는 다소 행운이었는데, 그러면 그들이 3대륙 구도를 유지할 수 있었기 때문이었다.[35] 유럽과 아시아를 구분하기 위해 케르치 해협Kerch Straight을 통해 흑해로 흘러 들어가는 작고 얕은 아조우해는 두 대륙을 구분할 요량으로 북쪽까지 확대되었고, 그 결과 북쪽에는 유럽과 아시아를 가까스로 잇는 좁은 지협만 남고 반대편으로는 북극해가 자리했다. 대륙 사이의 이 '천연' 경계선을 완성하기 위해 이 좁은 땅은 다시 돈강으로 나뉘어졌는데, 이 강은 북극의 발원지에서 남쪽으로 흘러 아조우해로 흘러 들어간다고 추정되었다.³⁶ 이 지도에서 북쪽에 큰 강과 드넓은 바다를 만들어낸 것은 세계가 실제로 어떤 모습인가보다는 어떤 모습이어야 한다는 논리를 반영한 것이었다.

그렇게 묘사된 세계는 유럽의 동쪽 끝자락에서 드러나는 현실과 갈수록 어긋났다. 16세기 무렵 지리학자와 지도 제작자들은 돈강이 북극해만큼 먼 북쪽에서 발원하지 않았으며 아조우해가 실제 상상했던 것보다 훨씬 작다는 사실을 차츰 받아들여야 했다.³⁷ 그러나 유럽과 아시아 사이의 구분이 거의 2,000년 전에 확립되었고 기독교적 해석과 표현을 통해 신성시되었기에 그 구분이 틀렸다고 말하기란 매우 어려웠다.³⁸ 여기서 비롯된 어긋남을 해소하기 위해서는 지리적 상상력을 극적으로 확장해야 했다. 두 대륙 사이의 새로운 경계를 결정하기 위한 열띤 노력이 요구되었고, 대륙의 구분선이 될 만하다고 생각되는 첩첩 산맥과 거대한 협곡을 창조하는 과정이 필요했다.

16~17세기에 이 구분을 다시 만들려는 첫 번째 시도에서는 돈강의 북쪽 연장선으로 제시되었던 러시아의 볼가강, 카마강, 드비나강, 페초라강, 오브강까지 여러 강을 포함해 다양한 강의 물길을 이용했다. 이런 수로를 통해 북극까지 설득력이 있는 익숙한 대륙 경계선을 유지하고, 그렇게 해서 지배적인 대륙의 대칭을 보존할 수 있기를 바랐던 것이다.³⁹ 그러나 이 같은 해결책은 새로운 문제만 발생시킬 뿐이었다. 강들이 연결되지 않고 끊어지는 경우도 있었고, 어떤 지점에서는 대륙을 구분한다고 여겨질 만큼 폭이 그다지 넓지 않았기 때문이다.

유럽과 아시아의 구분을 유지할 수 있는 상상력의 불씨를 제공한 것은 스웨덴의 군 장교였던 필립 요한 폰 스트랄렌베리Philipp Johann von Strahlenberg(1676~1747)의 과감한 개입이었다. 폰 스트랄렌베리는 두 대륙 사이의 장벽을 결정하는 열쇠가 강이 아니라 우랄산맥이라고 생각했다. 그는 1730년에 출간한 책과 지도를 통해 우랄산맥을 유럽과 아시아를 구분하는 경계의 중대한 일부라고 명시했다. 그는 남쪽 끝에서 경계선을 서쪽으로 돌려 사마라강과 볼가강을 따라 이어지게 했고 볼가강과 돈강이 가장 가까워지는 차리친(볼고그라드) 주변의 한 지점까지 연결했다. 그것은 이 두 강 사이의 평평한 농경지에서는, 이 틈을 메우기 위해 지도에 편의로 몇 개의 언덕을 집어넣었고, 이후 대륙 경계선은 돈강의 마지막 짧은 구간을 따라 아조우해를 거쳐 마침내 흑해로 이어졌다. 이 파격적인 시도는 당대의 러시아 지식층, 특히 러시아 초대 황제이자 차르인 표트르 대제의 근대화와 유럽화라는 의제를 지지하고자 했던 사람들 사이에서 빠르게 받아들여졌다.[40]

표트르 대제의 긴 통치 기간(1682~1725) 동안 (그의 이름을 딴) 발트해에 위치한 상트페테르부르크St. Petersburg는 1703년 '유럽 쪽을 향하는 거대한 창문'으로 건설되었다. 상트페테르부르크가 건설된 곳은 러시아가 대북방전쟁(1700~1721)에서 경쟁국인 스웨덴을 상대로 승리한 결과 점령한 땅이었고, 이 전쟁으로 말미암아 폰 스트랄렌베리는 약 13년 동안 서부 시베리아에서 포로로 지냈다.[41] 그러나 러시아는 스웨덴에 치욕을 안기면서 영토를 확장하는 동시에 값비싼 모피를 찾겠다는 일념으로 동쪽을 향해 급속히 확장하고 있었다.[42] 18세기 말엽 러시아는 발트해에서 알래스카까지 유라시아 전역으로 뻗어 나갔다. 이 같은 확장에 러시아 사회를 유럽 국가와 더 비슷하게 만들겠다는 표트르 대제의 급진적인 개혁이 더해짐에 따라 유럽과 아시아 사이의 국경은 특히 정치적으로 중요한 의미를 갖게 되었다.

표트르 1세가 세상을 떠난 후 그의 개혁을 계속하자고 옹호한 사람은 정치가이자 역사가인 바실리 니키티시 타티시체프Vasilii Nikitich Tatishchev(1686~1750)였다. 타티시체프는 스트랄렌베리와 동시대 인물이었다. 그는 심지어 본인이 스트랄렌베리에게 우랄산맥을 유럽과 아시아의 경계선으로 삼자고 제안했으며, 스트랄렌베리가 시베리아에서 포로로 잡혀 있을 때 그리고 스웨덴으로 돌아갔을 때 그가 자신에게 조언을 구했다고 주장했다.[43] 타티시체프에게 우랄산맥을 대륙의 경계로 삼는 것은 러시아의 역사적 구심점을 이 경계의 서쪽에 있는 유럽이라고 분명하게 단언하는 한편, 동쪽의 시베리아와 나머지 러시아 영토를 정착과 직접 통치, 착취에 적합한 아시아의 식민 영역에 포함하는 것이었다.[44] 비록 이전에는 우랄산맥이 대륙을 나누기에 적합하다고 진지하게 고려된 적이 없었지만, 상상 속의 지리는 유럽과 아시아의 구분이 유지되도록 이 산맥을 더 높고, 더 넓고, 더 길게 만들었다. 러시아 안팎의 지도 제작자들은 이 그럴싸한 제안을 받아들였다.

우랄산맥을 대륙의 경계로 삼아 아시아의 식민 영역을 유럽 본토와 명확하게 구분함으로써 러시아는 자국이 스페인, 프랑스, 영국, 네덜란드, 포르투갈 등 서유럽 제국과 대등한 국가라고 주장할 수 있었다. 광활한 비유럽 식민 변방을 통치하면서 유럽 문명에 속하는 독특한 본토를 가지고 이들 열강과 세력을 나누는 나라가 된 것이다.[45] 이로써 우랄산맥은 러시아에 대단히 중요해졌고 서유럽 제국들의 본토와 아메리카, 아프리카, 인도, 동남아시아의 식민 영역을 구분하는 광활한 수역에 버금가는 지위를 갖게 되었다.

우랄산맥을 기준으로 한 대륙의 구분은 19세기 내내 유럽 전역에서 거의 보편적으로 받아들여졌다.[46] 그러나 사실상 우랄산맥의 크기는 대륙을 나누기에 적합하지 않았다. 여러 단점이 있지만 그 첫 번째는 일부 지역에서는 우랄산맥이 다소 낮다는 사실이었다. 우랄산맥은 대륙을 나누는 산맥이라는 명칭에 어울리는 높이가 아니었다. 실제로 16세기 후반에 동쪽으로 진군하던 코사크 병사들이 강을 건널 배를 끌고 우랄산맥의 산등성이를 넘을 수 있을 정도로 적을 막아내는 데 아무런 도움이 되지 못할 정도였다.[47]

더 큰 문제는 산맥이 남단에 이르러 흔적도 없이 사라진다는 사실이다. 우랄산맥의 높이가 남쪽으로 갈수록 낮아지고 사라진다는 사실은 이 산맥이 유럽과 아시아 사이의 경계라는 단호한 주장도 힘을 잃게 만든다. 그러나 이 물리적인 지형의 부족함을 보완할 방책으로 국경선을 복잡하게 확장하는 방법이 고안되었다. 스트랄렌베리의 경로를 약간 수정하면서 타티시체프의 승인까지 받은 방법은 우랄산맥의 남단에서부터 우랄강을 따라 이어지도록 국경을 확장하는 것이었다. 그렇게 해서 이 강은 결국 카스피해로 흘러 들어가고 이 지점에서 경계선은 남서쪽으로 방향으로 틀어 코카서스의 육지 경계선으로 되돌아간다. 대륙 구분선은 코카서스를 가로질러 아조우해와 흑해로 이

우랄산맥은 러시아에게 유럽과 아시아를 구분하고 아시아 식민 지배와 착취를 정당화하는 경계선이었다. 하지만 실제로는 군사들이 배를 끌고 산맥을 넘을 수 있을 정도로 낮아, 대륙의 경계선으로는 적합하지 않았다.

어지면서 튀르키예를 확실하게 아시아에 포함시키고 마침내 지중해에서 끝을 맺는다. 이로써 고대 그리스인에게 익숙했던 대륙 구분선으로 회귀한다.[48]

이 혁신적인 지도의 주된 문제는 우랄산맥과 코카서스산맥 사이에 965킬로미터라는 골치 아픈 간격이 있으며 변변찮은 우랄강이 그 간격을 일부 메우고 있다는 사실이다. 그럼에도 현대의 수많은 도감과 지도에 나타나는 대륙 구분선은 명확해서 그 구분선을 따라가다 보면 우랄산맥이 점점 낮아지고 우랄강이 보잘것없다는 사실에 대한 의구심은 흔적도 없이 사라진다. 이로써 18세기 중반부터 우랄산맥은 적어도 지도에서는 유럽과 아시아를 구분하는 지배적인 지리상의 특징으로 자리 잡았다.[49]

하지만 니콜라이 다닐레프스키가 그의 걸작인 《러시아와 유럽 Russia and Europe》에서 제기했듯이, 또한 이 상상 속의 지리는 러시아에 새로운 문제들을 안겼다.[50] 다닐레프스키는 범슬라브주의와 러시아가 주도하는 발상인 슬라브 민족의 해방과 통일의 열렬한 지지자였다. 그는 유럽이 인간의 사회적·문화적·지적 발전이 가장 높은 수준으로 발현된 모습이라는 생각을 비판했다.[51] 그는 유럽의 우월 의식의 부적절함과 제국 건설의 폭력성을 비난했으며 이 비판의 일부 근거로써, 지리적 의미에서 유럽은 대륙이 아니라 아시아에 부속된 영토이자 반도에 불과하다고 주장했다.[52] 다닐레프스키는 본인의 주장을 뒷받침하고자 우랄산맥을 주요 경계선으로 삼는 명제를 다음과 같이 조롱하기도 했다.

> 고도 면에서 볼 때 이 산맥은 가장 보잘것없는 산맥이고 횡단 가능성 면에서 볼 때 가장 쉬운 산맥으로 손꼽힌다. 예카테린부르크를 둘러싼 중간 구간에서는 (고도가 너무 낮아서) 사람들이 산을 넘으면서 운전자에게 이렇게 물어봐야 할 정도다. "그런데 형제여, 산맥이 어디 있다는 건가?" …… 우랄산맥 때문에 유럽이 대륙이

된다면 인도는 왜 대륙으로 간주되지 않는가? 어쨌든 인도는 양면이 바다로 둘러싸여 있고 위로는 우랄산맥은 비교도 되지 않는 높은 산맥과 접하고 있는데 말이다.

그러나 다닐레프스키는 대륙 구분선이 강으로 나뉘어진 것을 더 통렬하게 비판했다. 그에 따르면 우랄산맥이 "적어도 존재감은 있으나" 더 남쪽으로 내려가면 "두 세계 사이의 경계는 존재감이 전혀 없는 우랄강으로 전락한다. 그것은 그 폭이 상트페테르부르크에 있는 네바Neva강의 4분의 1에 불과한 좁고 작은 시냇물 수준이며 그 강둑 또한 마찬가지로 협소하다."[53]

아울러 다닐레프스키가 기존의 경계선을 거부하고 유럽을 아시아의 끝자락으로 강등시킴에 따라 러시아를 통일된 하나의 지리적 공간으로 재고할 가능성이 열렸다. 우랄산맥 동쪽의 영토는 이제 더 이상 식민지 영역이 아니라 어느 모로 보나 산맥의 서쪽에 위치한 러시아의 '본토이자 조국'일 수도 있게 된 것이다.[54] 이는 환상적인 개념으로, 1920~1930년대에 망명한 러시아 지식층은 유라시아주의(러시아가 동서양의 문명을 잇는 가교의 역할을 맡아야 한다는 정치 운동—옮긴이)라는 형태로 이 개념에 대해 논리적인 결론을 내렸다.

러시아 내전과 볼셰비키 통치를 피해 프라하와 파리로 피신한 러시아 지식층 망명자들은 사라진 조국을 향한 향수로 가슴 아파했고 당시 소비에트를 대체할 대안을 갈망했다. 이 공동체의 일원인 지리학자 페테르 사비츠키Peter Savitsky는 유라시아 대륙이 우랄산맥으로 양분된 것이 아니라 러시아 서부 국경지대에서 시베리아까지 폭넓은 띠처럼 이어지는 일련의 지역이나 생물군계로 통합되며 우랄산맥의 영향을 전혀 받지 않는다고 거듭 주장했다.[55] 사비츠키는 이런 특징적인 동식물의 생물군계가 유라시아의 동서 통합과 상상 속의 대륙 구분선의 부조리함을 보여준다고 생각했다. 그는 러시아를 유라시아, 다시 말해 유럽이나 아시아에 속하지 않는 '그 자체로 통합된 지리적 세계'라고 주장했다.[56]

하지만 세계는 기존의 지리적 질서에 대한 다닐레프스키나 사비츠키의 파격적인 대안을 선뜻 받아들이지 않았다. 다닐레프스키가 개입하기 훨씬 전부터 이미 대륙의 경계선은 지상에 있는 물리적인 표지로 받아들여졌고 지도와 머릿속에 자리 잡은 경계선과 일치하게끔 보완 작업이 활발히 진행 중이었다. 우랄산맥의 동쪽에 있는 예카테린부르크에서 자동차로 약 한 시간 정도 달리면 1930년대에 유라시아 대륙의 구분선을 표시하고자 세운 드높은 기둥이 보인다. 그러나 이 거대한 돌기둥은 높은 봉우리나 드넓은 강가가 아니라 한적한 숲 속의 공터에 놓여 있다. 그런 곳에 거대한 대리석 기둥을 세우는 것은 당시로서는 어마어마한 공학적 업적이었을 것이다. 하단의 묵직하고 거무스름한 대리석에는 '유럽 Europa'이라고 새겨져 있고, 그 반대편에는 '아시아 Aziya'라고 새겨져 있다. 기둥의 꼭대기에는 러시아 제국을 상징하는 쌍두독수리가 홰를 치고 동쪽과 서쪽, 즉 유럽과 아시아를 동시에 바라보고 있다.

예카테린부르크에서 모스크바까지 이어지는 고속도로를 타고

우랄산맥의 동쪽, 한적한 숲속의 공터에 놓인 이 기둥 하단에는 유럽과 아시아라고 새겨져 있다. 중대하거나 독특한 지리적 특징 대신 인공적인 표지물이 두 대륙을 가르고 있는 것이다.

남쪽으로 좀 더 내려가면 약 3.6미터 높이의 더 새롭고, 훨씬 더 작은 기념비가 있다. 그것은 양식화된 작은 에펠탑처럼 생겼으며 하단에는 러시아어로 '유럽'과 '아시아'라고 적혀 있다. 고속도로 휴게소에 위치해 대륙 구분선을 나타내는 이 표지석은 외딴곳에 있는 차르의 기념비보다 지나가는 운전자와 관광객들이 자주 방문하는 곳이다. 같은 휴게소에 타티시체프를 기리는 기념비가 있으며 이 두 곳은 모두 인기 있는 사진 명소다. 이곳 또한 대륙의 경계를 알리는 중대하거나 독특한 지리적 특징인 산마루나 넓은 강이 없다는 점을 주목할 수 있다. 풍경의 지질학적·물리적 특징 대신 지도를 가로지르는 그려진 선을 따라가는 인공적인 표지물이 있을 뿐이다.

우랄산맥에서 멀리 떨어진 러시아의 태평양 연안까지 대륙은 이어진다. 항구 도시 블라디보스토크의 태양은 '동쪽'에서 뜨고 '동쪽'에서 진다. 블라디보스토크는 반도에 위치하고, 태양은 아무르만 상공의 저녁 하늘에 한참을 머물다가 반대편의 먼 언덕 아래로 넘어간다. 이 매혹적인 장면에 러시아의 광활함이 담겨 있으며 그 언덕의 바로 뒤편은 중국이다. 많은 주민이 스스로 유럽의 일부로 정의하는 블라디보스토크의 서쪽으로 중국과 아시아의 여러 지역이 펼쳐져 있다. 런던보다 10시간, 모스크바보다 7시간 더 빨리 해가 뜨는 블라디보스토크는 동양 너머의 유럽이다. 이곳에서는 나침반의 바늘이 계속 흔들리고 유럽과 아시아, 동쪽과 서쪽, 동양과 서양의 상상 속 지리가 저녁 불빛 속에서 깜빡거리고 어른거린다.

자연 지형이 대륙을 나눌까?

모든 대륙의 경계는 물리적 지리의 산물인 동시에 개념과 상상력의 산물이라는 사실을 상기시킨다. 유럽과 아프리카의 경계에서 지중해 해안선은 여전히 유럽의 남단이라고 널리 알려져 있다. 그러나 영국의 지리학자이자 제국주의자, 정치가인 해퍼드 매킨더 경 Sir Halford Mackinder에게 유럽의 경계는 그곳에서 끝나지 않고 남쪽으로 멀리 확장된다. 매킨더 경은 그것을 인종 간의 구분이라는 관점으로 바라보았다. "유럽의 남쪽 경계는 지중해가 아니라 사하라 사막이었고 지금도 그렇다."[57]

그것은 제국주의의 인종차별적 위계질서에서 탄생한 지리적 구분이었을지 모르지만 사하라 사막의 모래 위에 그려진 대륙의 선은 지중해의 대륙 구분선 정도로 자의적이지는 않다. 실제로 연결성이라는 측면에서 지중해는 오랫동안 해안 양편의 민족들을 서로 이어주었다. 로마인들에게 지중해는 마레 노스트룸 Mare Nostrum, 즉 '우리의 바다'라는 의미로 알려졌는데, 이는 로마 제국을 구성하는 풍부한 문화적 다양성뿐만 아니라 지중해 전체 연안에 대한 로마의 애매한 지배 상태를 동시에 나타내는 이름이다.[58] 지중해는 언제나 풀과 나무의 씨앗을 배만큼 쉽게 실어 날랐고 사람들뿐만 아니라 새들도 지중해를 가로질러 쉽게 이주했다. 지중해의 해안선은 둥글게 원을 이루고 있어서 지브롤터 해협과 보스포러스 해협에서만 아주 작은 단절이 있을 뿐이다. 몰타, 크레타, 시칠리아(알-이드리시가 '타불라 로게리아나'를 편찬한 곳)의 역사는 지배와 정복뿐만 아니라 문화와 상거래에 있어서 지중해의 역할을 증명한다. 그것은 단순히 대륙 구분선으로 작용하는 수역이 아니라 이동과 연결의 의미로 정의되는 바다다.[59]

중세 시대의 사본이 현존하는 로마 지도, 타불라 포이팅게리아나 Tabula Peutingeriana(1265)는 연결성과 통제력이 유럽, 중동, 북아프리카 전역으로 뻗은 로마 도로망을 따라 지중해의 여러 항구 밖으로 어떻게 확산했는지를 보여준다. 타불라 포이팅게리아나에 나타난 나일 삼각주에는 도시와 마을이 빽빽이 들어서 있고, 지류들은 강이 갈라졌다가 다시 합쳐지면서 서로 연결되었다. 이 지도에서 강과 바다는 단순히 경계를 구분하기보다는 통합성과 잠재력을 보여준다. 강은 담수, 비옥한 땅, 식량, 물자 수송의 편리한 수단을 제공하며 인류의 역사를 통틀어 마을과 도시, 문명 전체의 위치를 결정했다.

메소포타미아의 티그리스강과 유프라테스강, 이집트의 나일강, 남아시아의 인더스강, 중국의 양쯔강과 황하 등 비옥한 강 유역은 초기 문명의 요람이었다.[60] 나일강은 중세 티오지도의 추상적인 신성한 지형에 편리한 경계선이었을지 모르지만, 이 강을 따라 아프리카와 아시아를 나눔으로써 실제로는 연결된 나일강 유역과 그 삼각주가 나뉘게 된다. 이는 훗날 지리학자들이 홍해와 걸프만, 수에즈 지협을 아프리카와 아시아의 구분선으로 정한 이유와도 무관하지 않다.[61]

새로 '발견'된 대륙의 경계를 정하는 것 또한 이에 못지않게 논쟁을 일으켰다. 지도 제작자들은 20세기 초반에 이르러서야 비로소 오세아니아를 아시아에서 분리했고 미국 지리학계에서 북아메리카와 남아메리카를 따로 구분해야 한다고 주장한 시기 또한 1950년대였다. 같은 시기에 영구적인 인간 거주지가 없는데도 남극 대륙이 대륙 목록에 추가됨으로써 4대륙 구도가 7대륙 구도로 갑작스럽고 극적으로 재구성되었다.[62]

이처럼 대륙 구도에 새로운 지역을 추가하는 일부 사례는 논리가 취약했다. 이를테면 뉴기니섬은 남북 구분선을 따라 아시아와 오세아니아로 두 동강이 났다. 그리하여 왼쪽은 아시아에 속하는 인도네시아, 오른쪽은 오세아니아에 속하는 파푸아뉴기니로 나뉘게 된 것이다. 이는 인적·물리적 지리의 뚜렷한 특성보다는 정치적인 경계선을 명백하게 반영한 결과다.[63] 북아메리카 대륙 또한 이에 못지않게 자의적인 구분선에 따라 남아메리카와 나뉘었는데, 일부 기록에 따르면 파나마와 그 북쪽의 모든 지점이 북아메리카에 포함되며 심지어 지난 100여 년 동안 파나마 운하의 인공적인 경계선은 깔끔하고 편리한 경계선 역할을 해왔다. 그러나 일반적으로 중앙아메리카는 흔히 북아메리카에서 제외되고 때로는 멕시코까지 제외된다. 서반구의 스페인어권 민족에게 북아메리카Norte America란 대부분 미국과 캐나다를 의미한다.[64] 이런 의미에서 볼 때 경계선은 지리적 구분이라기보다는 문화적 구분이라는 사실을 다시금 드러낸다.

지도와 도감에 세심하게 그려진 대륙의 경계선은 흔히 자연과 상충하지만, 그런 논쟁은 여전히 도외시된다. 예컨대 동물군과 생물지리학 면에서 북부 아프리카는 유라시아 북부를 포함해 유럽과 북아시아를 망라하는 구북구舊北區, Palearctic 지역의 일부로 분류되지만 사하라 사막 이남의 아프리카와 남부 아라비아와는 구별된다.[65] 아메리카 대륙에서는 파나마 지협이 화산 활동으로 해저에서 융기되어 약 300만 년 전에 분리되어 있던 땅덩어리를 연결한 이후 아메리카 대륙 동물군 대상호교환Great American Faunal Interchange을 통해 북아메리카와 남아메리카의 동물 집단이 서로 섞이게 되었다.[66] 식물군 영역 또한 대륙 구도에 따라 그린 경계에 깔끔하게 들어맞지 않는다.[67] 사비츠키의 지도에서처럼 유라시아를 관통하는 생물군계의 연속성은 구분보다는 연속을 암시한다. 자연계의 특성에 따라 대륙을 분류한다면 오세아니아는 별개의 대륙으로 평가될 수 있으며, 이와 마찬가지로 아프리카 대륙과 비교했을 때 동물군이 다르다는 점에서 마다가스카르 또한 아프리카와 구분되어야 할 것이다.[68]

판구조론이 대륙을 나눌까?

자연 지형을 기준으로 현재의 대륙 형태를 이해하기 어렵다면 지질학과 판구조론이 대륙 구도를 확인하기 위한 더 분명한 지침이 될 수 있을까? '대륙' 화강암 지각은 밀도가 더 낮아서 밀도가 더 높은 해저의 현무암 지각보다 일반적으로 지표에 더 가깝다는 지질학적 사실이 지침으로 유망해 보인다.[69] 그러나 이 정의에 따르면 마다가스카르는 다시금 해양 지각을 기준으로 아프리카와 분리되는 한편 뉴질랜드는 오세아니아의 외부에 있는 대륙에 편입되어야 할 것이다.[70] 지배적인 대륙 구도에서 훨씬 더 문제가 되는 것은 북아메리카와 유라시아가 북태평양 베링해 Bering Sea 해저에 있는 방대한 크기의 '대륙' 암석 대륙붕으로 연결되어 있다는 사실이다.[71] 인도 '아대륙'은 아시아보다는 멀리 떨어진 오스트레일리아와 지질학적으로 연결되어 있으니, 오세아니아의 일부로 다시 지정될 수도 있다. 현대의 오스트레일리아와 인도는 모두 동일한 '인도-오스트레일리아' 암석 지각 위에 놓여 있기 때문이다. 이와 마찬가지로 판구조론이 대륙을 구분하는 기준이라면 아이슬란드는 중앙에서 나뉘어야 하고 대지구대 Great Rift Valley를 따라 서서히 분리되는 중인 아프리카도 둘로 나뉘어야 할 것이다.[72]

지질학적 시간 감각으로 보면 우리가 알고 있는 대륙 역시 일시적인 존재에 불과하다. 향후 2억 5,000만 년 이내에 오늘날의 대륙은 하나의 초대륙으로 합쳐질 것이다. 현재의 아메리카 대륙은 아시아와 충돌하는 한편 아프리카는 유라시아와 더욱 단단히 밀착될 것이다. 현재의 대륙 구분들은 사라져 새로운 초대륙인 판게아 울티마Pangaea Ultima가 형성될 것이다.[73] 판게아로부터 시작된 순환의 완결판이다. 판게아는 약 2억 년 전 이 초대륙이 분리되기 전까지 지구상의 거의 모든 땅이 한 덩어리가 되고 하나의 바다로 둘러싸여 있던 세계도世界島를 말한다.[74]

처음에는 판게아라는 존재와 대륙 이동의 과정이 지니는 함의가 일부 사람들에게 너무 파격적이었다. 1912년 독일의 기상학자이자 지구물리학자인 알프레드 베게너Alfred Wegener는 지구의 대륙들이 움직이고 있으며 한때는 거대한 초대륙으로 통합되어 있었다는 이론을 제시했다. 하지만 당시에 베게너의 이론은 대체로 거부당했고 미국에서는 특히 반발이 심해서 1960년대까지 그의 개념은 받아들여지지 않았다.[75] 1920년대에 남아프리카의 지질학자 알렉산더 뒤 투아Alexander du Toit가 베게너의 아이디어를 지지하고 증거를 제시했지만, 일부 영국 학자뿐만 아니라 미국의 지질학계와 지구과학계의 반발로 인해 대륙이동과 판게아라는 개념에 관한 연구는 수십 년 동안 지연되었다.[76]

또한 지리학적으로 아득히 먼 과거를 거론할 때조차 다른 이론을 받아들이지 않으려는 태도는, 대륙을 중심으로 세계를 배열하는 방식에 숨어 있는 어두운 속셈을 은근히 담고 있다. 지배적인 대륙 구

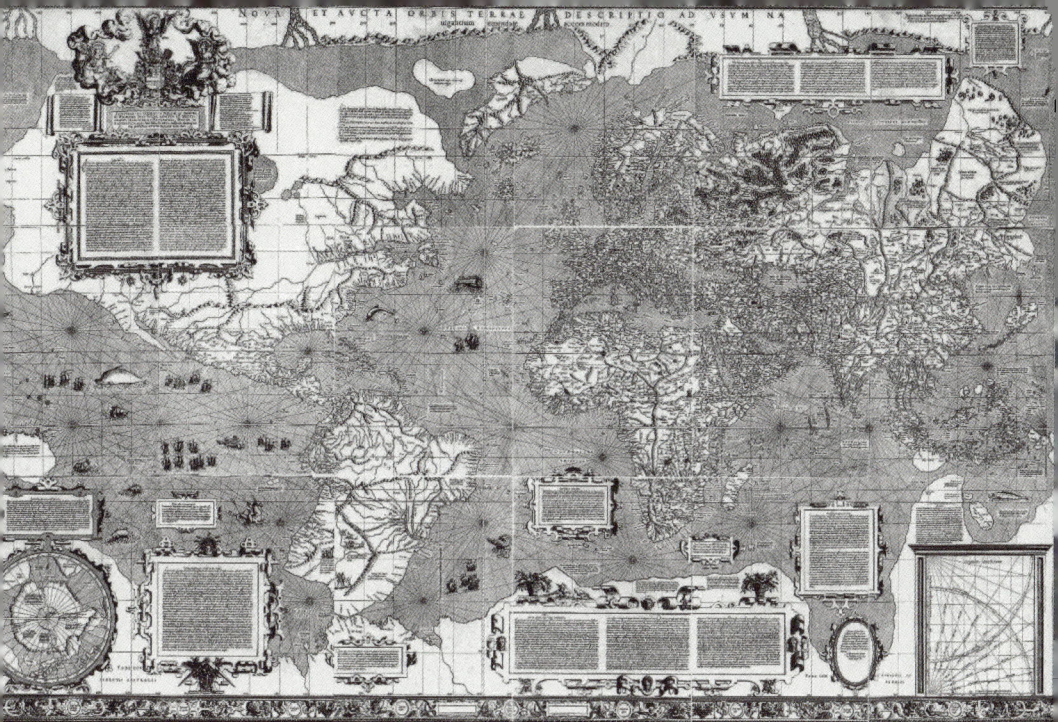

지도 제작자인 메르카토르와 그의 추종자들은 북반구에 초점을 맞추고 태평양에 구분선을 그음으로써 지구의 곡면을 이차원적인 직사각형으로 평면화했다. 이렇게 해서 확대된 유럽이 세계의 상단과 중앙에 놓이게 되었다.

도에서 유럽인들은 유럽의 문화와 문명을 다른 대륙들과 비교하여 보다 우월하게 묘사하는 경향이 있다. 플랑드르의 지리학자이자 지도 제작자인 게라르두스 메르카토르Gerardus Mercator가 16세기 중반부터 지구에 대한 자신의 견해를 발표한 이후부터 지도상에서 유럽의 크기를 크게 과장함으로써 이 목적이 일정 부분 달성되었다. 메르카토르와 그의 추종자들은 북반구에 초점을 맞추고 태평양에 구분선을 그음으로써 지구의 곡면을 이차원적인 직사각형으로 평면화했다. 이렇게 해서 확대된 유럽이 세계의 상단과 중앙에 놓이게 되었다. 이는 때마침 유럽이 대항해 시대를 열고 인쇄술이 도입되었던 시점과 절묘하게 맞아떨어진다. 이로 인해 지도에 담긴 메시지가 유럽 전역은 물론이고 전 세계에 도감과 지도를 통해 전파될 수 있었다.[77]

그러나 다닐레프스키와 사비츠키가 한때 주장했듯이 지질학적·자연적·과학적으로 분명히 구분되지 않는 유럽은 대륙 구도에 그리 쉽게 들어맞지 않는다. 그래서 유럽에 대륙의 지위를 부여하는 유일한 방법은 문명적인 정의를 내리는 것이었다. 《브리태니커 백과사전》 11판(1910~1911)의 '유럽'에 대한 항목의 첫째 줄은 이 모순을 그대로 드러낸다. 즉, 지리적으로 "유럽을 아시아의 반도에 불과하다고 묘사하는 것이 일반화되었지만 …… 역사의 흐름과 그에 따른 인구 분포를 통해 이 대륙의 개별성이 가장 명확한 방식으로 확립되었다"고 인정한 것이다.[78] 《브리태니커》 15판(1992)의 유럽 항목에서는 다시 한 번 유럽이 다른 대륙에 비해 변칙적인 대륙이라고 인정했으나 그럼에도 불구하고 유럽의 문명이 독자적인 만큼 별도의 대륙으로 확대 해석할 만하다고 보았다.[79] 훨씬 더 혼란스러운 무언가가 스며들게 된 것은 바로 제국 시대에 갈고닦은 그런 논리를 통해서였다. 유럽 문명에 특별한 그리고 암묵적으로 우월한 무언가가 있다면 다른 대륙은 그럼 어떤 위치에 놓이게 되는가?[80]

메르카토르의 지도를 포함해 르네상스 시대의 여러 유럽 지도에는 흔히 대륙 내부의 국가 경계가 그려져 있지 않았다. 따라서 이 방대한 공간을 내용과 의미로 채워야 했다. 지도 그리고 예술 작품에서 대륙은 의인화되어 유럽을 흔히 고상하게 차려입은 여인의 모습으로

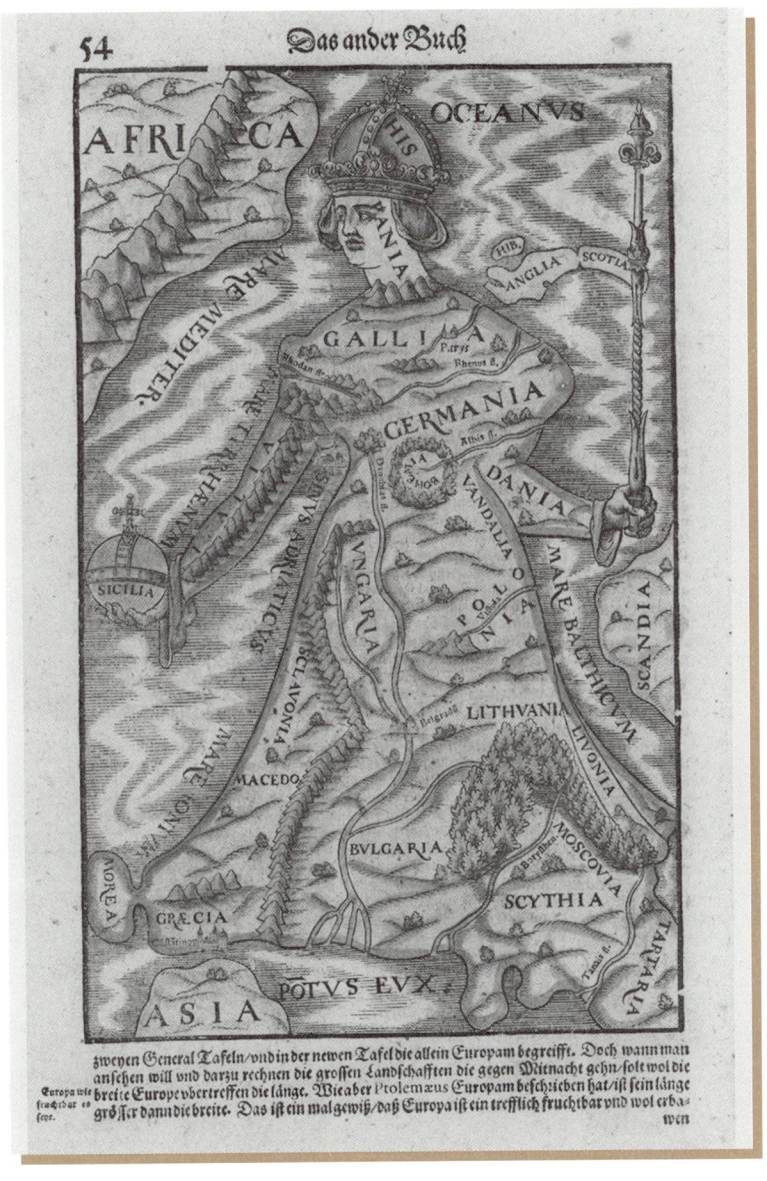

여왕의 모습을 한 중세 유럽의 세계지도. 세계 다른 지역에 대한 유럽의 우월성을 상징적으로 나타낸다.

묘사했다. 일부 지도에서는 유럽을 여왕의 모습으로 그렸다. '자매' 대륙은 무릎을 꿇고 유럽에 공물을 바치는 모습으로 묘사되었는데 모두 유럽의 위대함, 문명, 문화, 권력 그리고 다른 대륙들을 능가하는 우월감을 재현하고 강화하는 이미지다. 지도에 덧붙여진 설명에 따르면 아메리카, 아시아, 아프리카는 흔히 반라의 여인으로 표현되었다. 그런 묘사는 유혹적이고, 이국적이고, 에로틱하고, 야만적이었으며 판화, 회화, 연극, 건축, 조각 등의 다양한 예술 형태로 재현되었다.[81]

과장된 표현이 담긴 지도 제작법은 16세기부터 유럽 제국이 전 세계에 행사하기 시작한 지배력과 통제력을 반영한 것이었고 실제로 그것을 실현시켰다. 지도 제작자와 탐험가를 동반한 제국의 부상을 통해 유럽은 대륙 구도에서 동급 최강의 지위에 올랐다. 유럽을 세계의 상단에 위치시키는 것은 또한 '문명화된(선진의)' 북쪽을 당시 식민지화와 착취가 판을 치던 '미개한(후진의)' 남쪽보다 우위에 놓는 사악한 위계 구도와 맞아떨어졌다.[82] 인쇄술의 발명으로 이런 시각이 전 세계에 빠른 속도로 퍼지면서 유럽의 우월성이 자연의 순리라는 개념을 더욱 확산시켰다.

어쩌면 신중하고 합리적이며 진보적이라는 유럽의 자아는 다른 대륙과 비교해야만 정의될 수 있었다.[83] 아시아, 아프가니스탄, 일본까지 이르는 방대하고 이질적인 지형의 풍경과 민족의 풍부함 그리고 다양성은 조잡한 복합체로 격하되어 단순히 '아시안'이라고 문화적으로 정의되었다.[84] 케냐와 탄자니아 북부의 반#유목민인 마사이족과 오늘날의 이집트와 수단을 이루는 수천 년의 나일강 정착 문화가 '아프리칸'이라는 이름으로 통합되었듯이 말이다. 대륙이 인위적으로 만들어짐에 따라 상상 속의 '동양'이나 '아프리카'의 문화에 대한 기대를 충족시켜야 했으나 그런 문화가 그곳에 존재할 리 없었다.[85]

선先 지도, 후後 영토

대륙 구도는 지리학자와 지도 제작자만큼이나 교사, 작가, 예술가, 정치인, 언론인의 작업을 통해 유지되는 정치적·문화적 구조로서 오늘날까지 꿋꿋이 이어져왔다. 비록 대륙 구도가 실제의 인적·물리적 지형과 맞지 않을지라도, 끊임없이 재생산됨으로써 세계를 바라보는 자연스럽고 확고부동한 방식으로 자리를 잡았다. 궁극적으로 대륙의 이미지가 먼저 만들어졌고, 대륙의 존재와 고유성을 증명할 수 있는 물리적·지리적 증거를 찾는 일이 그 뒤를 따랐다. 수 세기에 걸쳐 대륙은 우리의 지리적 상상력에 무척 깊이 새겨졌고, 그 결과 대륙 구분선을 어디에나 그리는 게 가능했다는 사실은 거의 충격으로 와닿는다. 지도와 도감에 그려진 대륙만이 자명하고 시대를 초월한 것처럼 보이기 때문이다.

이 구도는 긍정적이지도, 중립적이지 않다. 그것은 거대한 지리적 공간에 하나의 통일성을 강제하고 그곳에 거주하는 사람들이 독특하다는 잘못된 가정을 낳는다. 이런 관점에서 보면 현재 우리가 알고 있는 대륙은 제멋대로 부자연스럽고 조잡하게 세계를 구분하는 방식의 소산이다. 대륙이라는 개념이 보기에는 상식적이고 논리적일지 모른다. 하지만 세계를 대륙으로 배열하는 방식은 과도한 지리적 상상력의 산물일 뿐이며, 물리적인 지리를 부정하는 한편 서로 연결되어 있고 복잡하며 분명하게 구분되지 않은 우리 세계의 현실을 은폐한다.

그런 지리적 상상들은 여전히 맹렬하게 효과를 발휘하고 있다. 예컨대 러시아, 카자흐스탄, 중국, 튀르키예에서는 유라시아라는 개념에 관한, 색다르고 심지어 상충하는 의견에 관심이 점점 고조되었다. 국가의 정체성, 세계에서 자국의 위치 그리고 (중국과 러시아의 경우에는) 자국의 주변에 유럽을 두는 대안적인 대륙 구도의 중심부에서 자국이 맡을 수 있는 역할을 고려해 유라시아의 의미에 제각기 다른 점을 강조하는 것이다. 일부 전문가는 그런 유라시아 초대륙에 대한 상상들이 대서양 공동체로부터 새로운 유라시아 중심지로 지정학적인 권력이 이동하는 현상과 맞물린다고 지적했다.[86]

그러나 대륙의 거대한 메타 공간이 어떻게 구성되든 상관없이 대륙의 지도가 언제나 영토보다 선행한다. 어떤 것이든 간에 대륙 구도는 어쩔 수 없이 인간과 자연계의 풍부함과 다양성을 4~7개의 자의적이고 인위적인 공간의 덩어리로 축소한 후 그것의 윤곽과 내용을 채워 넣는다. 현재로서는 이 책에서 다루는 다른 신화와 마찬가지로 대륙은 드러내는 것보다는 감추는 것이 훨씬 더 많다. 눈에서 대륙이라는 비늘을 떨쳐내야만 비로소 우리는 세상과 다른 인간을 새롭게 볼 가능성을 기대할 수 있다. 그런 일이 일어날 때까지 우리의 세계를 정의하는 수많은 연결과 만남, 상호관계는 대륙에 가려 보이지 않을 것이다.

2장

경계
장벽은 왜 무용지물인가?[1]

암보스 노갈레스Ambos Nogales는 미국 애리조나 주와 멕시코 소노라의 경계에 위치한 소도시다. 스페인어로 '암보스'는 '양쪽, 둘 다'를 뜻하며 '노갈레스'는 두 도시가 위치한 산길에 한때 무성했던 호두나무를 의미한다.[2] 오늘날 '두 노갈레스'는 그 도시를 가로지르는 장벽의 지배를 받고 있다. 2층 정도 높이에 녹슨 갈색의 강철로 만들어진 벽 위에서는 삐죽삐죽한 철조망이 햇빛에 반짝인다. 그러나 1918년까지 그 경계선은 인터내셔널 스트리트International Street라는 이름의 대로였고, 누구나 자유롭게 그 길을 건너다닐 수 있었다.[3] 한때는 연결의 상징이었던 그 선을 따라 단절의 확고한 상징이 세워진 것이다.

미국과 멕시코 사이에 놓인 장벽을 경계로 왼쪽은 미국 애리조나 주, 오른쪽은 멕시코 소노라. 암보스 노갈레스라는 길은 두 국가 모두에 속했지만 지금은 장벽으로 막혀 있다.

그 장벽을 방문하는 일은 고통스러운 경험으로 남을 수 있다. 2023년 4월의 어느 화창한 아침, 내가 직접 그곳을 방문했을 때 국경 검문소에서 불과 몇 미터 떨어진 철조망에 찢어진 재킷 하나가 걸려 있었다. 누군가 장벽을 넘으려고 뛰어오르거나 떨어지던 중에 걸린 게 분명하다. 그만한 높이에서 떨어졌다면 필시 골절이나 외상을 입었을 것이다. 감시탑과 미국 국경순찰대의 CCTV 카메라의 시야에서 벗어나지 않고 조금 더 내려가니 장벽 양편으로 몇몇 가족이 모여 있었다. 멕시코 쪽에 있는 이들은 십중팔구 멕시코 남쪽의 여러 나라에서 미국으로 넘어갔다가 강제 추방된 자들일 것이다. 벽의 틈새로 손을 내미는 것 외에는 국경선의 미국 쪽에 있는 사랑하는 사람들에게 더 가까이 다가갈 방법이 없다. 불과 몇 미터 떨어진 공식 검문소에서는 미국 국경수비대원들이 멕시코 쪽의 적극적인 아이들에게 장벽 너머로 달러 지폐를 건네고 있었다. 아이들은 그 돈으로 막대 아이스크림을 사들고 돌아와 국경수비대에게 건넸다. 입국 여부를 심사하는 국경수비대들은 잠시나마 더위를 식힐 수 있었다.

인류의 분열과 권력, 절망의 이야기가 기나긴 국경을 따라 펼쳐진다. 국경의 길이는 약 3,140킬로미터, 간헐적으로 설치된 울타리 또한 1,125킬로미터에 달하지만, 이 국경은 계속해서 증축 중이다.[4] 이 분단 장벽의 냉혹한 이미지는 암보스 노갈레스에서 전 세계로 퍼져나갔다. 이곳의 장벽은 도널드 트럼프 대통령이 취임하기 전부터 존재했으나 바이든 행정부 때도, 트럼프가 재임하고서도 철조망을 추가로 설치하면서, 국경의 형태가 더욱 강조되었다.[5] 2015년 제45대 미국 대통령 선거 유세에서 미국의 남쪽 국경 강화를 핵심 공약으로 삼았던 트럼프는 유세를 시작하면서 "난공불락이고, 물리적이고, 높고, 강력하고, 아름다운" 미국-멕시코 국경의 '거대 장벽Great wall'이라는 개념을 언급했다.[6] 이후 행정부는 트럼프가 자주 방문했던 '트럼프 장벽'을 구현하고자 수십억 달러를 지출했다.[7] 이 돈으로 약 720킬로미터의 장벽이 건설되었고,[8] 일부는 암보스 노갈레스 구간에 철조망을 추가하는 데 쓰였다.

그러나 2021년 말 무렵에는 한때 장벽으로 향할 예정이었던 묵직한 철판 더미가 남서부 국경 지대 전역에서 녹슬어 방치되었고 장벽의 전 구간이 폭우에 휩쓸려 내려가는 일도 있었다.[9] 인상적인 수사修辭와 화려한 상징으로 둘러싸인 '거대 장벽'의 실체는 겉보기와는 다르며, 그것이 약속하는 안전과 분리의 느낌은 절대 완성되지 않았다. 이 장에 살펴볼 국경과 국경 장벽이라는 신화는 이러한 구분선이 분리와 통제를 위해 어느 정도 불가피하다는 믿음을 전제로 한다.

절대 완벽할 수 없는 국경과 장벽

국경과 그 장벽의 설계자라면 누구든지 간에 개별 공동체나 영토를 서로 완벽하게 차단했다고 확신할 수 없는 현실에 맞닥트린다. 미국-멕시코 국경 장벽 또한 공식적인 국제 경계와 정확히 일치하지 않는다. 어떤 지점에서는 멕시코 쪽의 국경 장벽을 따라 미국 영토가 좁고 길게 이어진다. 이 지점에서는 멕시코 땅에 있는 누군가가 장벽에 손을 대기만 해도 이미 국경을 넘은 셈이다. 장벽 자체가 미국 땅에 있어서 손을 대는 순간 국경을 침범했다고 해도 아무도 문제 삼지 않는다. 모든 국경은 경로를 결정하고, 어떤 사람이나 물건이 국경 안팎에 있는지, 누구에게 통과를 허락할지 결정하는 데 있어 타협을 수반한다. 더구나 국경 장벽은 대개 보호와 안보라는 명목으로 건설되지만, 한편에 있는 '우리'와 반대편에 있는 '그들' 사이에 공포와 불안을 조성하며, 정확히 그 반대의 결과를 초래할 수 있다.

경계선을 그리는 과정에는 종종 엄청난 폭력과 민족 투쟁이 수반된다. 25년 전 민족주의 정치인과 군 지휘관들은 보스니아와 헤르

체고비나를 동질적인 민족 구분선을 따라 재편하려고 시도했다. 다양한 인종이 섞여 사는 영토를 세르비아계, 크로아티아계, 보스니아 무슬림계로만 분할하려는 시도는 보스니아 전쟁을 일으켰고, 10만이 넘는 생명을 앗아갔다.[10] 1947년 영국령 인도가 인도 연방과 파키스탄령으로 분할되었을 때는 1,000만~1,200만 명의 난민이 발생했다. 이들이 이주하는 과정에서 힌두교도와 무슬림 사이에 대규모 폭력 사태가 일어났고 최소 수십만 명에서 최대 200만 명이 목숨을 잃은 것으로 추산된다.[11]

한반도는 1945년 8월에 분단되었다. 소련이 제2차 세계대전으로 태평양 무대에 등장했을 때, 한반도에서 지정학적으로 시급한 문제는 소련이 지원하는 북한과 미국이 지원하는 남한의 경계선을 결정하는 것이었다. 두 강대국이 모두 동의할 만한 경계선을 확인하는 임무가 두 미군 대령에게 맡겨졌다. 두 대령은 책장에서 《내셔널 지오그래픽》의 한 지도를 뽑아 들더니 위도 38도를 미래의 남북한을 나누는 선으로 결정했다.[12]

두 사람 중에서 훗날 케네디 행정부의 국무장관으로 취임한 딘 러스크Dean Rusk는 자신의 전기에서 38선은 "경제적으로나 지리적인 면에서 의미가 없었다"라고 회상했다.[13] 영토보다는 지도가 우선이었던 셈이다.[14] 어쨌든 새로운 경계선이 만들어지자 거의 1,000년 동안 지리적 연속성과 문화적 통일성을 보유하고 하나의 국가로 발전했던 한반도는 둘로 분리되었다. 미국 군사 계획자들의 우선순위는 서울이 있는 38선의 아래쪽을 미국의 통제하에 두는 것이었다. 러스크의 지휘관들은 별다른 이의를 제기하지 않은 채 이 제안을 받아들였고 의외로 소련군 역시 순순히 수락했다. 여기에 한국인이나 한국 전문가들의 의견은 전혀 없었다.[15]

수백만 명의 목숨을 앗아간 6.25 전쟁 동안에 이 경계선은 몇 차례 바뀌었지만 결국 거의 같은 위치로 마무리되었다. 전투가 끝난 전선을 따라 군사 분계선과 인접한 비무장 지대가 정해졌는데, 러스크와 그의 동료들이 설정한 경계선에서 그리 멀지 않았다. 오늘날 그곳은 세계에서 가장 철통 같은 지역으로 손꼽히며 장벽, 망루, 철책, 지뢰밭, 해자, 포탑 등 구불구불하게 늘어서 있는 기반 시설이 한때 통일 국가였던 지역을 양분하고 있다.

국경 요새화와 정반대되는 사례로 이중국적의 바를러헤르토흐Baarle-Hertog와 바를러나사우Baarle-Nassau 마을이 있다. 이 마을은 벨기에령 바를러헤르토흐와 네덜란드령인 바를러나사우가 공존함과 동시에 22개 영지로 구성된 것으로 유명하다. 마을 사람은 대체로 국경을 자유롭게 넘나들 수 있으나, 코로나19 팬데믹 기간에는 네덜란드령인 바를러나사우의 상점은 문을 연 반면에 벨기에령 바를러헤르토흐에 속한 비필수 업종은 문을 닫으라는 지시를 받았다. 이 마을에서는 국경선이 건물 안으로 지나가는 경우가 잦다 보니 비현실적인 상황이 일어나기도 했다. 이를테면 어느 옷 가게는 그동안 눈에 띄지 않던 국경선을 경고 테이프로 표시해서 벨기에령에 고객이 들어가지 않도록 조치했다.[16]

중대한 의미가 있는 경계선이 국경선뿐만은 아니다. 미국에서는 메릴랜드 주, 펜실베이니아 주, 델라웨어 주가 연관된 주 경계 분쟁을 해결하고자 1763~1767년 메이슨-딕슨Mason-Dixon 라인을 측량했다. 훗날 이 라인은 북부의 자유주(노예제 폐지)와 남부의 노예주(노예제 유지)를 가르는 경계선이 되면서 훨씬 더 엄중한 역할을 떠맡게 되었다. 그 선을 중심으로 한 방향에는 자유와 삶, 반대 방향에는 예속과 죽음이 기다리고 있었다. 이 이야기는 솔로몬 노섭Solomon Northup의 회고록을 바탕으로 제작된 오스카 수상작인 영화 〈노예 12년〉에서 그대로 재현되었다.

이런 사례들이 시사하듯이 별생각 없이 정해진 경계선은 때로 예상치 못한 결과를 초래할 수 있다. 장벽이 나타났다가 사라질 수 있고, 아무리 위풍당당한 장벽이라도 결국은 균열이 생기고 무너지기 마련이다. 이렇듯 온갖 책략은 인간의 앞을 가로막고자 하지만 그들은 굴하지 않은 채로 끈질기게 부단히 움직인다. 이는 끊임없이 움직이는 자연계의 세계를 반영한다. 쉴 새 없이 출렁이는 바다부터 지구상에 가장 극적인 풍경을 조각한 빙하의 느린 전진과 후퇴, 히말라야와 알프스, 그레이트리프트밸리의 모양을 해마다 몇 센티미터씩 바꾸어놓는 지각판의 이동에 이르기까지 인적·물리적 지형은 끈질긴 변화와 움직임의 궤적을 그려낸다. 이에 대적해서 고정적이고 정적인 장벽이 이길 확률은 전혀 없다.[17] 한때 위풍당당했던 요새는 결국 폐허가 될 것이다. 지금으로부터 몇 세기만 지나면 미국-멕시코 장벽의 파편들이 소노란 사막에서 모습을 드러내고 벨파스트와 예루살렘을 가로지르는 장벽의 구간들은 박물관의 전시품이 될 것이다.

현대 세계가 경계선에 집착하는 현상 또한 놀랍게도 최근에 와서야 생긴 것이다. 역사학자 조던 브랜치Jorodan Branch 같은 학자들은 16세기와 유럽 식민 강대국들이 신세계의 소유권을 주장하던 시기까지 거슬러 올라가 지리적 경계선으로 깔끔하게 구분된 배타적이고 동질적인 영토를 가진 국가들의 기원을 연구했다. 세계를 선으로 구분하는 것이 가능해진 시기는 1490년대에 이르러 아메리카 대륙을 발견한 이후였는데, 이는 프톨레마이오스로부터 새롭게 재발견된 지도 제작 기법과 지금은 우리에게 익숙해진 위도와 경도 체계가 처음 등장한 때와 일치한다.[18] 신세계의 영토 소유권을 표시하기 위해 임의적인 선을 그은 대표적인 사례는 1494년 스페인과 포르투갈이 맺은 토르데시야스 조약Treaty of Tordesillas이었다. 이 조약으로 스페인과 포르투갈은 대서양에 그어진 선의 서쪽과 동쪽에서 새로 발견된 모든 영토를 각각 할당받았다. '역사상 최초로 추상적·기하학적 체계가 방대한 전 세계의 지배 영역을 정의하는 데 사용된' 것이다.[19] 유럽인은 영토 소유권이 없는 신세계의 공간을 분할하고 할당해야 할 필요성이 생겼을 때 자신들에게 익숙한 이 기법을 이용했다. 훗날 미국이 내외부의 경계선을 직선으로 정한 것 또한 이런 기법을 따라한 것이다.[20]

당시 유럽에서는 여전히 장소(마을, 도시, 성)와 신성한 통치권을 가진 군주와 같은 인간을 기반으로 한 영토의 정치적 소유권이 주장됐다. 영토란 선형적인 경계로부터 안쪽을 향하기보다는 '중심에서 바깥쪽으로 권위가 확산되는 일련의 장소'라고 이해되었다.[21] 18세기 말에 이르러서야 비로소 그런 주장은 경계선으로 명확하게 표시된 영토의 공간을 기반으로 전환되었다. 혁명 시대의 격변과 나폴레옹의 정복과 통치를 겪은 이후 이런 관행이 확대되었으며, 이는 '유럽 내에서 일어난 대대적인 식민주의 실험'을 의미했다.[22] 나폴레옹 전쟁을 마무리한 일련의 협상과 조약에서는 장소나 인간이 아니라 오로지 경계선을 근거로 영토 소유권을 나누게 되었다. 그러나 이는 유럽이 수세기에 걸쳐 식민 지배를 하면서 경계선으로 소유권을 인정하는 것이 가장 유용하고 정당하다고 여기게 된 이후에나 가능한 일이었다.[23]

하드리아누스 방벽은 누구를 위한 것인가?

사람들은 선형적인 경계가 비교적 최근에야 등장했고 아메리카 대륙의 선례를 따라 유럽이 도입한 개념이라는 사실을 대개 잊어버린다. 오히려 오늘날 우리가 세계를 경계 중심으로 바라보는 방식은 그 뿌리가 너무 깊어서 과거의 경계를 상상하는 우리의 방식까지 왜곡시킬 수 있다. 하드리아누스 방벽을 예로 들어보자. 거의 2,000년 전에 건설된 하드리아누스 방벽의 잿빛 돌과 해자, 제방은 여전히 영국 북부의 특징적인 풍경으로 남아 있다. 이 방벽에는 언제나 그랬듯이 종종 안개가 컴브리아 주와 노섬버랜드 주의 언덕과 암벽을 휘감고 관광객이 모여든다.[24]

 이 장벽은 로마가 남긴 세계 최대의 유물이다. 한때 높이가 5미터에 달했고, 동쪽에서 서쪽까지, 해안에서 다른 해안까지, 횡단 거리가 총 117킬로미터에 달했으며 전 구간에 다양한 포탑, 소형 요새, 성채가 배치되어 있었다.[25] 그것은 하드리아누스 황제가 로마 제국의 경계를 정하기 위해 쏟아부은 노력의 총아였다. 위풍당당한 군사 복합체인 방벽 덕분에 하드리아누스 황제는 분수 넘치게도 로마의 가장 위대한 지도자라고 스스로를 칭하곤 했다. 로마 세계에서 가장 인상적인 구조물을 건설함으로써 북쪽 국경을 확실히 차지한 것처럼 행세했기 때문이다. 하드리아누스는 기원후 122년에 이 성벽을 방문했을 것으로 추정되며 이렇게 해서 제국의 끝자락과 역사에 자신의 이름을 새겼다.[26]

이후 수 세기에 걸쳐 하드리아누스 방벽은 다양한 역할과 목적을 수행해왔으며, 그 가운데 일부는 어느 정도 미지의 영역으로 남아 있다. 고고학계에서는 이 장벽이 단순히 문명과 야만을 가르는 경계선이 아니었을 것이라는 인식이 커지고 있다. 그것은 로마에서 멀리 떨어진 외딴 오지의 유적이 아니라 제국과 국가 그리고 지역 주민들에게는 세상의 중심이었다.[27] 장벽의 의미와 중요성이 변화한다는 사실을 입증하듯이 그 장벽은 최근에야 하드리아누스 방벽이라고 알려지게 되었다. 오랫동안 셉티미우스 세베루스Septimius Severus 황제가 방벽의 건설자라고 여겨졌는데, 방벽의 상당 부분이 세베루스 후반 통치 기간(기원후 193~211)에 건설되고 개발되었기 때문이다.[28] 하드리아누스의 집권기가 끝나고 세베루스가 집권할 때까지 방벽은 거의 방치된 상태였다가 기원후 142년 무렵 로마 군대가 안토니누스 피우스Antoninus Pius 황제의 후원을 받아 스코틀랜드 로우랜드를 가로지르는 안토니누스 방벽을 건설하기 시작했다.[29] 하지만 이 방벽은 안토니누스의 재위기가 끝나기 전부터 이미 방치된 것으로 보이고, 오히려 하드리아누스 방벽이 복원되고 개조된 것에 가까웠다.[30]

비록 전문가들은 로마 시대에 그 방벽이 오로지 군사적인 목적으로만 쓰였다는 주장에 동의하지는 않지만, 그것이 선형적이고 넘을 수 없는 국경이었다는 개념만은 다른 모든 설명을 가린다. 그 방벽은 〈얼음과 불의 노래〉 연작 소설의 1권인 《왕좌의 게임》에서 전설로 재탄생한다. 이 소설을 집필한 조지 R.R. 마틴George R.R. Martin에 따르면 1981년 하드리아누스 방벽을 방문한 경험이 북쪽의 거대한 방벽을 중심으로 전개되는 이 연작을 쓴 계기가 되었다. 그의 말을 빌리자면 "당시 로마인들에게 이것은 문명의 종말이자 세상의 종말이었다." 《왕좌의 게임》의 한 구절과 거의 비슷한 글에서 비잔틴의 역사가인 프로코피우스Procopius는 하드리아누스 방벽이 나눈 두 세계에 대해 다음과 같이 썼다.

> 방벽의 동쪽또는 남쪽에는 계절에 따라 변하는 맑고 건강한 공기가 흐르며, 여름에는 적당히 따뜻하고 겨울에는 시원하다. 그러나 서쪽또는 북쪽에는 모든 것이 이와 반대여서 실제로 사람이 그곳에서 반 시간도 목숨을 부지할 수 없다. 셀 수 없이 많은 뱀과 독사, 온갖 종류의 다른 야생 생물이 이 지역을 자기네들 땅처럼 차지하고 있다. 무엇보다 이상한 점은, 주민들에 따르면 사람이 그 방벽을 넘어 반대편으로 가면 즉사한다는 것이다. 그런 다음 죽은 이들의

영혼이 항상 이곳으로 옮겨진다고도 말한다.[31]

　장벽 너머에 있는 무언가에 대한 두려움은 흔히 지리적 상상력을 사로잡았다. 그러나 하드리아누스 방벽에 관해 한 역사가가 지적했듯이 그 방벽이 '적의 공격을 막아낸다는 이야기는 현존하는 어떤 로마 문헌에서도 찾아볼 수 없다.'[32] 방벽에 대한 이 서사는 대체로 6세기 기독교 수도사 길다스 Gildas의 기록에서 나온 것인데, 그것은 지금의 스코틀랜드에서 태어난 길다스가 기원후 410년 로마 군대가 방벽을 방치한 채로 100년 넘게 흐르고 나서 쓴 글이다. 길다스의 기록은 다시 베네딕트 수도회 수도사인 성 베데 Saint Bede가 쓴 글의 원천이 되었다. 베데는 8세기에 방벽이 북부의 약탈자들을 물리치는 직접적인 무장 방어선이었음을 증언하는 이야기를 내놓았다.[33] 길다스와 베데의 기록에서 그 방벽은 로마 집권 말기에 스코틀랜드, 아일랜드, 픽트족의 공격으로부터 저지대에 사는 브리튼인을 보호하고자 건설된 것으로 해석되었다.[34]

　그러나 오늘날 많은 고고학자는 방벽이 움직이지 않은 채 고정되고 무장된 방어선의 역할을 했다는 주장을 인정하지 않는다.[35] 심지어 로마 군대가 방벽의 상단을 따라 순찰하면서 지나다닐 수 있었다는 명확한 고고학적 기록은 존재하지 않을뿐더러 그 구조물이 직접적인 방어선이었다는 증거도 충분하지 않다.[36] 높은 지대의 유리함을 활용하거나 접근성을 고려하는 대신 소형 요새와 포탑은 규칙적인 간격으로 배치되었다. 심지어 대칭성을 고집했다는 사실에서도 로마 군대가 주로 방어하기 위해 방벽을 활용했다는 인상도 받을 수가 없다.[37] 또한 방어 장벽으로서의 하드리아누스 방벽은 기원후 180년 픽트족의 침입을 막지 못했다. 게다가 기원후 367~368년 픽트족, 스코티족, 아타코티족이 로만 브리튼Roman Britain을 침략했을 때와 마찬가지로 3세기 후반 픽트족은 요크를 넘어 남쪽까지 진출했다.[38]

로마 국경은 완전히 선형이 아니었고 단순히 방어용도 아니었지만, 방벽 너머 외곽 지역을 감시하고 요새화하거나 지속적인 영토 확장과 군사적 통제를 위한 기점이 되었다.[39] 이런 구조는 로마 군대가 북쪽의 적들에게 들키지 않고 집결한 뒤 방벽 너머의 드넓은 땅에서 기습 공격을 개시할 수 있다는 점에서 이는 매우 효과적이었을 것이다. 그곳은 로마군과 보조병의 강점이 가장 잘 발휘될 수 있는 장소였다.[40] 또한 관문을 통해 출입을 감독함으로써 무기와 밀수품을 몰수할 수 있었다. 방벽이 존재한다는 사실만으로도 언젠가 로마에 저항할지도 모를 토착민 집단을 분열시키기에 충분했다. 예컨대 남쪽의 브리간테스인Brigantians은 로마의 한 속주에 확실하게 복속되어 있었기에 쉽게 탈출할 수 없었고, 그 결과 북부의 다른 동맹들과 단절되어 있었다. 방벽 너머에 있는 그런 부족들은 고분고분하게 행동하면 방벽의 시장에서 거래할 허가를 받는 등 보조금과 혜택을 얻지만, 만일 저항한다면 방벽에 주둔하고 있던 군대로부터 응징을 당했다.[41]

아울러 이 방벽이 유목 부족들을 물리치는 다층 방어 체계의 일부였을 가능성이 있다. 바꾸어 말하면 적군이 사실상 아무런 저지를 받지 않고 방벽을 넘었을지는 몰라도 방벽 뒤편에 여러 겹의 방어 체계가 있었을 수 있다.⁴² 이런 방벽은 침입을 막지 못했을지언정 가축과 노예를 노린 습격을 막는 데는 도움이 되었을 가능성이 있다. 방벽과 보루에 깊은 도랑이 있어서 사람과 동물을 잡아서 돌아가기란 들어올 때보다 훨씬 더 어려웠을 것이기 때문이다. 보루로써 군대 주둔지의 가축과 물건을 훔치려는 남쪽의 야만적인 무리를 막을 수 있었던 것처럼 말이다.⁴³ 3세기 초반까지 방벽 북쪽 양편에 두 군데씩 네 군데의 진격 요새가 가동되었다.⁴⁴ 현재의 칼라일Carlisle 인근에 있는 버드오스왈드 요새Birdoswald Fort에서 지리학 조사를 진행한 결과 그것이 군대의 주둔지일 뿐만 아니라 한창 번성하던 공동체의 일부였다는 사실이 밝혀졌다. 독특하게도 요새 주변의 일부 건물이 방벽의 북쪽에서 발견되었는데, 이는 장인, 상인, 퇴역 군인, 복무 중인 군인의 가족이 '북쪽에 무엇이, 누가 있는지'를 두려워하지 않았다는 뜻이다.⁴⁵

방벽은 남북을 완전히 봉쇄하기는커녕 전 구간에 걸쳐 군데군데 작은 문들이 뚫려있었다. 이 문들이 뚫려 있는 방벽을 보면 그 핵심 기능이 이동과 무관하지 않음을 알 수 있다. 로마 시대에 이 문의 일부가 더 만들어지거나 폐쇄되기도 했는데, 이는 이동하는 일이나 이동 통제의 중요성이 세월이 흐르면서 변화했음을 나타낸다.⁴⁶ 방벽은 주변 지역을 관찰하는 한편 사람들의 이동을 통제하고, 기록하고, 감시함으로써 국경 지대를 통과하는 물품과 가축을 규제하고 세금과 관세를 부과하는 한 방법이었을 것이다.⁴⁷ 예컨대 방벽의 관문 같은 진입 장소가, 제국의 직접적인 통제권 밖에 있는 사람들까지 아우르며 관세와 세금을 징수하기에 편리한 지점이었고, 역사적으로 제국은 대개 조세수입을 확보하기 위한 확장에 개방적인 경향이 있었다.[48] 그러나 이 같은 애매한 기록보다는 방벽이 견고한 방어선이라는 서사가 16~18세기 중반 영국을 사로잡았다. 북부 국경 지대에서 영국과 스코틀랜드 간에 격렬하고 폭력적인 충돌이 일어났던 시기였다.[49]

로마 시대에 방벽의 건설과 기능, 점검, 보수를 유지하려면 로마 제국 전역의 시민, 군인, 그리고 노예로 구성된 범세계적인 공동체로부터 지원을 받아야 했을 것이다. 세월이 흐르면서 이주민들은 방벽 주변에 흩어져있던 철기 시대 집단들과 교류하게 되었다. 각계각층의 사람들이 방벽으로 모여들면서 활기차고 다채로우며 상호의존적인 사회가 등장했다.[50] 한 학자가 2009년 로마의 북부 국경 지대에서 열린 전시회와 관련된 브로슈어에 적었듯이, 방벽은 "토가Toga를 걸친 라틴어 사용자들"의 거주지라기보다는 "다중 언어를 쓰며 다양한 출신의 새로운 거주민들"에게 의존하는 복합체였다.[51] 방벽의 영향권 안에서 새로운 사고방식과 신념이 형성됨에 따라 방벽은 또한 다양한 종교와 신념의 본거지로 부상했다.[52]

벨기에에서 성장한 퉁리인, 시리아 하마 출신의 궁수들, 마르쿠스 아우렐리우스Marcus Aurelius 황제의 이름을 딴, '마우레타니아Mauretania(현재의 모로코와 알제리)'[53] 출신의 '아우렐리아 무어인', 스페인의 아스투리아인, 루마니아와 몰도바의 다키아인, 그리고 북부 네덜란드의 프리지아인을 포함해 제국의 각지에서 모병한 보조 군대가 로마 군대의 군단병과 함께 방벽에 주둔했다. 이런 집단들은 동전, 요리용 도자기, 씨앗, 직물, 묘비 비문, 제단, 문자를 남겼다.[54] 주변 발굴지에서 아

로마 제국의 외곽인 최북단을 가로지르는 하드리아누스 방벽. 잉글랜드와 스코틀랜드 사이 동서로 이어지며 약 120킬로미터에 달하는 이 방벽의 목적이 무엇이었을지는 지금도 수수께끼로 남아 있다.

프리카식 관이 발견되었고 고향의 맛을 그리워하는 지중해 출신 사람들이 들여온 가룸(생선 액젓) 항아리가 나왔다.[55] 필기도구와 로마에서 제작된 것으로 추정되는 전차 경주 기념 컵의 유리 조각 같은 사치품도 발견되었다.[56]

하드리아누스 방벽의 유산이 의미하는 것은 분리가 아니라 접촉과 이동, 만남이다. 방벽은 제국 최고의 설계자와 건축가를 끌어당기는 자석이었고, 이들의 기술과 장인 정신은 오늘날에도 영국 북부에 생생히 살아있다.[57] 군사와 문화의 복합체인 방벽이 그 양편에 사회를 창조하고 이들의 세계를 연결하며 이동의 흐름을 조절했다. 그러나 기원후 410년 로마 군대가 영국을 떠났을 때 방벽 주변의 융성했던 공동체들의 이야기는 방벽이 분리와 차이를 만들어낸다는 신화에 가려져 버렸다.[58]

방벽에 숨겨진 비밀의 일부는 영원히 베일에 싸여 있을지 모른다. 하지만 그것은 길다스와 베다가 설명했듯이 방어용이었다는 주장만으로는 설명될 수 없다. 다음 여러 장에서 살펴보겠지만 주권과 국가의 현대 신화가 낳은, 미국-멕시코 국경의 장벽이라는 프리즘을 통해 이해할 수도 없다. 하드리아누스 방벽의 진정한 유산은 난공불락이라는 점이 아니라 그것이 경계선이란 새로운 정체성을 시험하는 혹독한 장이라는 사실을 상기시킨다는 점이다. 영국의 정치인과 일부 언론에서는 현대 이주민이나 동부 유럽과 중동의 난민을 악의 근원으로 묘사했으나 한때 브리타니아의 경계선을 순찰했던 사람은 다름 아닌 이들의 조상이었다. 방벽은 공동체 사이의 지식과 문화적 가치가 교류되도록 자극했고 영국제도 전역의 정착 패턴을 바꾸고, 건축과 조경의 설계를 변경하고, 오늘날에도 건재한 공동의 유산을 남겼다.[59]

만리장성의 진실

우리의 지리적 상상력에 사로잡힌 거대 성벽은 하드리아누스 방벽만이 아니다. 만리장성을 둘러싼 신화들은, 기원전 220년경 북부 중국에 산재한 토루 요새들을 연결한 최초의 사례로부터 상상을 초월하는 규모로 확대되었다. 가장 끈질기면서도 유명한 주장은 "우주에서 맨눈으로 볼 수 있는 인공물은 만리장성뿐이다"라는 것이다. 물론 얼토당토않는 소리지만 이 주장에서 우리는 장벽의 이미지에 가려 그것의 물리적인 실체가 오랫동안 보이지 않았다는 사실을 깨닫게 된다.[60]

세계에서 가장 오래된 인쇄 지도인 중국 북서부의 남송 지도에도 중국의 북쪽 국경을 가로지르는 벽이 묘사되어 있다. 그러나 이것은 지도가 제작될 당시 존재했던 실제 구조물을 재현한 모습이 아니라 더 이상 존재하지 않는 진나라(기원전 221~206)의 만리장성에 대해 문화적으로 기억한 흔적이었다. 이 지도야말로 실제 구조를 훨씬 뛰어넘는 광대한 시공간에 걸쳐 온전하게 보존되고 이상화된 만리장성이 매력적으로 여겨졌다는 역사적인 사례이다.[61]

진나라의 대표적인 업적 가운데 하나인 만리장성은 1,500여 년이 흐른 명나라 시대(1368~1644)에 건설된 화려한 벽돌과 석조 건물

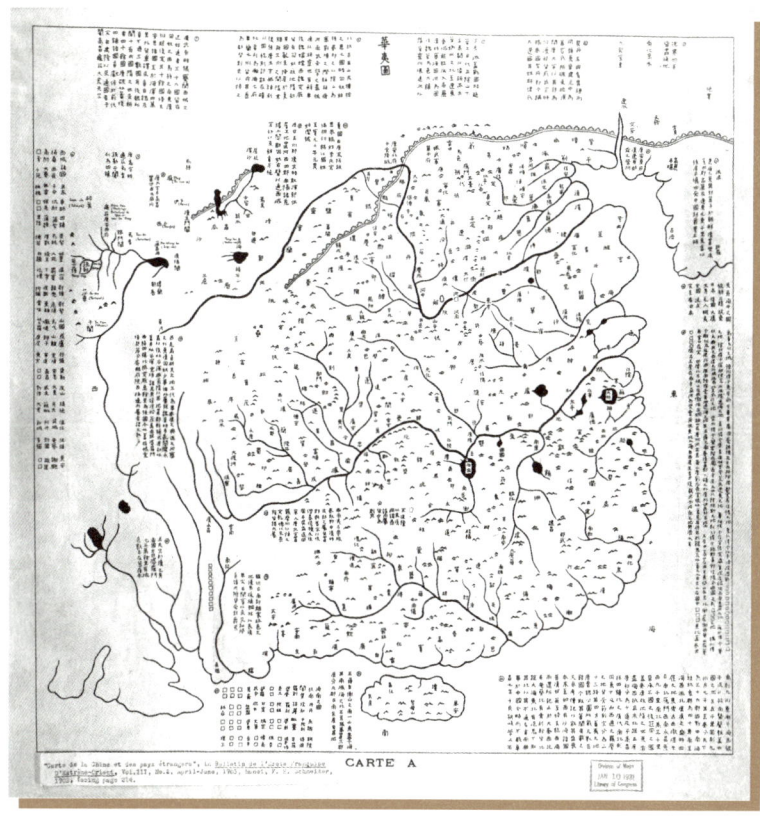

화이도華夷圖 복원도. 1136년(남송 시대)에 제작된 석판화로 만리장성의 위치, 명칭은 실제와 대체로 비슷하지만, 실제가 아니라 기억과 상상에 의존한 결과물이었다.

까지 이어진다. 이 역사적·지리적 연속성의 환상은 만리장성의 지배적인 이미지를 뒷받침한다.[62] 베이징 북쪽의 산봉우리와 산등성이를 따라 늘어선 거대하고 인상적인 구간은 명나라 때 건설되어 오늘날 관광객이 가장 많이 찾는 명소다. 그러나 이 구간은 진나라 때의 장벽과는 다른 경로를 따라 이어진다. 그 기원은 훨씬 더 작고 무수한 성벽에서 찾을 수 있다. 이 중에는 진나라 이전에 중원의 신흥 국가들이 북부 부족뿐만 아니라 서로로부터 자국을 방어하기 위해 건설한 성벽도 다수 포함된다. 심지어 일부 북부 부족은 자체적으로 방어벽을 건설하기도 했다.[63]

한나라(기원전 202~기원후 220)가 멸망한 이후 중국의 통치자들은 대부분 국경 장벽에 크게 관심을 두지 않았다. 예를 들어 북부 대초원에 민족적·문화적 뿌리를 두었던 당나라(618~907)는 자국을 보호할 목적으로 방어벽을 건설하기보다는 중앙아시아로 영향력을 확대하고자 했다. 북방 대초원 출신의 민족이 중국을 통치했던 요나라(907~1125)와 금나라(1115~1234)는 다른 시대에 비해 훨씬 더 북쪽에 국경 장벽을 건설했다. 이것은 두 나라가 중국 내륙과 연결된 장벽을 건설하는 전통에 어떤 입장을 취했는지를 확실하게 알리는 성명서나 다름없었다. 훗날 중앙아시아 전역을 지배했던 몽골은 1271~1368년 중국을 통치하는 동안 방어벽을 건설해 이방의 침략을 막을 필요가 거의 없었다.[64]

한나라부터 명나라까지 왕조가 이어져 내려오는 동안 거의 혹은 전혀 장벽을 건설하지 않은 긴 기간이 있었다. 진나라까지 거슬러 올라가는, 지리적·역사적으로 끊김 없이 이어진 만리장성의 모습은 사실상 오랜 세월에 걸친 추측과 상상의 산물이다.[65] 만리장성은 하드리아누스 방벽과 마찬가지로, 지역 부족들이 국경을 따라 주둔하는 중국군과 거래하고 심지어 담합해서 북방 대초원의 말, 금속, 비단, 식량, 면화, 기타 사치품을 사고파는 중심지의 역할을 했다.[66] 1571년 명나라의 융경제는 마침내 국경에 공식 교역소를 설립하도록 허용함으로써 국경을 공식적인 만남과 연결의 장소로 만들었다.[67]

청나라는 만리장성 북쪽의 만주를 역사적 본거지로 삼은 만주족이 1644년에 세운 국가다. 제국주의의 마지막 왕조로서 1912년까지 중국을 통치했다. 만주족이 명나라를 무너뜨린 이후에는 만리장성의 전략적 기능이 더 이상 필요하지 않았다. 그럼에도 그들은 청나라 건국과 거의 동시에 장성의 전통적인 동쪽 종단인 산하이관Shanhaiguan에서부터 만주 국경을 따라 동쪽으로 장벽을 연장하기 시작했다. 청대의 이 장벽은 주로 흙으로 제방을 쌓고 버드나무를 빽빽하게 배치해서 건설되었고 일부 구간은 기존 명나라 시대에 건설한 장벽의 동쪽 구간과 중복되었다. 만리장성의 정치적인 방향이 역으로 바뀌기 시작한 것이 바로 이때다. 명대에는 한족을 위해 만주족의 진입을 막고자 건설되었던 장벽이 이제는 몽골은 물론이고 한족이 만주로 진출하는 것을 제한한 셈이다.[68] 또 다른 종단인 중국 북서부에서 만리장성은 오랫동안 이중적인 기능을 수행했다. 한대에는 국경 지역을 보호하는 한편 고대 비단길(중국과 남아시아, 페르시아, 아라비아반도를 거쳐 동아프리카와 남유럽까지 연결되는 무역로의 네트워크)을 따라 무역 활동과 문화 소통의 안전과 개방성을 보장할 목적으로 하서주랑Hexi Corridor과 나란히 성벽과 요새, 장벽의 복합체가 건설되었다.[69] 장벽은 교류를 제한하기보다는 오히려 활성화하는 역할을 담당했다.

오늘날 만리장성의 나머지 구간은 유네스코 세계문화유산으로 지정되었으며 현대 중국의 통합과 힘을 의미하는 강력한 상징성을 띤다. 오늘날에는 장벽이 돌과 벽돌로만 만들어지는 게 아니라 사이버 공간에도 존재한다는 점에서 현재 중국 통치자들은 여전히 장벽을 건설 중이다. '만리방화벽Great Firewall'이라고 일컬어지는 중국의 장벽은 온라인상에서 중국 집권 공산당에 위협이 된다고 인식되는 사상과 정보가 장벽 뒤편의 사람들 즉, 중국 내 시민들 사이에 유포되고 확산되지 못하도록 차단하고자 고안되었다.

몇 년 전만 해도 중국의 인터넷은 토론의 장이자 비교적 개입이 없는 교류의 장이었다. 블로거들은 사회 및 정치의 개혁을 옹호할 수 있었고, 일부 블로거는 수천만 명의 온라인 팔로워를 거느렸다. 인터넷은 부패를 폭로하고, 온라인 청원서를 유포하고, 시위를 동원함으로써 당국에 책임을 물을 수 있는 커뮤니티를 취합했다.[70] 그러나 2012년 시진핑 주석이 집권한 이후 중국 인터넷은 점점 더 폐쇄적인 세계로 변했다. 시진핑 정부는 이런 콘텐츠를 추적, 관찰하고 검열하기 위한 기술에 막대한 비용을 투자했다. 새로운 법률을 도입해 허용되는 콘텐츠를 선별했으며 법률을 위반하는 사람들을 대대적으로 처벌하고 있다. 모든 거대 장벽이 그렇듯이 만리장성을 건설하고 유지하려면 막대한 자원이 필요하다. 이런 작업에는 대부분 소셜 미디어와 마이크로블로그에 게시된 수백만 개의 메시지를 일일이 선별하고 정부가 승인하지 않은 콘텐츠를 검열하는 등 대규모 인력이 동원되어야 한다.[71]

만리방화벽은 중국 통치자들을 비판으로부터 보호하는 데 도움이 되겠지만 새로운 아이디어의 역동적인 교류를 제한한다. 개방성을 제한하면 혁신과 독창적인 지적 재산이 창출되기 어렵다. 공산당 위원회와 관리들이 감시하는 중국 기업들은 급성장하는 자국 내 온라인 경제를 독점할 만큼 세력을 넓혔지만, 이는 동시에 기업가 정신을 억압하는 환경을 조성했다.[72] 이런 시스템의 단점은 다른 방식(최신 기술을 획득하기 위해 사이버 공격과 같은 방법)으로 보완되어야 한다.[73] 공산당의 제약과 만리방화벽이라는 선택지가 기업가 정신이 넘치고 창의적인 세계 굴지의 엘리트들에게는 매력적일 리가 없다.

전통적인 장벽과 마찬가지로 만리방화벽 또한 확장되고 경로가 변경되었다. 2020년 7월 7일 자정, 홍콩의 반정부 감정이 고조된 시기에 홍콩이 만리방화벽에 편입되었다. 홍콩 정부는 새로운 국가보안법의 일환으로, 사용자 정보를 얻기 위해 기업을 압박하고, 플랫폼을 폐쇄하는 등 경찰이 온라인 발언을 검열할 수 있도록 했다. 사설 인터넷 서비스 제공업체와 자국 내 네크워크 간 연동 서비스 시스템인 인터넷 익스체인지는 중국에 관한 뉴스 보도를 검열한다는 새로운 규정을 준수해야 했다.[74] 글로벌 인터넷에 접속할 수 있는 가상 사설망VPN과 프록시 서버에 접속하려는 시도가 급증했고 홍콩 사람들은 암호화된 메시지 서비스와 외국 SIM 카드로 이동했다. 역사상 다른 모든 장벽과 마찬가지로, 시진핑이 세운 장벽은 본의 아니게 인간의 아이디어와 독창성의 흐름을 가로막게 될 것이다.[75]

비록 중국이 가상 세계의 장벽에 투자하긴 했지만, 이 새로운 사이버 장벽의 출현으로 중국의 전통적인 장벽 건설이 끝난 것은 아니다. 특히 미얀마와 베트남과 접한 중국의 남쪽 국경을 가로질러 장벽이 계속 건설되고 최신화되고 있다. 수백 킬로미터에 걸쳐 건설된 새로운 기반 시설을 소셜 미디어에서는 '남부 만리장성'이라고 부른다. 국영 언론 매체는 한때 이를 '코로나 방지 만리장성'이라고 불렀지만, 국경을 통한 변칙적인 이주와 무역, 사상, 종교의 자유로운 흐름을 막으려는 집권 여당의 열망은 코로나19 이전부터 이미 존재했다.[76]

폭력과 고통의 상징이 된 미국-멕시코 국경

국경 장벽에 투자하는 나라는 중국만이 아니다. 지난 반세기 동안 세계적으로 최소 63개의 장벽이 세워졌다.[77] 한때 철의 장막이 동서를 양분했던 유럽에서는 콘크리트 벽, 철조망, 첨단 감시 시스템, 드론, 그리고 군함까지 등장하며, '요새 유럽'이라고 부르는 새로운 경계를 만들어내고 있다. 해안 경비대 비행기가 이탈리아 남부 해변의 상공을 저공비행하고, 모로코와 스페인의 멜리야Melilla 영지부터 핀란드와 핀란드-러시아 국경에 이르기까지 유럽 전역에 요새화된 벽과 울타리가 확대되었다.[78] 2022년 한 유럽 의회브리핑보고서에 따르면 현재 유럽연합에서는 2014년 약 314킬로미터에 불과했던 국경이나 분리 장벽이 1,995킬로미터 이상으로 증가했다.[79]

대개 우파 성향의 정치인들은 이민자 방지를 최우선 의제로 삼는다. 그러나 목숨을 걸고 위험천만한 국경을 넘으려는 사람들에게 책임감을 느끼거나 혹은 국경 체제를 강화할수록 더 위험하고 절박한 시도가 늘어난다는 사실을 인정하는 사람은 찾아보기 어렵다. 2016년에는 유럽으로 가기 위해 지중해를 건너려다 사망한 사람이 3,000여 명에 달했는데, 이는 타이타닉호 사고 사망자의 두 배에 해당한다. 100여 년 전 배 한 척이 침몰한 사건은 여전히 집단적 상상력을 자극하지만, EU 국경에서 일어난 이런 죽음에 관한 기억은 급속도로 조용히 사라지는 듯하다.

그런가 하면 미국-멕시코 국경에서는 폭력과 고통이 일상화되고 있다. 트럼프 대통령 재임기에 이미 요새화되었던 국경이 더 확장되고 무장되었다. 그의 '미국 우선주의' 의제의 속셈은 이방인 '타자'를 악의 근원으로 묘사하고 자국 내의 무질서에 대한 책임을 국경 너머로 돌리는 것이다. 그렇게 해서 폭력은 이제 예외가 아니라 당연한 것으로 변했다.[80] 2018년 중앙아메리카 이주민 집단이 멕시코 경찰과 충돌한 후 트럼프는 다음과 같이 말했다. "이주민 집단이 우리 군대에 돌을 던지면 우리 군대가 반격할 것이다. 우리는 총기 사용을 고려할 것이다."[81] 뿐만 아니라 그는 망명 신청자의 자녀를 미국 국경에서 부모와 분리시킬 것을 명령했다.[82] 바이든 대통령은 취임 직후 트럼프의 악명 높은 아동 추방 정책에 따라 강제로 생이별당한 사람들을 재결합시키는 행정 명령을 승인했다. 그러나 2022년 미국 이민자정의센터 National Immigrant Justice Center 는 바이든 행정부가 이민법을 집행하는 과정에서 관행처럼 구금과 추방을 명함으로써 가족 간의 생이별이 일상적으로 이루어지고 있다고 보고했다.[83]

국경을 넘으려는 시도는 무시무시할 만큼 위험한 일이 되었다. 2014년 이후 북아메리카에서 이주민 3,815명이 사망하거나 실종되었는데, 실제 수는 이보다 많을 것으로 추정된다.[84] 국제이주기구에 따르면 2022년 미국-멕시코 국경에서 686명의 이주민이 사망하거나 실종되면서 이 국경은 전 세계 이주민에게 가장 치명적인 육로라는 오명을 얻었다. 사망 원인의 거의 절반은 태양이 작열하는 소노란 사막과 치와와 사막을 무모하게 횡단하던 중에 발생하는 일사병 혹은 탈수증과 무관하지 않았다.[85] 그런데도 국경 장벽은 바이든의 임기 초기부터 계속 건설되고 있다.[86]

미국과 멕시코의 국경은 텍사스의 남쪽 경계선에서 리오그란데강을 따라 이어진다. 2021년 건설 작업반은 리오그란데강의 하부 유역이 바다와 만나는 어귀 근처부터 계곡을 따라 약 4.5미터의 콘크리트 벽을 세우고 그 벽 상단에 약 1.8미터 높이의 강철 말뚝을 박았다. 이 계곡에는 수위가 높을 때 물에 잠기는 넓은 범람원이 있는데, 장벽이 내륙 깊숙한 곳에 건설되는 바람에 원래 홍수를 막고자 건설된 제방 시스템과 연결되었다. 그 결과 간헐적으로 세웠던 '울타리 남쪽 일종의 무인 지대'에 농지, 묘지, 심지어 주택들이 놓이게 되었다.[87] 바이든 대통령은 2021년 1월 20일 더 이상 국경 장벽 건설에 자금을 전용하지 않겠다는 포고문을 발표했다. 하지만 이후 미국 육군 장병들이 제방을 따라 국경 장벽 건설을 재개한 사실이 밝혀졌다. 그들이 내세운 근거는 포고문에 비상 면제 조항이 있어서 제방 보수라는 명목으로 국경 장벽을 건설할 수 있다는 것이었다.[88] 2022년 미국 관세국경보호청CBP에서는 이 지역에 138킬로미터의 국경 장벽을 추가로 건설할 계획을 세웠는데, 이 계획은 이제 대기오염방지법, 식수안전법 및 멸종위기종보호법의 면제를 받게 될 것으로 보인다.[89]

트럼프가 '미국을 다시 위대하게'라는 공허한 선거 구호를 내걸고 바이든이 국경 통제 체제의 중요한 부분을 계속 유지하는 동안 사람들은 소노란 사막에서 실종되고 리오그란데강에서 목숨을 잃었다. 정치인들의 포퓰리즘식 수사修辭에 담긴 무시무시한 말들은 안보 중심의 해결책과 국경 무장에 대한 지지를 강화하는 한편 그로 인한 치명적인 결과는 외면했다. 이는 국경 너머의 불안을 일으키는 진짜 원인인 전쟁, 폭력, 빈곤, 불평등으로부터 관심을 돌리는 동시에 국경 지대에 폭력 사태를 증가시키는 전략이다.[90] 국경의 위기를 유발하는 '퇴출'과 '유인' 요인들은 사실상 국경과는 관계 없이 먼 곳에서 비롯된다. 미국 도시의 노동 및 불법 마약 시장, 혹은 미국 국경 남쪽에 있는 국가의 폭력, 빈곤, 법치의 붕괴 등 어떤 이유든 간에 말이다.[91] 어마어마한 인명이 희생되는데도 이런 근본적인 문제를 전혀 해결하지 못하는 장벽은 절대 정당화될 수 없고 치명적이며 '실패할 운명'이다.[92]

더구나 장벽 주변은 안전을 보장하기는커녕 인권 침해가 숱하게 일어나는 공간이 되어가고 있다.[93] 인명을 희생시키면서까지 국경의 보안을 유지하며 국경을 무장하려고 애쓰다 보니 오히려 불안감은 고조된다. 국경을 넘으려는 사람들은 더 위험한 경로를 택하거나 결국 악랄한 밀매업자와 밀수꾼의 손아귀에 놀아나게 된다.[94] 경비병, 총기, 고가의 새로운 감시 기술을 마구 투입해 요새화를 강화한다면 부패와 불법 행위의 유인을 키우는 결과를 가져올 것이다. 자금력이 풍부한 마약 카르텔과 밀매업자들이 무기를 장착하고 더 폭력적으로 대응할 것이기 때문이다. 뿐만 아니라 마약이나 이주민의 흐름을 막지도 못하면서 더 많은 폭력과 사망 사태를 조장할 수 있다.[95]

미국에서 불법 마약에 대한 수요가 억제되지 않는 한, 국경을 넘는 마약 거래는 계속 활개를 칠 가능성이 높다. 공급에 차질이 생기면 밀수업자들은 더 큰 이익을 얻으니, 마약 거래에 더 몰릴 수밖에 없다. 진정한 당면 과제는 카르텔의 이익에 유일하게 가장 큰 위협이 되는 마약 및 이주 정책 개혁인데도, 주의를 딴 데로 돌리기 위해 장벽을 쌓는다.[96] 마약 정책을 혁신한 주에서는 폭력 범죄율이 감소한 것처럼 보인다. 2019년에 발표된 한 연구에 따르면 멕시코와 국경을 접한 주에서 대마초를 합법화한 이후 살인 및 폭력 범죄가 가장 큰 폭으로 감소했는데, 이는 규제를 핑계로 한 마약 카르텔의 거래가 줄어들었기 때문이다.[97] 그러나 미국은 아직도 마약 합법화를 폭넓게 논의하는 대신 장벽을 더 많이 세움으로써 문제를 해결하려 한다. 이는 미국으로 들어갈 수 있는 합법적인 경로 개방을 막는 그릇된 논리다. 그 결과 사람들이 모든 것을 걸고 국경을 넘는 데 내몰리게 된다.[98] 폭넓은 마약 합법화 논의나 합법적인 입국 경로 개방에 대한 인도주의적인 대응책 대신 장벽이 계속 건설되며 강화되고 있다. 이는 사람들을 아직 물리적 장벽이 없는 메마른 사막이나 위험에 노출된 지형으로 몰아넣고 있다.[99] 미국의 국경 정책으로 말미암아 국경 장벽은 살인을 해도 벌을 받지 않는, 이른바 '면책 살해'의 도구가 되었다.[100] 적대적이고 치명적인 국경 체제를 선동하는 정치인이 아니라 자연, 사막 지형, 코요테, 밀수업자나 이주민에게 책임을 전가한 것이다.[101]

트럼프 행정부가 미국 역사상 가장 비용이 많이 드는 인프라 건설 프로젝트에 150억 달러를 투입했음에도[102] 국경에서의 국경 횡단 횟수는 트럼프의 재임기에 가파르게 증가했다. 2021년 봄까지 불법 국경 횡단 횟수와 국경에서의 체포 건수는 트럼프가 장벽 건설을 시작하기 이전의 월별 기록보다 대부분 높은 수준이었다.[103] 절박함은 새로운 해결책을 낳는 법이다. 이미 완공된 장벽 구간에서는 군데군데 흩어져 있는 사다리가 수없이 발견된다. 어떤 사람은 터널을 파거나 앵글 그라인더로 장벽에 구멍을 뚫었고, 때로는 불법 입국한 사실을 들키지 않으려고 접착제를 사용해 떨어져 나간 구간을 메웠다.[104]

일선 국경순찰대원들조차도 장벽을 더 많이 짓기보다는 불법 통행을 막기 위한 기술과 추가 인력을 마련하는 것이 우선순위라고 말한다. 상원 국토안보위원회의 민주당 의원들이 2018년에 발표한 보고서와 이전 회계연도의 관세국경보호청 내부 문서를 기반으로 작성된 보고서에 따르면 남서부 국경 보안을 위해 대원들이 내놓은 제안 중 장벽의 필요성을 언급한 비율은 0.5퍼센트도 채 되지 않았다.[105]

미국-멕시코 국경에서 멀리 떨어진 핀란드에서도 갑자기 국경 장벽이 건설되고 강화되었다. 핀란드는 러시아의 우크라이나 침공을 주된 이유로 인정했다. 핀란드 국경 경비대의 기술 책임자인 야리 톨파넨 Jari Tolppanen 준장의 말을 빌리자면 국경 장벽은 "(우크라이나에서) 전쟁이 일어나기 전에는 정치적인 주제가 아니었으며, 사실 핀란드 국경 경비대의 계획도 아니었다. (러시아의 우크라이나) 공격이 일어난 이후 모든 게 달라졌다"고 말한다.[106] 하지만 분석가들은 군사 공격이 일어났을 때 장벽은 쓸모가 "사실상 전혀 없다"고 말했다. 장벽을 세우면 대규모 이주 사태가 일어났을 때 감시하기가 어려워질 뿐이라고 지적한 사람도 있었다. 장벽이라는 장애물 탓에 이주민들이 소규모 집단으로 흩어져서 눈에 잘 띄지 않을 테니 말이다.[107] 장벽을 둘러싼 정치적 수사는 일단 실질적인 한계에 부딪히면 이내 사라지며, 이는 국경을 순찰하는 집행관마저도 인정하는 사실이다.

안보의 핵심은 난공불락의 장벽을 건설하는 것이 아니라 더 공평하고 덜 위험한 방식으로 이동을 관리하는 것이다.[108] 국경 장벽은 현실과 동떨어진 안보에 대한 환상을 일으킨다. 세계 금융 시장이 국가 경제에 미치는 영향을 규제하는 일이나 자본 유입 및 유출의 속도와 규모, 전염병의 확산, 혹은 범죄나 테러 네트워크의 연계를 통제하는 일은 장벽이 하지 못한다. 이와 마찬가지로 사람이나 마약의 이동도 완전히 막을 수는 없다. 이런 측면에서 볼 때 장벽은 국가의 통제를 벗어난 요인으로부터 다른 데로 눈길을 돌리게 하기 위한 치명적인 장치다.[109]

이전의 모든 '위대한' 장벽이 그랬듯이, 트럼프 장벽 또한 결국 인간의 만남과 모험, 노력이라는 불굴의 정신에 의해 무너질 것이다. 실제로 일부 장벽은 이 정신의 영향을 받아 관광객, 운동가, 예술가들의 명소로 변했다.[110] 2019년 미국의 엘파소 El Paso와 멕시코의 시우다드 후아레스 Ciudad Juárez 외곽에 한 인터랙티브 아트 전시물이 설치되었다. 장벽의 구조물에 연분홍색 시소들이 부착되었고, 국경선을 중심으로 오르락내리락하는 아이들의 모습은 '기쁨과 흥분, 유대감이 가득한' 행사로 묘사되었다. 장벽을 사이에 두고 양편으로 나뉘어진 아이들은 콘크리트가 그대로 노출된 브루탈리즘 양식의 거칠고 잔인한 그림자에도 아랑곳하지 않고 시소를 타기 위해 달려들었다.[111]

미국의 시각 예술가, 로널드 라엘Ronald Rael의 그 설치 미술은 런던 디자인 박물관에서 주관하는 2020 올해의 비즐리 디자인Beazley Design 상을 받았다. 박물관 관장의 평가에 따르면 그것은 "인간의 새로운 연결 방식을 권장했다. 우리를 분열시키려는 힘을 인간이 어떻게 초월할 수 있는지를 창의적이고 신랄한 방법으로 일깨우는 작품으로 남아 있다." 이 시소는 국경의 상호 연결성에 이목을 집중시키는 동시에 국경의 한편에서 일어나는 일이 반대편에서 동일하면서도 상반되는 반응을 일으킬 수 있다는 사실을 보여주는 은유로 작용한다.[112] 엘 파소-시우다드 후아레스에는 이런 화합의 정신이 존재하지만, 현재 세계 인구 열 명 가운데 여섯 명은 여전히 국경 장벽이 세워진 국가에 살고 있다. 새로운 구조물이 만들어질 때마다 차이, 분열, 안보와 관련된 서사가 혼합되어 등장하고, 이와 더불어 국경 보안의 민영화와 아웃소싱으로 이루어진 산업은 호황을 누린다.[113]

이 장벽에서 얻을 수 있는 이익이 있을지도 모른다. 하지만 인류는 그 대가로 무엇을 내놓아야 할까? 우리는 단 하나의 해결책, 즉 경계선 확충이라는 해결책만 유일하게 존재하는 세계관에 갇혀 있는 것처럼 보인다.[114] 국경이 해결책이라는 개념에 너무 사로잡힌 나머지

미국과 멕시코를 가로지르는 장벽에 설치된 전시물인 분홍색 시소. 시소 한쪽이 올라갈 때 반대쪽이 내려가는 모습은 국경의 한편에서 일어나는 일이 반대편에서 상반되는 반응을 일으킬 수 있다는 사실을 보여주는 듯하다.

장벽에 대한 현대적 해석을 과거의 만리장성에까지 투영한다. 그러나 국경이 언제나 보이는 그대로인 것은 아니다. 오늘날에는 국경이 보호와 안보를 위한 것이라는 개념이 점점 신화로 자리 잡는 것 같다. 국경 장벽을 무장할 경우, 일상적인 폭력이 심화되고 권위주의적 통제 수단이 공고해지며 지역사회 전반에 불안이 고조된다. 그 결과 가장 취약한 사람들이 더욱 소외된다. 국경 장벽이 더 많이 세워질수록 세계가 덜 안전하다고 느끼게 되고 장벽이 높을수록 공포를 더 조장한다면 국경 장벽을 더 많이 건설하고 확장하는 것이 무슨 의미가 있는가?

국경을 단순히 고정적이고 난공불락이며 방어적인 선이라고 해석한다면 그건 착각이다. 비단, 발효된 생선 소스인 가룸, 말, 정보 등을 거래할 때 국경은 난공불락의 장벽인 동시에 무언가를 끌어들이는 지점이자 소통의 체계였다. 국경은 접근 금지의 장소이자 매혹의 장소이며, 권위의 표식이자 불안, 불안정, 불법의 근원이 된다. 모든 국경은 모순적이고 상충적이다. 트럼프가 1기 임기가 끝날 무렵 텍사스 국경을 방문하며 아리송하게 "우리는 여러분이 원하는 것을 100퍼센트 주었으니 이제 여러분은 변명의 여지가 없다"고 선언했던 것처럼 말이다.[115] 트럼프가 그날 엘파소-시우다드 후아레스에서 그 분홍색 시소를 탔다는 기록은 없다. 혹시라도 그랬다면 그는 사람들이 진정으로 원한 것이 무엇인지, '크고 아름다운 장벽'이 그 소망을 이뤄줬는지 궁금해했을지도 모르겠다.[116]

MYTHS OF GEOGRAPHY

2부

、

허구 위에
쌓인 허구

3장

국가
국가란 무엇인가?

매년 여름 컬로든Culloden 상공에는 초원과 습지로 향하는 관광객 무리 위로 갈매기 떼가 높이 날아다닌다. 스코틀랜드 북부위 인버네스Inverness 외곽에 위치한 컬로든의 고원 지대에서는 소와 염소가 들판의 풀을 뜯는다.[1] 어떤 날은 컬로든 전역에 바람이 세차게 분다. 1746년 컬로든 전투에서 전사한 사람들의 안식처를 뒤덮은 무성한 풀과 야생화 위로 산들바람이 부는 날도 있다. 이 전투를 통해 스튜어트 왕가를 복원하려 했던 자코바이트군에서는 1,500~2,000명이 목숨을 잃었다. 브리티시 정부군에서도 약 300명이 전사했다.

지금은 붉은 깃발과 푸른 깃발이 초원을 둘로 나누며 과거 격돌

했던 두 군대의 진형을 표시하고 있다. 브리티시 정부군의 최전선 바로 뒤에 놓인 돌에는 "잉글랜드인의 전장, 이곳에 그들이 묻혀 있다"는 문구가 새겨져 있다. 하지만 이 돌 아래에는 '잉글랜드인'의 유골은 물론이고 다른 어떤 나라 병사의 유골도 없다. 컬로든 전투에서 싸운 잉글랜드군이나 스코틀랜드군은 단 한 명도 없었다. 자코바이트군과 그에 맞섰던 브리티시 정부군만 있었을 뿐이다. 사람들은 왕과 가문, 종교와 지역의 이름을 걸고, 혹은 돈과 명예를 얻기 위해 이 황무지에서 목숨을 잃었다. 강제로 징집된 사람들도 더러 있었다. 스코틀랜드와 웨일스 출신의 사람들이 브리티시 군대의 제복을 입고 싸웠고, 개중에는 자코바이트 측에 소속된 자신의 친척들과 싸운 사람도 있었다. 이 전장의 난무하는 총알과 연기 속에서 전사한 사람들 가운데 자신이 잉글랜드나 스코틀랜드를 위해 싸웠다고 생각하는 사람은 전혀 없었을 것이다.[2]

컬로든의 전사자들이 누구를 위해 어떤 나라를 위해 생사를 걸었는지를 판단한 것은 후대 사람들이었다. "잉글랜드인들의 전장"이라는 표식은 1881년에 추가된 여러 표식 가운데 하나다. 빅토리아 시대에 만연했던 여러 역사 위조 중 하나인 것이다. 그 옆에는 컬로든의 여러 스코틀랜드 씨족 가문을 가리키는 다른 표석이 함께 세워져 있었다. 그러나 전투가 끝난 후 발굴한 집단 무덤에는 가문이나 친족과 관계없이 모든 자코바이트 병사의 유해가 한데 묻혀 있었을 것이다. 1746년 당시에는, 고인을 식별할 수 있는 가문의 문장이 없었다. 가문의 문장은 또 다른 위조 발명품으로 빅토리아 시대 사람들이 열광적

스코틀랜드 북부, 컬로든의 고원 지대에 있는 묘비. 묘비에는 컬로든 전투에서 전사한 잉글랜드인이 이곳에 묻혀있다는 문구가 새겨져 있지만, 잉글랜드인보다는 자코바이트군이라는 표현이 더 정확할지도 모른다.

으로 부추긴 것이었다.[3] 컬로든의 이야기는 복잡함과 혼란, 내전에 관한 서사이며, 국가와 제국주의의 서사였다. 그러나 1960년대까지만 해도 컬로든 전투는 잉글랜드와 스코틀랜드 간의 마지막 분쟁으로 여겨졌다. 영어를 쓰는 개신교 국가에서 게일어를 쓰는 가톨릭 신자인 자코바이트를 이방인으로 보는 시각이 강조된 기록도 있었다.[4]

근대의 산물인 '국가'

국가에 관한 이야기는 오래전에 작성된 것도 있지만 훨씬 더 가까운 과거에 쓰인 것도 있다. 잉글랜드를 예로 들자면 놀랍게도 이 나라의 이야기는 지난 몇십 년 동안 재작성되었다. 이런 변화의 확실한 한 지표는 1966년 웸블리Wembley 스타디움에서 열린 잉글랜드와 서독 간 월드컵 축구 결승전에서 나타났다. 경기 종료를 알리는 휘슬 소리가 울릴 즈음, 환희에 찬 잉글랜드 팬들은 승리를 예감하며 자리를 박차고 나왔다. BBC 해설위원 케네스 울스턴홈이 "어떤 사람들은 자신만만해합니다. 다 끝났다고 생각하네요"라고 말할 정도였다. 그리고 그 경기의 네 번째이자 마지막 골이 들어가자, 그는 이렇게 덧붙였다. "이제 끝났네요."

지금도 여전히 잉글랜드 팬들에게 뭉클한 감정을 일으키는 이 말에는 국민을 하나로 묶고 통합하며 함께하는 순간의 힘이 담겨 있다. 국가에 대한 자긍심을 불러일으키며 축구의 본고장이라고 자부하는 한 국가의 최고 업적이 떠오르는 순간이다. 그 순간이 한동안 잉글랜드를 다시금 세계 정상의 자리에 올려놓았다. 하지만 1966년 웸블리를 가득 메운 홈 관중이 흔들었던 깃발은 대부분 성聖 조지St. George와 잉글랜드를 의미하는, 흰색과 빨간색이 섞인 깃발이 아니라 잉글랜드, 스코틀랜드, 북아일랜드의 깃발을 결합한 유니언 잭, 즉 영국의 국기였다.

이로부터 30년 후, 1996년 잉글랜드에서 열린 첫 번째 메이저 국

영국의 국기인 유니언 잭(왼쪽)과 잉글랜드의 국기인 성 조지의 깃발(오른쪽). 영국 안에 두 나라가 존재하는가? 아니면 국가의 의미는 가변적인가?

제 축구 대회인 유럽 축구 선수권대회로 '빨리 감기'를 해보자. 여기서는 사뭇 다른 잉글랜드가 등장한다. 웸블리에서 열린 통일 독일과의 준결승전에서 홈 관중은 유니언 잭이 아니라 성 조지의 깃발을 흔들고 있었고 그들의 얼굴은 잉글랜드를 상징하는 빨간색과 흰색으로 칠해져 있었다. 이런 이미지의 변화가 그 나라에 관해 말해주는 건 과연 무엇일까? 첫째, 국가의 정체성을 보고, 생각하고, 표현하는 우리의 방식이 고정적이지 않다는 사실이다. 국가와 국가의 상징은 바뀌고, 국가와 관련된 가치와 이미지, 상징 또한 끊임없이 변화한다. 1990년대 중반 즈음에는 유니언 잭보다 성 조지의 깃발을 든 잉글랜드 팬들이 더 많았다. 영국 전체와 그 제국의 상징이었던 유니언 잭은 그들이 생각하는 잉글랜드의 의미와는 다소 거리가 있었다.

이런 변화의 시작점은 1966년까지 거슬러 올라가는데, 1966년은 때마침 대영제국이 그 마지막 숨을 몰아쉬던 해이기도 하다. 아프리카 대륙의 마지막 영국 식민지(레소토와 보츠와나)가 독립했을 때 이들 신생 독립국은 성 조지의 깃발이 아니라 유니언 잭을 내렸다. 독립 기념식이 진행됨에 따라 유니언 잭이 상징하는 대상은 점점 사라져가는 대영제국이 아니라 잉글랜드, 스코틀랜드, 웨일스, 북아일랜드 등의 본국 연합 Union of the Home Nations으로 변했다. 그러나 영국과 세계 간의 관계에 변화가 일어나자, 영국을 구성하는 네 개 국가 간의 관계 역시 변화했다.

1960년대 아일랜드 가톨릭 신자들에 대한 불평등과 차별에 맞서 일어난 민권 운동에 대응하고자 1966년 살상 작전을 개시한 집단은 얼스터 의용군(북아일랜드가 영국의 일부로 남기를 원하고 성 조지의 깃발을 휘장으로 사용하는 로열리스트 준군사 집단)이었다. 1960년대 후반부터 1998년 성聖금요일 협정이 체결될 때까지 민족주의적이고 종파적 갈등인 '더 트러블스The Troubles'가 계속되었다. 1960년대 후반에는 웨일스민족당이 처음으로 선거에서 획기적인 성과를 거두기 시작했고, 1967년에는 스코틀랜드국민당SNP이 하원에서 사상 두 번째로 많은 의석을 얻었다. 그 이후로 SNP의 인기는 급상승해 2019년 총선에서 스코틀랜드 의회의 의석 59석 가운데 48석을 차지했다. 이에 앞서 2014년에는 스코틀랜드 독립 국민투표에서 55.3퍼센트가 독립에 반대하고 44.7퍼센트가 찬성했다. 이후 2020년 중반부터 2021년 초반까지 실시된 여론조사에서는 독립에 찬성하는 의견이 다수를 차지했다. 2021년 초반, SNP는 두 번째 국민투표를 향한 로드맵을 제시함으로써 영국이 머지않아 분리될지도 모른다는 의문을 제기했다.[5] 비록 독립 관련 여론조사에서 독립 지지율이 최고점을 찍었던 시점이 있었지만, 몇몇 사례를 제외하고 적어도 2024년 초반까지의 여론조사에서는 대부분 독립 반대 의견이 근소한 차이로 찬성 의견을 앞선 것으로 나타났다.[6] 이후 SNP는 2024년 총선에서 수십 개 의석을 잃었다.

영국의 이 이야기에서 국가 그리고 그 상징과 내용, 서로와의 관계가 세월이 흐름에 따라 변화하는 추이를 확인할 수 있다. 그러나 국가가 가변적이고 비교적 근대의 산물이며 창작된 것이라는 사실을 인정한다고 해서 그것이 가진 힘을 무시할 수는 없다. 국가는 무한대로 강력한 개념이자 정체성이라는 사실이 입증되었다. 국가라는 개념은 극단적인 폭력 행위에 면죄부를 주고 집단에 큰 동기를 부여하는 식으로 이용될 수 있다. 또한 감정에 실질적으로 영향을 끼친다. 즉 우리의 사고방식과 자아관, 행동 방식을 구성한다. 한 국가의 일원이라는 사실은 그 안에서 자신이 차지하는 위치에 따라 안정감을 더 크게 느끼거나 반대로 불안감을 느끼게 만들 수 있다.

'국가'를 위한 유구한 전통

오늘날 우리가 인식하는 국가는 운명론이나 결정론의 결과물이 아니다. 사람들은 국가에 이의를 제기하고, 국가를 건설한다. 국경은 흔히 임의적이고, 국경을 넘어서면 공동체와 정체성이 달라진다. 국가가 유구하고, 자연스럽고, 뿌리 깊다는 주장은 대부분 환상이며, 이를 일컬어 국가의 신화라고 한다. 따라서 국가 정체성의 상징, 표현, 업적을 끊임없이 반복하고 설명해야만 현재의 국민 간에 혹은 먼 과거와 현재 사이에 존재하는 무형의 연계가 현실로 느껴질 수 있다. 국가를 창조하려면 우선 전통을 만들어야 한다.[7] 1834년 웨스트민스터 궁이 화재로 소실된 후 1840~1870년에 네오고딕 양식으로 재건된 영국의 국회의사당이 이 사실을 확인시켜 준다. 제2차 세계대전 때 파괴되었던 영국 하원 의사당 역시 똑같은 양식으로 재건되었다. 이는 중세 잉글랜드의 고딕 양식 대성당들을 연상시키기 위한 의도적인 선택이었으며, 여기에는 수 세기에 걸친 역사적 연속성과 권위가 모두 내포되어 있다.[8]

1896년에 착공되어 1904년에 완공된 부다페스트의 헝가리 국회의사당 또한 네오고딕 양식으로 건설되었고, 왕과 공작의 가문 문장뿐만 아니라 헝가리와 트란실바니아 통치자의 동상들로 장식되었다. 2000년 1월 1일부터는 12세기 헝가리의 성스러운 왕관, 즉 성 이슈트반 St. Stephen(헝가리 초대 국왕이자 성인으로 추대받은 인물 — 옮긴이) 왕관이 그 중앙 홀에 전시되어 있다. 성 이슈트반의 머리에 실제로 왕관을 씌운 적이 없다는 점 외에는 이 왕관의 기원에 대해서 명확한 합의가 제대로 이루어지지 않았음에도 이 왕관은 국보 중의 국보라는 명성을 얻었다.[9] 웨스트민스터 궁전과 마찬가지로 부다페스트 의회 또한 의도적으로 양식과 조각상, 장식을 선택하여 훨씬 이전 시대와의 의미

공공 건축물은 국가의 정체성과 역사적 영속성을 부각시키는 대표적인 예이다. 1904년 완공된 헝가리 국회의사당은 이를 위해 일부러 중세의 네오고딕 양식을 차용했다.

있는 관계를 연상시키도록 설계되었다.

건축과 국가 사이의 연계는 현재까지도 여전히 끊이지 않는 논쟁거리다. 부다페스트의 국립 하우즈만 프로그램National Hauszmann Program에서는 전통 건축의 신호탄으로서 민족주의적인 미학을 강화하고자 부다 캐슬Buda Castle 궁전의 터와 마차시 교회Matthias Church, 어부의 요새Fisherman's Bastion를 재개발하는 중인데, 이곳에서 내려다보면 도시와 의사당 건물이 한눈에 들어온다. 이 프로그램은 19세기 후반 성곽 지구를 최초로 설계한 건축가의 이름을 땄으며 2019년에 시작되었고, 재무부와 국방부를 총리실 근처로 이전하는 계획을 비롯해 변화와 복원을 위해 5억 달러 이상을 투입할 예정이다. 여기에는 모더니즘 양식의 여러 건물을 철거하는 작업이 포함되며, 그 건물들은 1944년 3월 부다페스트 포위 공격이 일어나 헝가리의 친親 나치 정부가 항복하기 이전의 모습으로 복원될 계획이다. 이 모든 것은 순전히 정치적 선택이다. 부다페스트의 전 수석 건축가인 이슈트반 슈넬러István Schneller가 지적했듯이 정부 부처를 이전하려면 막대한 비용이 들 뿐만 아니라 기존의 위치에 비해 행정 효율성이 떨어질 것이다.[10]

국립 미술관 같은 문화 기관의 본거지 대신 정부 청사로 캐슬 지구를 구성하려 하자, 19세기 후반 부르주아 '황금시대'로의 회귀를 연상시킨다는 의견이 분분했다. 그러나 합스부르크 시대의 원형을 '충실'하게 재현했다는 이 신축 건물들은 대개 사진을 바탕으로 옛 모습을 재현한 것이며 콘크리트 구조물 주변에 장식적인 외관만 덧씌운 형태에 불과하다. 프린스턴대학교의 얀 베르너 뮐러Jan-Werner Müller 교수는 이를 두고, "진정으로 전통적이라고 주장되는 것은 흔히 포스트모던의 모조품일 뿐"이라고 말했다.[11] '전통적인' 건축 양식의 이러한 표현은 어쩌면 보수적이고 민족주의적인 미학으로 회귀하는 과정에서 생겨난 의도치 않은 종착점일지도 모른다. 그 종착점을 시사한, 1970년대 후반 데이비드 윗킨David Watkin과 로저 스크러턴Roger Scruton 같은 영국 학자들의 글에서도 그 근대성을 '비도덕성'과 연관짓기도 했다. 스크러턴은 2019년 빅토르 오르반Viktor Orbán 총리로부터 보수주의와 반공주의 활동을 높이 평가받아 헝가리 공로 훈장을 수여받았다. 오르반 총리는 스크러턴이 "자유는 민족국가와 기독교 문명에 의

존한다"는 점을 잘 알고 있는 것 또한 치하했다.[12]

이와 같은 전통 회귀적 건축 흐름은 미국에서도 유사한 움직임으로 나타났다. 트럼프 대통령은 1기 임기 말에 시민 건축에 관한 행정명령에 서명하면서 모더니즘을 비판하고 연방 정부 건물에는 고전주의 양식을 장려하겠다고 밝혔다.[13] 보수 성향 잡지《더 페더럴리스트The Federalist》의 한 기사에서는 부다페스트에서 오르반이 고전 건축을 부활시킨 사례를 긍정적으로 평가하며, 바이든 대통령이 트럼프의 행정명령을 철회한 것에 대한 실망감을 표했다. 그 기사는 결국 "공공의 아름다움public beauty은 이제 투표함에서 쟁취해야 할 사안이 되었다"고 결론지었다.[14]

트럼프 대통령과 연관 짓는 게 무리일 수도 있지만, 고전주의 건축의 르네상스는 오랫동안 찰스 3세 국왕(당시 웨일스 공)이 오랫동안 공을 들인 일이기도 하다. 그가 추구한 고전주의 미학은, 변하지 않는 영원한 아름다움은 신 또는 자연에서 비롯된다는 신화적인 관념에 지초하고 있다.[15] 이를 통해 도싯 주 도체스터 인근 콘월 공작령 영지 내 파운드버리Poundbury라는 한 교외 지역에 시멘트 블록과 콘크리트로 지어진 한 르네상스 마을이 만들어졌다. 하지만 전통을 복원하려는 이러한 시도 역시, 부다페스트의 캐슬 지구와 같은 미학적 한계에 봉착하게 된다. 즉 시대와 어울리지 않는 기묘한 포스트모던의 모조품이 되어버린 것이다. 그 고전주의적 매력은 현재 자본주의의 이윤 추구 논리와 충돌하며, 결과적으로 프랜차이즈 레스토랑, 슈퍼마켓, 그리고 건축 필지의 수를 최대한 늘리기 위해 정원 면적을 최소한으로 줄인 주택들이 부자연스럽게 공존하는 한 마을이 탄생했다.

현 국왕은 전통을 만들어내는 데 익숙한 사람이고 영국 왕실은 지금껏 유구해 보이는 통치를 강화하고자 신구의 조화를 세심하게 기획했다. 그가 1969년 카나번성Caernarfon Castle에서 영국 왕세자로 책봉된 것은 정교하게 기획된 과정 중 하나였다. 카나번성(13세기 후반에 지어진 견고한 석조 구조물)은 이 행사를 위해 중세 스타일의 휘장과 깃발로 장식되었다. 하지만 화려한 빛깔의 장식에는 현대적인 취향도 고려되었고 그 외에 다른 요인도 있었다. 우선 그것이 '1960년대 후반의 사이키델릭한 디자인과 조화를 이루며 최첨단 컬러 TV를 통해 지켜보는 시청자들에게 적합'해야 했다.[16] BBC는 통신 위성을 통해 당시로서는 최대 규모의 야외 컬러 방송을 5억 명의 시청자에게 생중계했다. 어머니인 여왕의 "충실한 신하"가 되겠다고 맹세하는 찰스 왕세자의 모습이 방송되는 순간 우주 시대가 중세와 만났다.[17] 성벽 안의 엄숙한 의식은 세심하게 기획되었으며, 이 장면은 2019년 넷플릭스에서 방영된 〈더 크라운The Crown〉에서 새로운 세대를 위해 재연되고 재해석되었다.

책봉식에서 찰스 왕세자는 웨일스어로 답사를 하기 위해 웨일스어를 단기 속성으로 공부했고, 엘리자베스 2세 여왕은 후계자에게 허리띠, 검, 왕관, 반지, 지팡이, 왕의 망토를 수여했다.[18] 이뿐만 아니라 이 행사를 위해 새 왕좌를 나무와 점판암으로 조각하도록 주문 제작했다. 이는 아주 옛날부터 계승된 전통이 깃든 의식처럼 보였지만 사실 1911년 에드워드 8세의 왕세자 책봉식에 이어 두 번째로 카나번성에서 열린 책봉식이었다. 이 두 서임식과 성을 연결한 목적은 영국 왕실의 본질을 가리기 위한 것이었다. 사실 영국 왕실은 변하지 않는 전통을 이어가는 계보가 아니었다. 이 때문에 웨일스 왕국에서 웨일스와 왕세자의 핵심적인 지위와 연속성을 전달할 수 있는 인위적인 전통을 만들어내야 했다. 그래야만 왕실의 정당성과 더불어 대대로 이어져 내려오는 책봉식이 오로지 왕실의 것이라는 소유권을 인정받을 수 있었다. 단단한 돌로 이루어진 성과 석조물, 그리고 왕세자에게 수여되는 고대의 모든 물품에서 그 정당성과 소유권이 드러나도록 의도적으로 기획한 것이었다.[19]

1901년부터 영국과 그 영연방 왕국들을 통치해온 왕가는, 작센코부르크고타 Saxe-Coburg and Gotha 왕가로, 이는 독일 튀링겐과 바이에른 지역에 기원을 두고 있는 베틴 Wettin 왕가의 한 갈래다. 그러다가 제1차 세계대전이 벌어지자 1917년, 반독일 감정을 피하기 위해 왕가의 이름을 '윈저 Windsor'로 변경했다. 이 이름은 윈저성 Windsor Castle에서 따온 것으로, 보다 영어스럽게 들리도록 한 것이다. 1917년 이후로, 윈저성의 견고한 성벽(버크숏 히스 지역의 석재로 지어진)과 윈저 왕가의 연결은 마치 오랜 과거와 끊기지 않은 뿌리 깊은 전통을 상징하는 것처럼 여겨져 왔다.[20] 그러나 이 성은 노르만디 출신의 정복자 윌리엄 William the Conqueror이 세운 것으로 그는 1066년 이후 완전히 새로운 이민자 출신들로 영국제도의 지배 계급을 형성한 인물이다.

세계의 다른 지역에서는 1991년에 등장한 러시아 연방이라는 신생 국가가 인위적인 전통을 남용했다. 이를테면 2012년 5월 블라디미르 푸틴이 대통령으로 복귀했을 때는 크렘린의 화려한 궁전과 접견실을 지나 취임식장으로 향하는 극적인 행보로 행사의 시작을 알렸다. 세심하게 연출한 그 행사에서 텔레비전 카메라는 푸틴이 크렘린궁에 공식적으로 복귀하는 모습을 여러 각도에서 포착했다. 차르 시대 제복을 입은 장교들이 거대한 금빛 문을 열었고 푸틴은 추종자들의 열렬한 박수를 받으며 대강당에 입장하는 모습을 보여주었다.[21]

그것은 혁명 이전 러시아 제국의 웅장함을 연상시키기 위해 설계한 행사였으며 1990년대 초반 러시아 제국의 삼색기와 쌍두독수

러시아에서 깃발은 국가 정체성을 정의하면서도 모순적이다. 제국주의 러시아, 민족주의 러시아, 그리고 소비에트 연방 시절 요소들이 하나씩 추가된 이 깃발은 국가가 설계되는 개념임을 보여준다.

리를 국가의 상징으로 복원시킨 결정을 그대로 따랐다. 러시아에서 깃발은 국가 정체성을 정의할 때 특별한 의미가 있었다. 2000년 푸틴은 대통령이 된 직후, 전임자이자 러시아 연방의 초대 대통령인 보리스 옐친이 폐지했던 붉은 군대의 붉은색 깃발을 정식 군기로 다시 도입했다. 이는 소련군의 업적, 특히 러시아가 '위대한 애국 전쟁(1941~1945)'이라고 일컫는 전쟁에서 보인 소련군의 영웅적인 역할을 인정하기 위해 고안된 조치였다. 그러나 2003년 그 깃발은 다시 진화해 소비에트 연방의 붉은 별뿐만 아니라 쌍두독수리의 이미지를 통합하고 전통적으로 러시아 농민을 연상시키는 문양을 각 모서리에 복잡하게 배치했다.22 제국주의 러시아, 민족주의 러시아, 그리고 소비에트 연방 시절 러시아라는 과거에 대한 상충적인 (그리고 모순적인) 요소들을 융합한 것이었다.

1944년에 채택된 소련의 국가國歌도 1991년 이후 러시아 작곡가 미하일 글린카Mikhail Glinka가 19세기에 제작한 '애국가'로 대체되었다. 그러나 이 국가는 곡조와 가사가 없다는 점 때문에 러시아 국민에게 그다지 인기가 없었다. 급기야 2000년에는 스파르타크 모스크바 축구팀과 올림픽 금메달리스트들이 신나게 부를 노래가 없다고 불만을 쏟아내는 일까지 일어났다. 2000년 11월에 전국적으로 진행한 여론조사에서도 글린카의 국가를 지지하는 러시아 국민은 고작 15퍼센트로 나타났다. 푸틴이 초창기에 선택한 한 가지 대책은 세르게이 미칼코프Sergei Mikhalkov의 감동적인 애국적 가사가 담긴 소련 국가를 복귀시킨 것이었다. 당시 87세였던 미칼코프는 1943년에 스탈린 시대

국가의 가사를 쓴 사람이었다.²³ 2001년에는 러시아 우체국에서 기념우표를 발행해 전통적인 키릴 문자로 표기된 가사를 홍보함으로써 그것이 고대에 기원을 두고 있다는 의미를 전달했다. 이처럼 일상적인 방법으로 과거의 양식과 상징을 일깨움으로써, 고대에 형성된 국가 이미지가 현대에도 이어지고 있다. 한 국가가 과거와의 연속성을 각별히 강조하려 할 때면 어김없이 꾸며낸 이야기들이 동원되기 마련이다.

전통을 만들어내는 또 다른 중요한 기회는 명절이다. 독일어권 개신교에서는 16세기부터 크리스마스트리 전통이 확립되었지만, 영국에서는 작은 침엽수 나무를 장식하는 관습이 19세기 중반까지 거의 알려지지 않았다. 그 이전 수십 년 동안 영국 왕실의 사적인 축하 행사에 크리스마스트리가 쓰이긴 했으나 전국적으로 인기를 얻은 건 1848년 《런던 일러스트레이티드 뉴스》에 사진 한 장이 실리고 나서부터였다. 이 사진에서 어머니가 독일인인 빅토리아 여왕은 남편인 작센코부르크고타 가문의 앨버트 왕자와 자녀들을 대동하고 윈저성에서 트리를 장식했다.²⁴ 아메리카 대륙에서 유래한 칠면조가 16세기 초반부터는 잉글랜드의 크리스마스 만찬에도 등장했다. 하지만 칠면조가 크리스마스 식탁을 장악하게 된 건 1950년대 이후였다.²⁵ 이런 사례들은 한 국가가 공유하는 문화의 대중적인 상징이 불과 몇 세대 전만 해도 완전히 생뚱맞아 보였을 거라는 사실을 일깨운다.

하지만 국가 전통은 우리 정체성 속에 깊이 자리 잡고 있다. 그것은 시대를 초월한 것처럼 보여서, 국가라는 개념이 가까운 과거에 만들어진 것이라는 주장과 충돌한다. 미국은 이따금 유럽에서 비교적 신생 국가로 폄하되지만, 1776년 7월 4일 미국 독립선언문이 서명될 당시 유럽의 대부분은 수백 개의 독립 주권 국가, 왕국, 공국, 자유 도시로 구성된 분열된 지역이었다.26 새롭게 창조된 미국을 공인한 것은 독일의 몇몇 주였다. 그러나 미국이 공인된 지 거의 한 세기가 지난 1871년에 이르러서야 독일은 통일되었으며 같은 해에 신생 이탈리아 통일왕국은 로마를 수도로 공식 지정했다.

독일의 주들은 1806년까지 신성로마제국이라는 느슨한 정치적 실체로 한데 묶여 있었다. 1814~1815년 비엔나 회의 이후에 오스트리아와 프로이센을 포함한 39개 주의 연합체가 만들어져서 독일 연방German Confederation이라는 이름을 얻게 되었다. 그러나 이 집단은 경제적 통합체나 국가적 통합체와는 거리가 멀었다. 1866년 프로이센이 오스트리아-프로이센 전쟁에서 승리한 이듬해에 총리 오토 폰 비스마르크는 프로이센이 주도하고 현재 독일, 폴란드, 칼리닌그라드, 리투아니아의 일부 지역까지 확장되는 북독일 연방을 창설했다. 1870~1871년 프로이센-프랑스 전쟁으로 서부 독일의 주들이 북독일 연방과 동맹을 맺으면서 마침내 통일이 완성되었다. 이 전쟁에서 승리를 거둔 후 1871년 1월 베를린을 수도로 하는 독일 제국이 선포되었다.27

이탈리아의 경우를 보면 남유럽의 이 반도는 수 세기 동안 여러 공국으로 분열되어 있었다.28 그러나 19세기 중반에 이르러 리소르지멘토Risorgimento(부활)로 알려진 이탈리아 통일운동이 폭넓게 지지를 얻었다. 1859~1860년에 이탈리아 북부 주들이 통일되었고 1860년에는 민족주의 지도자, 주세페 가리발디Giuseppe Garibaldi가 군대를 이끌고 이탈리아반도의 남부와 시칠리아로 진격했다. 1861년 초반 국민의회가 소집되어 이탈리아 왕국을 선포했다. 새로운 왕국에서 제외된 주요 영토는 로마와 베네치아 두 곳뿐이었다. 1866년 베네치아는 왕국의 일부가 되었고, 1870년 이탈리아 군대가 로마에 입성해 그 영원한 도시와 교황령을 이탈리아에 통합했다. 1871년 이탈리아 수도가 피렌체에서 로마로 이전되면서 리소르지멘토가 완성되었을 때,[29] 바티칸과 산마리노 공화국이라는 아주 작은 국가만 통합에서 제외되었다.

산업화로 더욱 정교해진 국가라는 신화

오늘날 독일이나 이탈리아가 없는 세계는 좀처럼 상상하기 어렵다. 그러나 베네딕트 앤더슨Benedict Anderson은 18세기 말과 19세기 초의 아메리카 대륙과 독립운동으로부터 민족국가, 공화주의 제도, 공통 시민권, 인민 주권, 국기, 애국가라는 '상상 속의 현실'이 처음 등장했다고 생각했다.[30] 그 이후로 국가는 사실상 모든 사람이 세계와 서로를 보는 방식을 구성했다. 그 결과 근대에 와서야 국가가 탄생했다는 의견을 내비치기만 해도 우리의 신념이 뿌리째 흔들릴 정도다. 그러나 '국가'의 영토를 통일하고 전통을 만들어내는 일만이 근대 국가의 탄생에 필요한 전부는 아니다. 산업혁명과 관련된 여러 경제적·사회적·기술적 변화들이 나타나기 전까지 대부분의 사람들이 문맹 상태였고 자신이 태어난 지역에 뿌리내리고 사는 농민들이었기 때문에, '국가'라는 개념이 자리 잡기 어려웠다는 주장도 있다.[31] 과거 농업 사회에서 사람들의 삶은 대체로 한곳에 정착해 있었고, 마을이나 계곡 등 좁은 생활권 안에서만 경험이 이루어졌다. 지역을 넘어서는 더 넓은 소속감은 주로 종교적 정체성과 충성심에 기반을 두었다.[32] 그러나 이런 공동체에서는 근대 국가처럼 광범위한 영토를 아우르는 공통의 언어나 집단 기억, 기원의 신화나 혈통 의식 같은 개념이 거의 존재하지 않았다.

산업화로 이 모든 것이 변화했다. 산업화 사회가 성공하려면 전수 가능한 기술을 보유한 인구가 필요하고 소통과 이해를 바탕으로 문화를 공유해야 했다. 그래야만 다양한 사회 구성원들이 관료주의적 업무, 복잡한 시스템, 산업 장비를 효율적이고 상호 교환적으로 운영할 수 있었다.[33] 농경 사회에서는 오랜 도제 생활을 거쳐 전문 기술을 익힌 대장장이만 말굽을 만들어 말에게 끼울 수 있었지만, 공장에서는 필수 기술을 갖춘 사람이라면 누구나 생산 라인에 합류할 수 있었다. 사회를 더욱 획일화해야 한다는 요구가 처음 등장한 곳도 산업화한 서유럽이었다. 학교와 군대 같은 기관이 인구의 사회화와 교육에 핵심적인 역할을 맡으면서 역량과 언어를 공유한 더 큰 규모의 공동체가 형성되었다. 이 같은 극적인 변화가 일어남에 따라 지역 토속 문화를 대체하는 더욱 보편적인 '국가' 문화가 확산되었다.[34] 영주나 토

지, 신앙에 대한 충성심은 표준화된 국가 문화에 대한 충성심에 밀려 나기 시작했다.[35]

이 과정이 곧바로 시작된 것은 아니다. 잉글랜드와 웨일스처럼 산업화가 가장 먼저 시작된 곳에서도 1870년이 되어서야 모든 5~12세 아동의 학교 교육을 위한 초등교육법이 확립되었다. 그러나 이 법에서도 무료 교육이나 의무 교육은 보장되지 않았다. 1880년에 교육법이 추가로 제정되어 5~10세 아동의 취학이 의무화되었다.[36] 보편적인 대중 교육 시스템을 구축하려면 막대한 자원이 필요했는데, 이를 위해서는 성장과 산업화 과정의 인구로부터 국가가 효율적으로 충분한 세금을 징수할 수 있어야 했다. 대중의 문해력과 공유된 문화는 산업이 요구하는 바에 부합했다. 이런 식으로 보자면 국가 정체성의 핵심 요소가 자본주의 근대화와 함께 발전한 셈이다. 대중이 공유하는 '국가' 문화는 급성장하는 도시에서 읽고 쓸 줄 알고, 분별력이 있고, 상호 연결된 노동력을 배출하는 데 유리했다.[37]

그때부터 우리는 국가라는 틀 안에서 생각하고, 행동하고, 통치하고, 일하게 되었다. 국가는 문학과 역사에도 규범을 정할 뿐만 아니라 대표 산업까지도 양성한다. 문자를 아는 인구는 이제 디킨스부터 도스토옙스키까지 다양한 작가의 문학 작품과 국가적인 관심사인 뉴스를 읽을 수 있었으며, 이것이 영국인이나 러시아인이라는 관련 특성과 특징을 정의하게 되었다. 언어가 표준화되고 인쇄술이 보급됨에 따라 앤더슨의 유명한 표현처럼 "상상 속의 공동체"라는 국가 개념이 가능해졌다. '상상 속'이라는 말은 국가가 가짜이거나 거짓이라는 뜻이 아니다. 오히려 그것은 아무리 작은 국가더라도 구성원들이 실제로 서로를 알 수 없지만 개개인이 여전히 다른 구성원과 무언가를 공유하고 있다고 굳게 믿는다는 사실을 인정하는 것이다.[38]

1440년경 요하네스 구텐베르크가 인쇄기를 발명함에 따라 공유 문화와 언어를 만들 기회가 더욱 확산되었다. 이 혁신적인 기술 덕분에 특정 언어와 방언이 지배적인 언어로 부상할 수 있었다. 영국에서는 스칸디나비아와 노르만의 영향을 받은 앵글로색슨어에서 파생된 '중세 영어'가 튜더 왕조와 스튜어트 왕조의 지배적인 언어 형태인 초기 '근대 영어'로 대체되었다. 이는 지역적으로 각기 다르게 쓰인 어떤 언어가 더 표준화된 형태로 진화했다는 뜻이다.[39]

15세기 말 런던의 인쇄업자들은 챈서리Chancery 표준 영어로 텍스트를 출판했다. 이것은 14~19세기 웨스트민스터 홀에 위치한 형평법 법원의 서기관들이 사용하던 표기법이었다. 1430년대부터 그들은 라틴어나 프랑스어 대신 영어 방언으로 공식 기록과 왕의 문서를 기록했다.[40] 챈서리 표준 영어는 이스트 미들랜즈East Midlands의 영향을 받은 런던 방언에 가까운 표준어였다. 그것은 공무원이자 시인이었던 제프리 초서가 《캔터베리 이야기》에서 사용한 것과 같은 언어였고, 런던의 급성장하는 상인 계층과 학문 중심지 옥스퍼드와 케임브리지의 특징을 보여주는 언어였다.[41] 바로 이 형태의 영어가 궁극적으로 현대 영어가 되고 훗날 국제어가 되었다. 그러나 1755년 편찬되면서 비로소 새뮤얼 존슨의 《영어사전A Dictionary of the English Language》이 최초의 표준 영어로 널리 인정받았다.[42]

언어가 표준화된 이후 운하 시스템, 철도망, 전신, 도로 확장을 포함해 산업화와 관련된 대중교통 및 통신 수단이 개발되었다. 공공 기반 시설에 저마다 혁신이 일어나면서 연결성의 규모와 속도가 증가했으며, 그 결과 전국의 독자와 시청자가 (처음에는 신문, 이후 텔레비전 같은) 매체를 동일한 시간에 더 넓은 공간에서 소비할 수 있었다. 뉴스를 매일 소비하는 행위 속에서 상상 속의 국가 공동체가 실현될 수 있었다. 이 교감의 순간은 한 국가에 거주하는 수백만 명의 국민을 한데 묶는 의식儀式의 핵심 요소가 되었다.[43] 일상적, 시각적으로 공유된 국기, 우표, 국경일, 국가國歌와 더불어 국가國家라는 개념을 일깨우는 모든 요소는 제각기 필수적인 역할을 담당했다.[44]

'국가'를 위한 영웅, 시민, 민족

이처럼 국가가 근대에 이르러 등장했다는 설명이 지배적이지만 앤서니 스미스Anthony Smith 같은 일부 학자는 국가의 특정한 특징이 더 먼 과거의 민족 공동체에서 비롯되었다고 주장하기도 했다. 이 관점은 황금기, 영웅 숭배, 조상, 전통에 대한 공유된 기억을 특히 강조한다.[45] 그러나 이런 기억들조차 훨씬 최근에 형성된 것이 많다. 예를 들면 영국 국회의사당 건물 외부에는 1189~1199년에 영국을 통치하고 십자군 전쟁을 지휘한 리처드 1세의 청동 기마상이 있다. 하지만 그것은 리처드 1세가 세상을 떠나고 600년이 지난 빅토리아 시대에 사람들

영국 국회의사당 앞에 서 있는 리처드 1세의 동상. 그가 국가의 영웅으로 추앙받게 된 것은 사후 600년이 지난 빅토리아 시대로, 기사도 정신과 해외 원정의 역사적 전통을 알리려는 목적이 컸다.

이 당시 신세대에게 기사도 정신과 해외 원정 황금기의 열정을 불어넣고자 세운 동상이다.⁴⁶ 19세기 중반에는 월터 스콧Walter Scott이 그의 소설《아이반호Ivanhoe》에서 리처드 1세를 멋지게 묘사한 덕분에 리처드 1세의 명성이 정점을 찍었다.⁴⁷

이 주장의 문제점이 있다면 리처드 1세가 실천했던 가치와 신념이 빅토리아 시대에는 이미 구시대적인 발상이었다는 사실이다. 리처드 1세가 통치하던 10년 중 영국에서 보낸 기간은 고작 6개월이었다. 즉위한 이후 그의 가장 큰 야망은 3차 십자군 전쟁에 참전하는 것이었지만, 그는 이 십자군 전쟁에서 예루살렘 해방에 실패했을 뿐만 아니라 귀환길에 포로가 되었다. 십자군 원정의 자금을 마련하고자 영지와 관직을 팔기도 했다. 영어를 구사할 수 있었는지도 의문스럽고 소문에 따르면 그는 온 나라를 살 사람만 있었다면 팔았을 거라는 말까지 서슴지 않았다고 한다.[48] 이탈리아 태생의 프랑스 조각가 카를로 마로체티Carlo Marochetti 남작의 작품이면서 국회의사당 건물 외부에 있는 그 동상은 당시에도 논란이 있었지만 결국 빅토리아 여왕과 앨버트 왕자의 뜻이 관철되었다.[49]

더 최근의 국가 영웅들을 보더라도 과거와 현재를 공존시키기가 항상 쉬운 것은 아니다. 국회의사당 맞은편의 광장에는 전쟁 중에 총리로서 수행한 업적을 기리기 위한 윈스턴 처칠의 인상적인 동상이 서 있다. 그러나 오늘날 영국에서, 전시에 영국을 이끌었던 그의 화려한 언변과 불굴의 리더십은 동시에 대영제국의 인종 차별적인 위계질서를 열렬히 옹호했던 그의 모습과 조화를 이루지 않는다.[50] 국가적 영웅과 황금기를 만들어내는 일은, 이렇듯 기억과 망각을 동시에 요구한다. 오늘날 우리가 기리는 과거의 영웅들은 현대의 국가나 국가와 관련된 가치에 대한 개념을 이해하지 못했을 것이다. 오히려 이는 국가와 국가의 상징, 그리고 국가의 영웅이 의외로 근대에 와서 등장한 현상일 뿐만 아니라 복잡하고, 상충적이고, 모순적이라는 사실을 보여준다.

사람들이 오로지 국가와 국가 정체성을 중심으로 생각하게 된 것은 비교적 최근의 일이다.[51] 이제 국가와 국가 정체성이 없는 세상을 상상하기란 불가능해 보인다. 이는 1945년 단 51개 회원국으로 창립한 유엔의 회원국이 지금도 계속 늘어난다는 사실에서 여실히 드러난다. 2011년에 남수단이 합류하면서 현재 유엔 회원국은 196개국이 되었다.

국가의 기원에 관한 문제는 명확하게 단정할 수 없는 학문적인 논쟁거리만은 아니다. 세계적으로 오늘날의 국가가 더욱 시민적인 의미의 민족주의를 구현해야 하는지 아니면 민족의 관점에서 국가를 정의해야 하는지를 둘러싸고 열띤 정치적 논쟁이 벌어지고 있다. '시민 민족주의'는 동등한 권리를 가진 다양한 시민이 공통적인 정치적 가치와 덕목을 중심으로 결속한 공동체로서의 국가를 강조한다. 한 민족 공동체를 다른 공동체보다 차별 대우하기보다 공통 시민권을 우선한다. 반면에 '종족 민족주의'는 소속감과 충성심이라는 표현을 강조하고 이는 기존의 민족적 특성에 기반한다. 이런 측면에서 볼 때 현대의 민족 집단은 고대부터 이어져 온 유전적 기원을 중심으로 구성된다고 이해할 수 있다.[52]

헝가리 총리 빅토르 오르반의 최근 연설에서 이러한 민족국가의 전형이 제시되었다. 2022년 여름, 그는 다음과 같이 단호하게 말했다. "유럽인과 비유럽인이 함께 사는 곳 …… 이런 나라들은 더 이상 국가가 아닙니다. 그들은 한낱 사람들의 집합체일 뿐입니다."[53] 헝가리 국경 밖의 카르파티아 분지에 거주하는 헝가리인들에 대해서 말할 때는 "우리는 기꺼이 서로 섞이겠지만 혼혈 민족이 되기를 원하지 않는다"라고 딱 잘라 말했다.[54]

미국은 '에플리부스 우눔 e pluribus unum', 즉 '여럿에서 이루어진 하나'를 전통적인 모토로 삼는 전형적인 '시민' 국가다. 이런 미국에서

조차 도널드 트럼프가 정치 세력으로 부상하면서 백인 민족주의가 부활하고 있다. 이는 특정 무슬림-다수 국가 출신의 외국인 입국 금지,[55] 멕시코 출신 이민자를 범죄자와 강간범으로 규정하는 발언,[56] '흑인의 생명도 소중하다' 운동을 축소하는 행태 등 트럼프의 반이민 수사修辭와 정책에서 명백하게 드러났다.

시민 국가 유형의 또 다른 사례로 널리 인용되는 영국은 전후 카리브해 국가에서 합법적으로 영국에 이주한 사람들(이른바 윈드러시 세대)을 부당하게 구금하고 추방함으로써 자국민에 대한 정부의 인종주의적이고 차별적인 정책을 극명하게 드러냈다.[57] 이 이야기를 통해 시민 국가의 정의가 정확히 전달되었다. 1948년 영국국적법British Nationality에 따라 시민권 용어가 채택되었으며 식민지 주민들에게 인정되던 영국으로의 이주 권리가 공식화되었다. 이에 따라 윈드러시 세대의 구성원들은 '영국 및 식민지의 시민'이라는 지위를 공유하게 되었다. 이는 영연방에서 태어난 사람과 영국에서 태어난 사람을 구분하지 않는 포괄적인 영국 시민권 개념이었다.[58] 그러나 1971년 이민법을 비롯한 후속 법률에서는 영연방 시민의 영국 입국 및 정착 권리를 더 제한했다. 1971년 이민법이 발효되기 전에 영국에 정착한 사람들에게는 거주권이 제공되었지만, 이들의 거주나 지위와 관련된 공식 기록은 체계적으로 보관되지 않은 상태였다.[59]

수십 년이 지난 2010년부터 영국 내무부가 불법 이민자로 의심되는 사람들에게 '적대적인 환경'을 조성하기 시작하자 이 문제가 화두로 떠올랐다. 2010년 영국 국경청은 시민권을 증명할 수 있는,

1950~1960년대의 입국 신고서 수천 장을 폐기했다. 이후 2014년과 2016년에 이민법이 제정된 이후 영국에 머물 수 있는 합법적인 권리를 증명하지 못할 경우, 영국에 계속 체류하면서 직장과 거처를 구하기가 더욱 어려워졌다.[60] 이 이민법은 또한 주택 소유자, 사무실 관리자, 의사, 교사 등을 최우선 순위로 관리했다.

많은 윈드러시 세대가 지난 50년 동안 영국에서 생활하고 일하며 영국을 고국처럼 생각했지만, 서류가 없는 사람은 '불법 이민자'로 분류되어 추방 대상이 되었다. 그래서 그들이 시민권을 신청해도 거부당하기 일쑤였다. 그들은 법적 보호와 사회적 혜택을 받을 자격이 없었고 국민 보건서비스를 이용하지 못했으며 그래서 결국 소외계층과 취약계층으로 전락하고 말았다.[61] 한 윈드러시 세대가 회상했듯이 '영국인보다 더 영국적'이라는 강한 영국적 의식을 가진 한 공동체에 이런 일이 자행된 것이다.[62] 그들은 대영제국과의 인연으로 부여받은 '출생에 따른 시민권'를 통해 영국 시민으로서 입국했으나 인종주의적이며 외국인 혐오적인 종족 민족주의라는 허구가 그 국민으로서의 권리를 빼앗고 말았다. 영국이 그런 허구를 바탕으로 이민 정책을 결정한 것은 제국주의에서 자국중심주의 신화로 전환한 결과였다.[63] 이 주제를 연구한 한 전문가가 요약했듯이 "그것은 영연방 역사상 가장 수치스러운 일로 기록될 것이다."[64]

러시아의 경우에는 러시아와 러시아인이라는 민족적 개념(루스, 러스키)을 민족적·문화적 배경과 관계없이 모든 시민을 포괄하는 시민 개념(로시야, 로시이스키)과 구분해서 표현한다. 러시아 민족사에 대한 논쟁은 이 구분을 바탕으로 구성된다. 한 견해에 따르면 러시아 국가의 기원은 현대 우크라이나의 키이우를 중심으로 여러 언어 집단이 느슨하게 연합했던 키예프 루스Kievan Rus(879~1240)의 문화와 초기 국가로 거슬러 올라간다. 이 시기의 주요 도시로 키이우와 현대 러시아의 노보고로드Novgorod 등이 있다. 하지만 그 기원이 슬라브족에만 국한된 것은 아니다. 이 두 도시는 한때 루스라고 알려진 스칸디나비아 바이킹(바랑기아인)의 교역소였다. 일부 영국제도와 프랑스 북부에서 그랬듯이, 이들 공동체는 세월이 흐름에 따라 마을과 도시로 발전하면서 바이킹의 특성과 언어를 잃어버렸다.[65] 10세기 말까지 루스인들은 슬라브어를 사용하고 정교회 기독교인를 믿는 집단으로 바뀌었는데, 정교회는 비잔티움 출신의 그리스 선교사들을 통해 키예프 루스에 도입되었을 가능성이 크다.[66]

이것은 교역로와 이주, 동화同化의 기원을 다룬 이야기다. 종교적 충성심은 보다 직접적인 지역 정체성과 지배 왕자나 족장에 대한 충성과 결합되어 있었다. 만약 러시아 민족의 기원을 키예프 루스에서 찾을 수 없다면, 대신 1380년 쿨리코보 전투Battle of Kulikovo에서 그 흔적을 찾을 수 있을까? 이 전투에서, 키예프 루스 멸망 이후 남러시아에 정착해 슬라브 공국들을 지배하던 몽골계 타타르Tatars 세력은 모스크바 공국의 드미트리 왕자가 이끄는 군대에 의해 처음으로 대규모 패배를 겪는다. 오늘날 러시아에서는 이 전투를 민족 형성의 결정적 순간으로 보며 반半공식적인 역사관 속에 자리 잡고 있다. 예컨대 2013년에 도입된 한 교과서에는 "쿨리코보 전투의 승리는 러시아 민

러시아와 폴란드의 오랜 갈등이 담긴 기념물인 미닌과 포자르스키 청동상은 모스크바 붉은 광장, 성 바실리 대성당 앞에 위치해 있다. 러시아라는 나라, 러시아 민족주의의 기원을 여기서 찾을 수 있을까?

중의 민족적 자각을 불러일으켰다"고 나와 있다.67 그러나 여전히 질문이 남는다. 과연 이것은 '민족' 또는 '국가'라는 이름으로 치러진 전투였을까? 아니면 그 전투에 참여한 이들의 삶과 죽음은, 오늘날 우리가 말하는 국가 개념과는 달리, 자신이 속한 지역과 종교, 그리고 멀리 있는 지배자에게 억지로 조공을 바쳐야 했던 불만과 저항의 감정에서 비롯된 것이 아니었을까?

어쩌면 러시아 초대 차르인 이반 4세, 일명 이반 뇌제雷帝의 통치기간(1530~1584)에 이르러 러시아가 진정한 국가로 자리 잡았던 것이 아닐까? 이반의 독재 통치기에 차르의 권력이 강화되었고, 1553년 러시아에 인쇄기가 도입된 것 또한 이 시기에 일어난 일이었다. 아니면 이반이 사망한 이후 시작된 고난의 시대를 종식하고자, 1612년 쿠즈마 미닌Kuzma Minin과 드미트리 포자르스키Dmitry Pozharsky 대공이 모스크바에서 폴란드-리투아니아 연방의 점령군에게 대항해 봉기했을 때 민족의식이 확실하게 등장한 것은 아닐까? 1818년 붉은 광장에서 제막되어 오늘날까지 굳건히 서 있는 미닌과 포자르스키의 투지 넘치는 동상들은 이 주장을 지지하는 것처럼 보인다.

혹자는 예카테리나 2세Catherine the Great 시대(1729~1796)에 러시아가 진정한 국가로 탄생했다고 주장할 것이다. 프로이센의 공주인 예카테리나 2세는 결혼으로 로마노프 가문의 일원이 되었고 말할 때는 독일식 억양을 썼다. 물론 프랑스어가 여전히 궁정 언어로 쓰였으나 그녀의 재위 기간에 러시아어를 표준화하고 공식화하려는 시도가 최초로 이루어졌다. 러시아 아카데미가 설립되어 총 여섯 권의 러시아어 사전이 발간된 것 또한 이 시기였다. 바로 이때를 기점으로 표준화된 언어를 통해 국가 공동체가 본격적으로 발전할 수 있었던 건 아니었을까?

그러나 보편적인 문해 능력은 한 세기 반이 지난 소비에트 통치 기간(1922~1991)이 되어서야 확립되었다. 또한 소비에트 시대에 대중교육의 틀이 잡히고 급속한 산업화가 이루어지기 전에는 문화를 보편적으로 공유할 수 있는 여건이 마련되지 않았다. 19세기 전반까지 러시아 인구의 거의 절반은 농노로, 그들은 사고팔리는 존재였다. 그랬기에 톨스토이와 도스토옙스키의 걸작이 처음 출판되었을 당시의 러

시아인 대부분은 그 작품들을 읽을 수 없었을 것이다.[68]

바야흐로 제1차 세계대전이 일어나기 직전인 1914년 러시아 제국에서는 산업화가 완성되지 않았고, 인구의 대부분이 여전히 농업에 종사하고 있었다.[69] 소비에트 시대에 접어들어서야 산업화의 조건이 완전히 실현되었으며, 이와 함께 도시화가 빠르게 이루어졌고 대중의 문맹률이 낮아지기 시작했다. 그렇다면 처음에는 러시아의 차르 역사와 유산을 대부분 부정했던 소비에트 통치하에 비로소 러시아라는 국가의 정체성이 본격적으로 형성된 것일까? 나치 독일에 맞서 위대한 애국 전쟁을 치르는 동안 소련은 나치의 위협에 맞서 국민을 결집하고자 러시아 제국 시절의 역사적 인물과 상징들을 적극적으로 복원시켰다. (폴란드-리투아니아 연방과 오스만 제국을 상대로 러시아 군대를 승리로 이끈 명장이자 전술가인) 수보로프 장군과 (독일과 스웨덴의 침략자들을 상대로 승리를 거둔 노브고로드의 황태자이자 키예프와 블라디미르의 대공이었던) 알렉산드르 넵스키 Alexander Nevsky가 소련의 예술 작품과 선전 포스터에 등장하기 시작했다. 그렇다면 바로 이 시점에 국가의 황금기에 관한 서사가 처음으로 문맹 퇴치 및 산업화와 결합한 것일까? 아이러니하게도, 소비에트 정권이 우연히 현대 러시아 국가의 형성을 위한 배경을 조성한 것일까?[70]

러시아의 사례에서 알 수 있듯이, 어떤 국가가 언제 탄생했는지 분명히 결정하기란 쉽지 않다.[71] 1991년 소련이 붕괴한 순간에도 '시민'적 정체성인 로시이스키 Rossiiskii와 '민족'적 정체성인 러스키 Russkii 가운데 어느 것이 우선할지를 두고 치열한 논쟁이 벌어졌다. 소비에트가 등장한 이후의 러시아 지도자들, 즉 보리스 옐친부터 푸틴에 이르기까지 자신의 정책에 이롭거나 인기를 더 얻을 수 있을 것 같을 때 이따금 민족적 정체성을 채택했다. 예컨대 잔혹한 체첸Chechen 전쟁 (1994~1996년과 1999~2009년, 이후에도 수년간 계속된 소규모 반란)을 정당화하거나 2014년 크림반도 합병을 정당화할 때, 어김없이 이 국가적 정체성이 동원되었다. 당시 푸틴 대통령의 발표에서 크림, 세바스토폴Sevastopol, 키이우를 러시아 영토로 지칭하면서 처음으로 러스키라는 용어가 등장했다.72 그러나 다민족 연방 국가인 러시아에서 러스키 정체성을 강조하는 것은 위험 요소가 잠재한다. 러시아 헌법은 러시아 민족이 아닌 시민civic이라는 개념을 보장하고 있기 때문이다.73

최근 몇 년 동안 국가 차원에서 러시아를 결속시키기 위해 엄청난 노력을 기울였음에도, 2019년 11월 (1612년 포자르스키와 미닌의 승리를 기념하는) 국가 통합의 날을 앞두고 한 여론조사 센터에서 실시한 한 조사에서 러시아가 한 국가로 통합되었다고 응답한 사람은 37퍼센트에 불과했다. 이는 2017년의 54퍼센트에서 떨어진 수치였다.74 2022년 우크라이나를 침공한 이후에는 더 이상 사회의 어떤 반대 의견도 여론조사에 정확하게 반영되지 않았을 것이다. 침공 직후 러시아 군대에 대한 '허위 정보'를 유포하는 행위를 처벌하는 법률이 채택되었다. 2023년 4월 푸틴의 가장 노골적인 비판자로 손꼽히는 블라디미르 카라무르자Vladimir Kara-Murza는 반역, 허위 정보 유포, '바람직하지 않은' 조직의 행동에 가담한 혐의로 유죄 판결을 받고 25년 징역형을 선고받았다. 그의 가장 큰 범죄는 미국 애리조나 주 의회 연설에서

'크렘린의 독재 정권'이 우크라이나에서 '전쟁 범죄'를 저질렀다고 비난한 것이었다. 25년 징역형은 소비에트 시대 이후 크렘린의 반대파에게 선고된 최장기간 형량이었다.75

푸틴은 반대파를 침묵시키는 동시에 자신만의 러시아 국가를 건설하기 위해 과거를 적극적으로 캐내고 있다. 2021년 7월, 푸틴이 발표한 논문인 〈러시아인과 우크라이나인의 역사적 통일에 대하여〉에서는 9세기로 거슬러 올라가 우크라이나뿐만 아니라 그가 결정한 유혈 침략의 정당성에 관한 주장을 펼쳤다. 이 글에서 그는 키예프 루스, 혹은 푸틴의 표현대로 고대 루스로부터 소련에 이르기까지 역사적 계보를 들먹이며 우크라이나의 국가성을 무시하고, 창작, 누락, 선택적 기억을 통해 자신이 상상하는 러시아 민족의 지리적 정체성을 구성하려고 한다.76 그러나 존스홉킨스대학교의 역사학 교수 세르게이 라첸코Sergey Radchenko는 이 서사가 반대로 뒤집혀진 것이라며 다음과 같이 말한다. "이와 똑같은 종류의 증거와 문서를 가지고 우크라이나 역시 9세기에 국가로서 발전하기 시작했다고 말할 수 있다. 우크라이나가 (푸틴의 주장대로) 가짜 국가라면 러시아도 마찬가지다."77

푸틴의 논문은 우크라이나에 있는 러시아 민족(러스키)에게 호소함으로써 국가의 과거를 현재에 재구성하지만 오히려 태곳적까지 국가의 기원을 거슬러 올라가는 게 얼마나 허상인지를 부각시킨다. 시간을 거슬러 올라갈수록 원시 국가의 본질을 끌어내기가 더 어려워진다. 근대 국가를 현재에 끊임없이 창작하고, 상상하고, 의식으로 거행하고, 읽고 배워야 하는 것은 바로 이 때문이다. 인간이 언제나 국가라는 이름을 위해 목숨을 바치는 것은 아니기에 푸틴과 같은 민족주의자들이 이 불편한 진실을 부정하거나 심지어 은폐하기 위해 왜 그토록 애를 쓰는지 이해할 것도 같다.

인류 역사 전체에서, 국가는 여전히 비교적 새로운 개념이며, 외국에서 데려온 군주, 전직 국가 안보 요원, 리얼리티 TV 스타 등 권력을 가진 사람들이라면 쉽게 재구성할 수 있는 개념이다. 이런 엘리트들은 모두 국가의 힘, 안보와 정체성에 국가가 행사하는 매력, 그리고 국가라는 개념이 사람들을 동원하는 데 어떻게 쓰이는지를 이미 알고 있다. 그러나 그 이면에는 다수를 희생해 권력과 부, 영향력을 확보하려는 엘리트층의 의도가 감춰져 있다.

국가는 종교와 비슷한 영원성의 의미를 전달할 수 있다. 18세기 후반 계몽주의 시대에 기술 및 과학에 대한 믿음이 커짐에 따라 국가라는 개념이 확산된 것은 우연이 아니다. 또한 프랑스에서 국가라는 개념이 등장한 시기가 혁명이 일어난 때였고 당대의 지배적인 위계질서와 종교적 신념, 신성한 질서가 뒤집어진 것을 봐도 그렇다.[78] 그렇다면 국가라는 개념 역시 엄청난 희생을 수반했던 과거의 정체성을 주장했던 운명과 결국 같은 길을 걷게 될까?

지금껏 이루 셀 수 없을 만큼 많은 사람이 이고, 제국주의, 종교에 그랬듯이 왕과 황제를 위해 목숨을 바쳤다. 그렇다면 민족주의는 이보다 더 오래 살아남을 수 있을까? 우리가 당면한 실존적 위협과 도전에 대처하기 위해 세계를 구조화하는 더 나은 방법은 없을까? 영토를 둘러싼 전쟁과 소수자에 대한 박해부터 세계적인 팬데믹과 기후

위기에 이르기까지 다양한 세계적 위기의 원인은 바로 '국가'라는 개념이 아닐까? 우리가 갑자기 각성해서 국가에 대한 믿음을 거둔다면 어떤 일이 벌어질까?

'제국'처럼 '국가'도 사라질까?

불과 수십 년 전만 해도 제국이라는 개념이, 세계가 항상 질서정연하게 유지되는 방식에 관해 널리 받아들여진 이해의 틀이었다는 점을 되새겨 볼 필요가 있다. 영국은 불과 얼마 전만 해도 '해가 지지 않는' 제국이라고 주장했으나 제국은 결국 사라졌다. 식민지 '원주민'에게 자치 능력이 있다는 생각은 '상상할 수 없는 일에서 평범한 일로' 바뀌었다.[79] 세계를 바라보는 '제국'의 렌즈가 눈 깜짝할 사이에 금이 가고 산산이 부서져 '국가'의 렌즈로 대체되었다.

1919년, 베르사유 조약을 통해 독일의 동아프리카·서아프리카 식민지와 사모아Samoa를 획득하면서 대영제국은 역사상 가장 넓은 영토를 보유하게 되었다.[80] 그러나 그 직전, 영국(잉글랜드, 웨일스, 스코틀랜드, 아일랜드)의 수십만 명에 달하는 병사들이 왕과 국가, 제국을 위해 제1차 세계대전에서 목숨을 잃었다. 이 전쟁의 마지막 시기, 윌프레드 오웬Wilfred Owen이 전사하기 직전에 남긴 마지막 시들 중 하나의 시에서 독자는 전장의 소용돌이와 혼란 속으로 휩쓸리게 된다. 그는 독가스에 의해 죽어가는 병사의, 말로 표현하기 어려운 고통을 시로 묘사하고 있다. 전우의 시체를 실은 마차를 따라가던 오웬은 전쟁의 끔찍한 진실과 마주한다.

> 내 친구여, 자네는 그토록 강렬한 열정을 품고,
> 어떤 절박한 영광을 열렬히 찾는 아이들에게
> 그 오랜 거짓을 고하지 않으리라
> 조국을 위해 목숨을 바치는 것은 Pro patria mori
> 달콤하고 올바른 일이다 Dulce et decorum est [81]

국가라는 신화는 이 시에서 깨지고 무너진다. 그러나 토착민주의와 민족주의 정치의 급부상과 갈등으로 분열된 세상에서는 국가와 민족주의라는 개념이 여전히 중요한 것처럼 보일 수 있다. 그러나 국가라는 개념이 한때 종교, 집단 충성심, 혹은 제국에 의해 형성된 공동체를 대체할 파격적이고 혁신적인 대안이었듯이 앞으로 정체성을 구성하는 새로운 방법들이 등장할 것이다. 이 과정에 지역 공동체가 동원될 수 있다. 이를테면 미국-멕시코 국경 도시 암보스 노갈레스에서는 많은 주민이 도시 중심부가 강철과 철조망 울타리로 분리되는 부조리를 거부한다. 혹은 2023년 호주처럼 국민투표를 통해 원주민에게 더 큰 정치적 권리를 부여할 수 있다. 아니면 기후변화에 맞서고 환경 정의를 보장하기 위해 온라인 글로벌 커뮤니티를 동원하는 것도 가능하다. 이 같은 움직임을 통해 전 세계의 이질적인 사람들이 하나로 통합될 수 있으며, 이미 국가적 경계를 초월하는 방식으로 일종의 글로벌 거버넌스가 형성되고 있다.

결국 국가는 먼 과거부터 확고하게 뿌리를 내린 고정불변의 공동체가 아니다. 민족주의를 강조하는 관점은 오히려 국가의 취약성을 인정하는 것이다. 이러한 관점에서 국가는 그 자체로 풍요로움과 활력, 쇄신을 전혀 찾아볼 수 없는 죽은 문화의 빈 수레와 같다. 민족주의는 동질화를 정당화함으로써 풍요로운 문화, 국경 안팎에 존재하는 무수한 관계와 관습을 억압한다. 이렇게 본다면, 새로운 방식의 공동체 조직과 자치 구조는 결코 위협이 아니라, 국경선과 상관없이 존재하는 수많은 고유하고 겹쳐지는 문화와 전통이 혼재한 세계에 오히려 자연스러운 흐름일 수 있다. 국가를 넘어선, 혹은 국가와 공존하는 미래의 소속감은 혼란이나 무질서를 의미하는 것이 아니라, 오히려 그것을 예방할 수 있는 길이 될지도 모른다.

의사 결정 권한과 자원이 지역으로 더 많이 이양될 때 공동체는 활력을 되찾을 수 있다. 중앙 정부가 지역에 관여하지 않을 때 민주주의적인 책임, 참여, 그리고 공동체의 결속력은 더 큰 의미를 갖게 된다. 지역의 독특한 풍요로움과 다양성이 민족 국가의 획일화와 중앙집권화 경향에 대항할 수 있는 동력으로 작용할 수 있다. 더 넓은 관점에서 볼 때 미래에는 또한 일종의 초국가적 메커니즘이 등장함으로써 기후변화, 핵무기, 팬데믹 등 인류가 만든 위협으로 말미암은 실존적 위험을 해결할 것이다.

지역적·국가적·초국가적 규모로 우리의 관계와 연계를 강조한다면 우리의 소속감이 더욱 조화로워질 수 있다. 인간은 경험해가며

늘 좀 더 유연한 정체성을 인식하지만, 자민족에게만 특혜를 부여하는 민족국가는 이런 유연한 정체성을 크게 훼손했다. 이 정체성의 척도를 통합한다면 공동체가 균형·평형감각을 갖춤으로써 국가·민족·종교·부족에 따라 분열되지 않을 것이다. 왜냐하면 민족주의 정치인이 그런 분열을 조장할 때야말로 국가의 신화가 어쩌면 가장 극명하게 드러나기 때문이다. 이 불안정하고 변할 줄 모르며, 환상에 불과한 개념은 너무나 취약해서 그것을 보호하려면 강인한 지도자가 있어야만 하는데, 강인한 지도자는 지금껏 대개 '짐이 곧 국가'라고 자신과 국가를 동일시한 자들이었다.[82]

4장

주권
실체를 알 수 없는 모호한 주장

존 레논의 노래 '이매진Imagine'은 국가, 종교, 심지어 소유물의 제약에서 해방된 자유로 감각을 이끈다. 듣는 이는 국가와 국경을 넘어서 초월적 여행을 떠나게 된다. 이 곡은 서정적인 노랫말로 새로운 세상이 필요하다는 논제를 제시하지만, 작곡가는 끝까지 그 세상을 정의하지 않은 채 남겨둔다. 이것이야말로 무한한 가능성, 무한한 희망, 무한한 꿈과 함께 이 곡이 가진 매력이다. 존 레논이 이 노래를 만든 지 어언 반백 년이 지났지만 국가가 존재하지 않는다고 상상해보라는 그의 매혹적인 초대장은 지금껏 애만 태우며 손에 잡히지 않고 있다.

대신 우리의 지구는 여전히 국경으로 나누어져 있고 아무리 좁은 땅이라도 그 소유권을 주장하는 국가가 있다. 주거가 가능한 땅이라면 어느 곳이든 국가는, 대개 영토에 대한 국가의 배타적 통제권이라고 해석되는, 주권을 주장한다. 하지만 세계에는 이 논리가 해당되지 않는 지역이 일부 존재한다. 주권의 틈새로 빠져나간 한 지역은 사막의 모래 언덕, 검은 바위, 와디wadis(가끔 비가 내린 후에만 물이 흐르는 메마른 강바닥)로 이루어진 땅이다. 존 레논이 떠올린 평화와 사랑의 아르카디아The Arcadia(옛 그리스의 이상향 — 옮긴이)는 아니겠지만 이 작은 땅덩어리는 아직 테라 눌리우스terra nullius, 즉 '주인 없는 영토'로 남아 있다.[1]

북쪽으로는 이집트, 남쪽으로는 수단과 접해 있는 2,072제곱킬로미터 넓이의 내륙 사막, 비르 타윌이 바로 그곳이다. 전통적으로 아바브다 유목 부족이 이곳의 드문드문한 초목에서 가축을 방목했지만, 이집트와 수단 모두 이곳의 소유권을 주장하지는 않는다. 비르 타윌의 북쪽 경계선은 북위 22도를 따라 이어진다. 이 위도의 북동쪽으로 더 넓은 면적의 할라입 삼각지대Halaib Triangle가 있고 이 지역의 해안선 약 210킬로미터가 홍해와 접해 있다. 현재는 이집트가 1899년에 영국이 북위 22도를 따라 그었던 국경에 따라 할라입 삼각지대를 실효 지배하고 있다. 이 경계선은 한때 (훗날 수단 공화국이 되는) 앵글로-이집트 수단 공동 통치 지역의 북쪽 경계를 구분했다. 만일 이집트가 이 경계선 아래에 있는 비르 타윌의 소유권을 주장한다면, 이는 한때 영국이 수단의 할라입 삼각지대에 설정한 제2의 행정 경계선을 인정하는 것으로 해석할 수 있다. 1902년에 그린 제2의 행정 경계선은 북

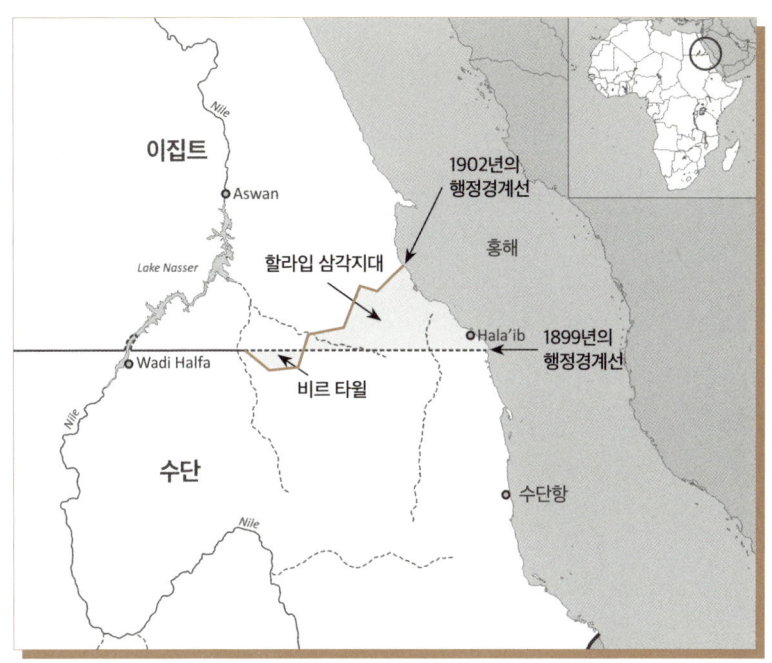

어느 나라에도 속하지 않는 땅, 비르 타윌. 국가가 없는 영토가 존재할 수 있는가? 비르 타윌에서 주권의 개념은 혼란스럽기만 하다.

위 22도 선의 남쪽을 횡단해 비르 타윌을 이집트에 포함시킨 다음 북쪽으로 올라가 할라입 삼각지대를 수단 영토에 넣는다.[2] 만일 반대로 수단이 비르 타윌의 소유권을 주장한다면 이는 더 예전인 1899년의 선(영국이 북위 22도를 따라 그었던 국경)을 인정한다는 뜻이며, 그러면 수단이 할라입 삼각지대의 소유권을 주장할 근거가 약해질 수 있다. 이는 영국 식민 통치 시절에는 사소한 문제였지만 1956년 수단이 독립한 이후에 특히 중요한 문제가 되었다.[3]

외부인이 비르 타윌에 접근하기는 쉽지 않다. 광활한 누비아Nubian

사막에 위치한 이 척박한 지역은 수단의 가장 가까운 마을에서 자동차로 꼬박 이틀을 달려야 도착하는 거리에 있다. 연결 도로가 없고, 아라비아반도에서 건조한 바람이 자주 불어오는데, 바람 때문에 먼지가 일어나면 일시적으로 이 지역이 시야에서 사라지기도 한다.[4] 보통 사람은 수단이나 이집트의 허가를 받아야 이 지역을 방문할 수 있는 반면에 무허가 금광업자와 무장 갱단, 밀수업자들은 이 지역과 그 주변에서 활개 친다.[5]

이처럼 난제와 위험이 존재하는데도, 이곳은 소셜 미디어가 부상하면서 모험을 즐기는 사람들의 명소가 되었다. 모든 아프리카 국가의 최고봉을 등반하려는 산악인[6], 오프로드 탐험에 나선 지리학자[7], 이 지역의 소유권을 주장하는 몇몇 사람들이 이곳을 찾는다. 소유권을 주장하는 이들은 모두 남자인데, 개중에는 버지니아 주의 농부, 러시아의 아마추어 무선 전신 애호가[8], 독일의 기업가[9], 영국의 신문사 특파원,[10] 인도 출신의 《왕좌의 게임》 팬[11], 그리고 '킹 드와인, 그의 이름의 시조, 비르 타윌의 영주, 그 지역의 수호자'[12]라는 활동명의 X(구 Twitter) 사용자가 있다. 그러나 어느 주장도 인정되지 않기에 비르 타윌은 여전히 어떤 통치자나 국가의 통제도 받지 않는다. 비르 타윌에서 주권의 개념은 혼란스러워진다.[13] 비르 타윌은 국가가 없는 영토가 존재할 수 있는지, 혹은 존재해야 하는지에 대한 곤란한 질문을 제기한다. 광물과 토지는 누구의 소유인가? 그곳에 적용되는 법률이 있는가? 만일 있다면 누구의 법인가? 요컨대, 주권이 없이 영토를 소유할 수 있을까? 그리고 그곳의 지배자는 누구 혹은 무엇일까?

주권 문제의 이례적인 사례는 비르 타윌만이 아니다. 비르 타윌과는 정반대로 영토나 국경은 없지만 여권을 발행할 수 있고 공식 차량 번호판은 있지만 도로가 없는 한 나라가 있다.[14] 이 나라는 112개 국가와 유럽연합에 대사를 파견하고 유엔과 유엔 기구에 상주 관찰 사절단을 두고 있지만 대통령이나 총리, 군주는 없다.[15] 이 나라의 이름은 몰타 주권 기사단 Sovereign Order of Malta으로 '성 요한의 예루살렘, 로도스, 몰타 주권 군사 구호 기사단'의 줄임말이다. 이 가톨릭 기사단은 영토가 없다는 것 빼고는 국가의 모든 조건을 갖추고 있다. 민족 국가가 등장하기도 훨씬 전인 1099년 예루살렘에서 건국된 이 나라는 현재 공식 언어가 이탈리아어이고 화폐는 몰타 스쿠도 Maltese Scudo다. 주권 기사단은 또한 공식 우표를 발행하고 동전을 주조하며 지금껏 여행이 가능한 생체인식 여권 500부를 발급했다.[16]

오랜 역사를 거치는 동안, 이 기사단은 홀리랜드, 키프로스, 로도스, 이탈리아, 몰타, 그리고 한동안은 차르 시대 러시아에 본거지를 두었다. 십자군 활동은 오래전에 막을 내렸고 현재는 인도주의적 선교 활동에 주력하고 있다.[17] 대수도원장이 주권과 종교의 수장으로서 기사단을 주재하고 5년 임기로 선출되는 주권위원회 의장직을 맡으며 사법권은 기사단 법원에 속해 있다.[18] 이 나라는 교회와 종교 권위가 세계의 대부분을 지배하던 시절을 떠올리게 한다. 체계적인 종교가 부상하면서 한때 정령이나 괴물과 공존하는 영웅, 그리고 산, 강, 식물, 동물을 대표하는 신들의 신화가 사라졌지만, 계몽주의와 합리주의가 등장하면서 종교의 신성함 자체도 도전을 받게 되었다.[19] 이 시대에는 신이 서임한 왕조의 군주나 황제의 주권적 권위 사이에 존재하던 특권층을 위한 연결고리가 끊어지면서 새로운 종류의 신화가 등장할 여지가 생겼다. 하늘이 지상의 통치자에게 영토에 대한 정당한 권력을 위임한다는 개념은 더 이상 인정되지 않았으며, 그 권력은 이제 대중의 의지로 표출되었고 통치자는 그 의지를 고려해야 했다.[20]

내 땅, 네 땅도 아닌 우리의 땅, 남극

주권 국가라는 우리의 제한된 세계에 맞서는 혁신적이고 놀라운 도전이 남극에서 제기되었다. 광활한 땅덩어리를 자랑하는 남극에는 상주하는 인구가 없지만 그곳의 풍부한 천연자원과 야생동물뿐만 아니라 그곳을 찾는 수만 명의 과학자, 탐험가, 관광객은 몇 가지 규칙과 규정에 따라 보호되고 관리되어야 한다. 이 동토의 보호와 관리를 위해 남극조약이 체결되었다.[21] 12개국이 서명한 남극조약에서는 "남극은 계속 오로지 평화적인 목적으로 이용되어야 하며 국제 분쟁의 현장이나 대상이 되어서는 안 된다"고 밝히고 있다. 조약 제4조는 다음과 같이 명시되어 있다. "본 조약이 발효되는 동안 발생하는 어떠한 행위나 활동도 남극 대륙의 영토 주권에 대한 소유권을 주장하거나, 지지하거나, 또는 부인할 근거를 제공할 수 없고, 남극 대륙의 주권을 창출할 수 없다."[22]

이 협정에는 매우 중요한 의미가 담겨 있다. 남극을 지배하는 조약 체계는, 주권을 분리할 수 없고(공유할 수 없고) '정치적 권한은 절대적이며 왕이나 여왕으로 대표되는 단일 주권자나 주권 의회, 대통령에게 이 권한이 부여되어야 한다'는 지배적인 정설을 거부한다.[23] 상황에 따라 적절한 관리 기관이 운영을 맡음으로써 남극은 기존에 없던 새로운 '트렌드 세터'가 되었고[24], 이는 비록 불완전하더라도 주권 영토라는 개념에 대안을 제시한다.

남극조약의 자치 방식은 다양한 유형의 법적·행정적 제도에 의해 운영되고 있으며 남극에서는 제한 없는 '주권' 권력이 '자의적이고 위험하며 정당성이 없다'는 원칙을 지침으로 삼는다. 상설 사무국이 남극조약을 관리하며, 현재 남극조약 협의 당사국은 29개국이다. 또한 매년 협의 당사국 가운데 한 국가에서 주최하는 연례 남극조약 자문회의는 정치인만의 영역이 아니고 다양한 대표, 관측자, 초청 전문가들이 참여한다.[25]

이러한 체제에서는 지구상의 마지막 땅까지 국가가 절대적 주권을 행사한다는 허구는 차츰 사라진다. 남극은 주권이라는 구세계를 넘어 다른 세계로 넘어갔고, 이 세계에서는 특정 국가가 자의적으로, 일방적으로, 무소불위의 권력을 행사하려고 시도하면 언제나 남극의 기관과 협의 당사국이 나서서 대응한다.[26] 그러나 남극 또한 과거의 방식에 영향을 받지 않는 것은 아니다. 그래서 어업에서 광업에 이르기까지 자원 개발과 증가하는 남극 관광이 생태계에 가하는 압박에 대한 우려뿐만 아니라 러시아와의 관계가 악화되어 남극에서 전략적 경쟁이 촉발될지 모른다는 두려움이 존재한다.[27] 그렇다 해도 지

남극은 겨울이 되면 영하 60도를 오르내린다. 추위를 견디기 위해 황제펭귄은 안쪽 무리가 밖으로, 바깥쪽 무리가 안으로 들어오는 허들링huddling을 반복한다. 어떤 펭귄도 자기 공간의 소유권을 주장하지 않는 이들의 방식을 통해 세계의 질서를 세우는 색다른 방식을 상상해 봄직하다.

금 남극은 공식 국기, 국가, 화폐, 문장이 없는 상태로, 주권을 둘러싼 일반적인 상징을 거부한다. 인간이 지구상의 주권과 권위의 궁극적인 원천이라는 관점 대신 연약하고 취약한 환경을 관리하는 주체라는 관점에서 인간도 그러한 존재로 포함된 생물권 전체를 우선시한다.[28]

이런 관리 방식의 은유는 남극에 서식하는 황제펭귄에게서 찾을 수 있다. 황제펭귄의 무리는 얼음판 위를 뒤뚱뒤뚱 횡단하면서 꽁꽁 얼어버린 바깥쪽의 펭귄을 따뜻한 안쪽 가운데로 보듬으며 쉬지 않고 움직인다. 어떤 펭귄도 자기 공간의 소유권을 주장하지 않는다. 그들은 남극조약 체계처럼, 세계의 질서를 세우는 색다른 방식을 제시한다. 이 세계에서는 어떤 세력도 다른 세력을 희생시키면서 특정한 영토를 지배하지 않는다. 공공의 이익을 위해 작동하는 이런 메커니즘이 탈脫주권 통치 모델의 한 선택지가 될 수 있을까? 그리고 주권 영토와 국경, 국가 체계에서 벗어날 때 우리의 세계 공유지가 더 훌륭하게 관리될 수 있을까?

남극의 얼음 왕국 밖에서도 신기술을 통해 주권에 대한 의문이 제기되었다. 온라인에서 생활하는 시간이 점점 증가하는 지금 인터넷에 국가를 설립할 수 있는 시점이 바야흐로 도래한 것일까? 중앙 정부가 더 이상 시민의 요구를 충족시킬 수 없다는 인식에 대응해, 발라지 스리니바산Balaji Srinivasan은 그의 저서 《네트워크 국가The Network State》에서 인터넷이 등장하기 이전의 제도는 사회를 조직하는 데 대체로 적합하지 않다고 주장한다. 대신 생각이 같은 사람들이 소셜 네트워크를 통해 자원과 돈, 기술을 모아 공동체를 형성한다.[29]

시간이 흐르면 이 네트워크가 고유한 문화와 가치를 발전시키고 사회 서비스를 구축하며 의료, 보험, 심지어 여권까지 제공할 수 있게 될 것이다. 공동체는 개개인이 선호하는 법안에 온라인으로 찬성투표를 던지고, 암호화폐를 통해 화폐 공급을 통제하고, 정부의 침해로부터 자금을 보호할 수 있다. 공동체들이 확장되다 보면 샌프란시스코나 몬태나 주에서 자기 공동체에 적합한 토지를 매입하는 경우가 생길 수 있다. 심지어 부유한 디지털 시민으로 구성된 새로운 공동체를 유치하기 위해 도시 간의 경쟁이 일어날지도 모른다. 그러면 이 시민들이 국가와 협상하고 권리와 인정을 얻어내 결국에는 본인들의 국가로부터 독립을 쟁취할 수 있을지 모를 일이다.³⁰ 인터넷에 국가를 세우다는 개념을 터무니없다고 여기기 쉽지만 지구 반대편으로 배를 타고 가 이미 다른 사람들이 살고 있는 땅에 내 땅이라는 소유권의 깃발을 꽂는 일에 비하면 그리 괴상하거나 부당해 보이지 않는다.

영국의 EU 탈퇴, 무엇을 얻었나?

2016년 6월 영국 정부가 EU 잔류 문제를 놓고 국민투표를 실시하겠다고 발표했다.³¹ 이후 이와 관련된 한 전례 없는 실험을 통해 현대 세계에서 주권이 가지는 복잡한 의미가 드러났다. 이 실험의 한 중심인물은 '탈퇴에 투표를Vote Leave' 캠페인의 책임자인 도미닉 커밍스Dominic Cummings로, 그는 이후 2019년 보리스 존슨이 총리로 취임했을 때 그의 수석 보좌관이었다. 커밍스는 국민투표가 실시되기 몇 년 전부터 주권이 과연 어떤 의미인지 이해하고자 노력했다. 그는 대중의 공감을 얻을 만한 메시지를 찾을 요량으로 영국과 유럽과의 관계를 논의하는 포커스 그룹을 운영하면서 사람들에게 '주권'의 의미를 적어달라고 부탁했다. 한 포커스 그룹에서 이 과제를 수행한 결과 "모든 사람이, 한결같이, '왕실'이라고 답했다"를 보고했는데³² 커밍스는 곧바로 주권이라는 개념만으로는 메시지를 전달하기 어렵다고 판단했다. 더 새롭고 직관적인 구호가 필요했다. 그가 여러 포커스 그룹의 의견을 경청하고 다양한 변형을 시도하는 동안 '통제권을 되찾자Let's take back control'는 구호가 부상하기 시작했다.³³

커밍스는 이 구호가 영국의 유럽연합 탈퇴를 위한 캠페인의 본질을 잘 포착했다고 판단했다. 이 구호가 성공한 이유는 그 단순함에 있었으며, 그것은 바로 '주권'이라는 신화를 함축하고 있었다. 즉, 사람과 영토에 대한 통제는 마치 자연스럽고 자명하며, 명확하게 구분되고 행사될 수 있는 것처럼 보이게 만드는 신화다. 이 신화 속에서 세계는 마치 어떤 영토가 국가의 통제 아래 완전히 '안에' 있거나, 혹은 완전히 '밖에' 있는 것으로 단순화된다.³⁴

유럽연합 탈퇴 투표가 끝난 다음 브렉시트 지지자들에게 영국의 주권을 재천명하는 건 쉬울 터였다. 테리사 메이Theresa May 신임 총리는 국민투표를 치르고 나서 다음과 같이 선언했다. "우리는 유럽연합을 떠나 완전히 독립된 주권 국가가 되겠다고 투표했습니다. 우리는 독립된 주권 국가로서의 일을 하겠습니다."³⁵ 이제 남은 문제는 독립된 주권 국가가 정확히 무슨 일을 하는지 결정하는 것이었는데, 3년이 지난 후 메이는 패배와 좌절감을 안고 퇴임하게 된다.

'통제권 되찾기'의 문제점은 주권이란 것이 대체로 정의하기 어렵고 모순이 가득한 개념이라는 데 있다. 주권은 국경을 구분하는 장벽 안에서는 구체적으로 명시될 수 있겠지만, 한편으로 장소, 시간, 그리고 사람에 따라 그 의미가 달라진다. 브렉시트의 목적은 이런 모순을 극복하고 이상적인 주권의 이미지를 실현하는 것이었다. 그러나 순수한 형태의 주권을 구현하는 게 얼마나 어려운지는 곧바로 드러났다. 첫째, 모든 국가가 속해 있는 글로벌화된 세계는 금융 위기, 변동이 심한 자본 흐름, 다른 국가의 공격적인 무역 정책, 불평등한 경쟁 등에 취약하며, 따라서 국가가 자국의 경제 상황을 통제하는 데는 한계가 있다.[36]

유럽연합 회원국은 자국 기관의 정책적인 독립성을 어느 정도 잃을 수 있는 반면에 이런 공통 구조, 표준, 규칙, 협정을 통해 외부 압력으로부터 보호를 받고 국내 정책을 결정할 때 선택지가 많아지며 자원을 더 많이 확보할 수 있다.[37] 이뿐만 아니라 외부 경제나 기업이 유럽연합(5억 인구의 풍부한 시장)과 무역하려면 일반적으로 모든 회원국이 발언권을 가진 유럽연합에서 정한 규칙을 수용해야 한다. 이는 유럽연합으로 수출하는 기업은 유럽연합의 기준을 충족해야 하며, 그 결과 유럽연합이 다양한 지역에서 세계적인 규칙을 형성한다는 의미인데, 이를 일컬어 '브뤼셀 효과Brussels effect'라고 한다.[38]

국민투표를 실시할 무렵 영국과 EU 단일 시장의 교역이 영국의 상품 및 서비스 수출 총액에서 차지하는 비율은 약 44퍼센트였다.[39] 영국이 EU의 역내에 있든 역외에 있든 상관없이 이 단일 시장에 제품을 판매하려면 모든 수출업체가 EU 규칙과 규정을 준수해야 한다. 이 문제는 브렉시트 이후 북아일랜드와 EU와의 관계에 대한 특별 지위를 협상하는 과정에서도 핵심 요소가 되었다. 성聖금요일 협정과 EU 회원국인 아일랜드 공화국과의 국경 간 협력에 대한 약속을 준수하는 것이 관건이었다. 영국은 아일랜드와의 관계와 대對 EU 수출 확대를 협상하는 과정에 '브뤼셀 효과'를 경험하면서 EU 규정과 표준에서 완전히 벗어나기가 어렵다는 사실을 깨달았다.[40] 테레사 메이 총리 본인도 국민투표를 실시하기 전에 마지막으로 현실을 점검할 때 탈퇴 협상이 "우리나라의 의사가 반영되지 않는 EU 규정을 받아들여야 한다는 뜻일 수 있다"고 언급한 바 있다.[41]

EU 회원국의 경우 EU 전체부터 각 국가와 지역에 이르기까지 다양한 계층의 정부가 주권을 공유한다. EU는 여러모로 주권에 대한 독특한 실험이며 유럽의 여러 민족국가는 기존의 국가 주권에 도전하는 방식으로 서로에게 자국의 운명을 걸었다.[42] 이 실험에 참여하지 않은 유럽 국가는 세계화의 변동에 더 취약해질 수 있다.

브렉시트 이후 영국은 EU의 구속에서 어느 정도 벗어났을지 모른다. 반면에 이제 유럽 단일 시장의 보호를 받지 못하는 상태에서 영국의 경제적·정치적 결정은 강대국, 국부펀드, 헤지펀드 운용사, 국제기구, 중앙은행, 투자 펀드, 기업 로비, 자산운용사, 그리고 글로벌 기업의 결정과 요구에 더 취약해졌다.[43] 투기 금융계에서도 이 시나리오를 놓칠 리 없다. 이 분야에서는 (헤지펀드, 사모펀드, 부동산 펀드에 금융 규제를 부과한) 대체투자펀드 운용지침 같은 EU 규제를 오래전부터 달가워하지 않았다. 추산에 따르면 이 운용지침 때문에 특정 펀드의 운영 비용이 매년 약 5퍼센트씩 증가했다.[44]

EU 탈퇴 캠페인에 자금을 제공한 5대 인물 가운데 피터 하그리브스(하그리브스 랜스다운), 제러미 호스킹(마라톤 자산 관리), 크리스핀 오데이(오데이 자산 관리)라는 세 명의 인물이 투기 금융계 출신이라는 것은 우연이 아니다.[45] 외환 거래 회사 CMC 마켓스의 설립자 피터 크루다스와 금융 스프레드 베팅 회사 IG 인덱스의 설립자 스튜어트 휠러는 커밍스로부터 "'탈퇴에 투표를' 캠페인의 보기 드문 두 영웅"으로 평가받았다.[46] (강경파 브렉시트 지지자이자 보수당 의원인 제이콥 리스-모그가 공동 설립하고 공동 소유한) 서머싯캐피탈매니지먼트 LLP[47] 처럼 신흥 시장에 관심을 갖고 투자 포트폴리오를 구성하는 이들에게 영국의 EU 탈퇴란 '밑져야 본전'이었다.[48]

EU를 탈퇴했지만 영국은 여전히 약 700개 국제 조약의 조인국이며, 이런 조약에서는 영향력이 확대되는 대가로 독립과 주권의 일부 요소를 양보하고 있다.[49] 영국이 가입한 국제기구 가운데 세계무역기구WTO는 브렉시트 관련 논쟁에서 중요한 화두였다. 혹자는 EU와의 무역을 WTO 관세체제로 전환하는 것을 '깔끔하게 결별한' 브렉시트라고 표현하기도 했다. 그러나 WTO는 본질적으로 선출로 이루어진 권위기관Unelected authority이 아니며, 관련 협정의 이행과 관리, 운영을 감독함으로써 국제 무역을 규제한다. 회원국은, 설령 WTO의 판결에 동의하지 않더라도, 그 판결에 따른 제재 조치를 의무적으로 이행해야 한다.[50]

외부 금융 기관과 조직에 의존하는 것은, 영국이 EU에 가입하기 전에 한때 익숙한 시나리오였다. 1970년대에 당시 유럽공동체EC에 가입하려고 거듭 시도한 것은 여러모로 자국 내 경제가 취약했기 때문이었다. 2017년 《파이낸셜 타임즈》에 실린 한 기사에서는 그 시기를 다음과 같이 요약했다.

1940년대 중반부터 1970년대 중반까지 영국은 국제통화기금IMF

> 자원을 가장 많이 이용한 국가였다. …… 제2차 세계대전이 영국에게 남긴 것은 막대한 부채와 브레튼우즈 체제에서 유지하기 어려운 초기 환율이었다. 이뿐만 아니라 파운드 잔고, 즉 파운드 통용 지역에서 무역 자금을 조달하기 위해 사용하는 민간 해외 통화 보유금도 문제였다. 환율이 약세일 때 보유자들이 파운드를 매도하자 통화 하락이 가속화되었다.[51]

1970년대 유권자들이 유럽경제공동체 가입을 환영한 이유 중 하나는 당시 국가 경제가 통화 투기와 IMF 구제 금융에 좌지우지되었기 때문이다. 이 현상은 특히 잉글랜드에서 두드러졌는데, 잉글랜드는 스코틀랜드, 웨일스, 북아일랜드에 비해 1975년에 실시한 가입 확정 국민투표에서 EC 가입에 찬성하는 유권자의 비율이 높았다.

40여 년이 흐른 뒤에 영국의 EU 잔류에 관한 두 번째 '가입-탈퇴' 국민투표가 실시되었다. 국민투표를 앞두고 영국에서 가장 유명하고 카리스마 넘치는 두 보수당 정치인, 즉 마이클 고브Michael Gove와 보리스 존슨이 '탈퇴에 투표를' 캠페인을 주도했다. 이 캠페인은 유럽에 대한 반감이 높아지는 상황을 매우 효과적으로 이용했다.[52] 존슨과 고브의 표현에 따르면 EU에서 탈퇴한 영국은 EU의 규칙과 규제에 얽매이지 않고 세계 다른 지역과 자유롭게 무역협정을 체결하며, EU 예산 분담금으로 나가던 돈을 국민보건서비스NHS에 주당 3억 5,000만 파운드를 투입할 수 있었다. 이주에 대한 두려움을 조장하고 튀르키예가 곧 EU에 가입할 것이라는 근거 없는 소문을 퍼뜨린 것도 이 캠페인이었다.53 도미닉 커밍스는 이 캠페인이 거둔 성공을 되짚어보면서 고브와 존슨이 "튀르키예/NHS/3억 5,000만 파운드'라고 적힌 야구 방망이"를 집어 들지 않았다면 '탈퇴에 투표를' 캠페인은 결코 승리할 수 없었을 것이라고 말했다.54

'통제권을 되찾자'라는 구호 아래 이상화된 주권의 이미지가 되살아났다. 단 이 구호가 효과를 거두려면 전문가를 폄하해야 했고 불편한 사실과 진실을 모른 척해야만 했다. '탈퇴에 투표를' 캠페인의 공동 의장이었던 고브는 바로 이 전략을 효율적으로 이용했다. 한 텔레비전 대담에서 영국의 EU 탈퇴를 지지하는 경제학자의 이름을 하나도 대지 못했을 때 그가 "우리나라 사람들은 전문가들에게 질릴 대로 질렸다"고 둘러댄 것이 대표적이다.55 국민투표가 끝나고 한참 지난 2019년 10월, 당시 영국 재무장관이었던 사지드 자비드는 브렉시트에는 "스프레드시트나 영향 평가서" 이상의 것이 있다고 단언했다.56 그는 데이터, 사실, 조사, 이유에 의존하기보다는 당시 정부가 제시한 브렉시트 합의안이 "자명하게 우리에게 경제적으로 이익"이라고 주장했다.57 주권의 신화가 현실을 이기고 말았다.

국민투표가 다가오자, 일부 영국 언론은 영광스러운 주권 회복 가능성을 떠들썩하게 보도했다. 타블로이드 신문 《더 선》은 국민투표 전날 "EU를 탈퇴하면 주권을 구할 수 있다"라는 헤드라인을 내걸었다. 그 기사의 공동 필자인 당시 보수당 유럽의회의원MEP의 다니엘 해넌은 이렇게 설명했다. "영국의 가장 큰 수출품이자 인류 행복을 위한 우리의 가장 큰 공헌은 의회 민주주의다. 하지만 여기 영국에서 우

매주 3억 5,000만 파운드(현재 원화로 약 6,500억 원)를 EU에 주는 대신에 영국의 국민보건서비스에 쓰자는 슬로건이 적힌 EU 탈퇴 캠페인 버스. 영국 정치권은 EU 탈퇴를 주권 독립, 자치권 회복이라는 말로 국민들을 설득했다.

리는 그것을 잃고 있다. …… 영국은 EU에 주권을 잃었다."[58] 국민투표가 실시되기 며칠 전 《텔레그래프》 신문의 한 기사 또한 다음과 같이 주장했다. "본질적으로 브렉시트 투표의 핵심은 의회의 주권이다. 나머지는 모두 잡음이다." 이 기사는 이어서 국민투표가 "이 나라의 완전한 자치권을 회복할 것인지, 아니면 계속해서 더 높은 초국가적 체제하에서 살 것인지"에 대한 "본질적인 선택"이라고 주장했다.[59] 그러나 2019년 존슨은 의회의 주권을 회복하기보다는 브렉시트 법안을 강압적으로 통과시킬 목적으로 의회를 사실상 정회 즉, 의회 활동을 사실상 연기시키려고 시도했다. 당시 대법원은 이를 재빨리 불법이라고 판결했고, 이 결정은 브렉시트를 지지하는 언론으로부터 조롱을 받았다. 아이러니하게도 주권 국가인 영국 의회에 가장 큰 위협을 가한 건 EU가 아니라 정부 행정부와 일부 영국 언론이었다.[60]

또한 이 문제에 관해, 선출된 대표들의 의사 결정 권한을 의회가 국민투표에 양도했다는 점에서 국민투표는 그 자체로 의회 주권을 위협하는 것이었다.[61] 게다가 영국 의회에 주권을 되돌려주려는 시도는 20년 전에 진작 시작했어야 마땅했다. 1973년 영국이 유럽공동체에 가입한 이후 의회의 정치적·법적 권한이 이양되면서 스코틀랜드, 웨일스, 북아일랜드에 새로운 위임 행정부가 탄생했고, 그 결과 유일하고 배타적인 영토 주권을 의회가 소유하는 문제는 더 복잡해졌다.[62] 게다가 스코틀랜드와 북아일랜드의 대다수가 EU 잔류에 투표함으로써 상황은 한층 더 복잡해졌다. 그런 한편으로 2021년 북아일랜드의 정서가 도입됨에 따라 북아일랜드와 영국이 거래하는 상품에 대해 아일랜드해를 가로지르는 경계선이 적용되었다.[63]

국민투표가 실시되기 전 버락 오바마 전 미국 대통령이 영국은 무역 협상에서 "후순위에 있을 것"이라고 말했을 때, EU 대신 미국에 주력하면서 주권을 되살리려 했던 영국의 기대는 물거품이 되었다. 오바마의 후임자인 도널드 트럼프는 영국과의 "매우 큰 규모의 무역 거래"를 약속했지만, 트럼프의 상무부 장관 윌버 로스Wilbur Ross는 이 거래가 성사되려면 영국이 특정 식품 기준을 고집해서는 안 될 것이라고 경고했다. 트럼프는 또한 브렉시트 이후 이뤄지는 모든 무역 협상에서 NHS를 "논의 대상으로 삼아야 한다"고 주장했다.(트럼프는 NHS를 미국 의료 및 의약품의 영국 수출에 걸림돌이 되는 제도로 인식했다 — 옮긴이) 이 NHS는 '나는 왜 영국인이라는 것이 자랑스러운가?'에 대한 최근 영국 여론조사에서 가장 높은 순위를 차지한 영국의 보건의료 서비스다.[64] 캐나다와의 무역 협상도 못지않게 녹록지 않았고 2024년 초에 결국 결렬되었다.[65] 캐나다는 영국 유제품 수출업체와 자동차 제조업체의 캐나다 시장 진출에 대한 특혜 연장을 거부하면서 호르몬제로 처리된 캐나다산 소고기를 영국에 수출하는 건에서는 양보를 요구했기 때문이었다.[66]

앞으로 많은 양보가 기다리고 있으니 이 같은 대규모 북아메리카 경제권과의 거래는 아직 요원해 보인다. 자신이 아일랜드계 혈통이라는 사실을 자주 언급하는 조 바이든 미국 대통령은 성(聖)금요일 평화협정이 보호되지 않는다면 영미 무역 협정을 지지하지 않겠다고 으름장을 놓았다.[67] 교착 상태의 무역 협정뿐만 아니라 EU를 상대로 새롭게 처리해야 할 국경 검문 문제와 서류 작업은 영국의 새로운 '주권' 시대를 대표하는 상징이 되었다. 통제권을 되찾는다는 신화의 이면에는 유럽연합에서 탈퇴했다고 해서 영국 내부의 주권이 외부에 있었을 때보다 더 완전해지지 않았다는 현실이 존재했다. 주권은 어쩌면 강화되기는커녕 약화되었을지 모른다.

유럽의 다른 지역에서는 이와 다른 현상이 나타났다. 우크라이나의 볼로디미르 젤렌스키 대통령은 러시아의 침공을 받고 닷새가 지난 2022년 2월에 EU 가입을 신청했다. 전문가들은 EU에 가입하려는 우크라이나의 핵심 의도를 두고 "한낱 러시아 세계의 일부가 아니라 …… 독립적이고 자주적인 유럽 국가가 되는 것"이라고 언급했다.[68]

다른 사람들은 우크라이나에 EU 후보국의 지위를 부여한 것이 "우크라이나의 주권 수호 의지와 유럽의 일원이 되고 싶다는 열망에 대한 인정"이라고 지적했다.[69] 영국이 주권을 회복하고자 EU를 탈퇴한 지 불과 2년 뒤에 조지아와 몰도바 또한 러시아의 침공을 받고 공식적으로 EU 가입을 신청했고, 이를 통해 이들 국가의 주권과 안보가 EU 가입이라는 우선순위에 어떤 식으로 융합되는지 알 수 있었다.[70]

앞으로 언젠가 유럽연합이 자신들의 기준에 맞게 우크라이나의 법과 규정을 변경하라고 강요한다면 젤렌스키는 좌절감을 느낄지 모른다. 그러나 그는 주권이란 불가분할 수 없는 것이 아니라 특정한 사정이나 상황, 순간에 따라 상대적인 것이며, 누구에게 의존하고 싶은지와 관련된 정치적 선택이라는 사실을 누구보다 잘 알고 있다. 브렉시트 논쟁에는 이런 미묘한 차이가 간과되었다. 특정한 의사 결정권은 EU로부터 되찾을 수 있지만, 이 가운데 일부는 결국 해외의 펀드 매니저, 다국적 기업의 CEO, 캐나다의 농민, 워싱턴의 산업 로비스트, 그리고 스위스의 WTO 관료에게 이양된다는 사실은 '통제권을 되찾자'라는 구호가 미처 전달하지 못한 것이었다.

국민투표가 실시되기 몇 달 전 당시 총리였던 데이비드 캐머런 David Cameron은 주권의 '환상'을 좇는 위험성에 대해 경고했다. 캐머런은 EU가 유럽의 영국 기업을 지원하고 유럽 파트너 국가들이 범죄자 및 테러리스트에 대한 국경 정보를 공유하며 불공정 무역 관행이 발생할 때 분쟁 해결 메커니즘을 이용할 수 있도록 해준다고 주장했다. 이러한 것들이 국가 주권을 침해할지 모르지만, 캐머런은 이렇게 묻는다. "만일 영국이 EU를 탈퇴한다면 여러분은 주권을 가지고 있다고 느낄지 모릅니다. 하지만 스스로 이렇게 물어야 합니다. '이게 진짜일까?'…… 여러분은 주권에 대한 환상을 가지고 있지만 여러분에게 권력은 없습니다. 통제권은 없습니다."[71]

캐머런은 어쩌면 그런 강력하고 설득력 있는 주권이라는 신화의 힘을 보고 놀랐을 것이다. 그 신화는 라이브 뉴스 피드, 트윗, 소셜 미디어를 장악하며 현실을 덮어버렸다. '통제권을 되찾자'는 의제는 불가능한 것을 반복적으로 호소했다. 그것은 바로 국가적, 초국가적, 국제적 규범과 규정, 협정의 네트워크로부터 어떤 식으로든 벗어날 수 있다는 순수한 국가 주권의 이상화된 본질이었다.[72] 존 메이저John Major 전 보수당 총리는 이를 좀 더 직설적으로 표현했다. "100퍼센트 순수한 주권을 원한다면 북한으로 가라."[73] 하지만 북한마저도 중국의 외부 지원에 의존하고 있으니, 메이저의 말 또한 반쪽짜리 진실에 불과하다. 궁극적으로 모든 국가의 국가 주권은 대외 관계와 상황에 따라 좌우되며, 상호 연결된 디지털 시대에는 더더욱 그렇다.

세계에서 가장 세계화되고 연결된 국가로 손꼽히는 영국에서 '통제권을 되찾자'는 의제는 혼란스러운 현실에서 주권의 신화를 이끌어내겠다는 불가능한 일을 약속했다. 주권의 망상에 사로잡힌 브렉시트의 설계자들이 간과한 것은, 국가 주권이 결코 절대적이지 않을 뿐더러 제국에서 군벌에 이르기까지, 그리고 주변 강대국의 영향력에서 종교적 권위의 지배력에 이르기까지, 언제나 경쟁 세력과 공존해왔다는 사실이다. 오늘날 다국적 기업의 국경을 초월한 이해관계, 자본 시장과 국제 금융의 변동성, 강력한 동맹국과 적국의 변덕, 초국가적 기관의 부상, 그리고 심지어 초국가적 범죄 네트워크의 활동 등 세계화의 현대적 특징으로 말미암아, 국가 주권은 점점 약화되고 재구성된다.[74] 절대 주권은 언제나 어느 한 국가의 통제권을 넘어 손이 닿지 않는 곳에 존재한다. 비르 타윌의 황량한 사막, 남극의 펭귄 무리, 온라인 커뮤니티, 몰타 주권 기사단의 생체인식 여권, 브렉시트의 지난한 과정 등 주권은 어디에나 존재하는 동시에 어디에도 존재하지 않는다. 이들 사례는 제각기 21세기에 세계를 상상하고, 통치하고, 조직하는 지배적인 방식에 근본적인 도전을 제기한다.

우리가 이미 제국과 최고 통치자의 신성함과 같은 개념을 제거했듯이 언젠가 우리가 지금 인식하는 주권이라는 개념을 상상 속에서 몰아낼지도 모른다. 그리고 만일 '주권' 국가를 구분하는 장벽을 허물 수 있다면, 더 공정하고 지속가능하며 평등하게 세상을 조직할 방법을 찾을 수 있을까? 남극의 펭귄들은 이미 우리 시대보다 앞서 탈脫주권 세계에 살고 있는 것이 아닐까? 주권이라는 정교한 환상을 불러일으킨 우리의 생생한 지리적 상상력이 더 나은 세상을 창조하는 방향으로 전환될 수 있을까? 존 레논이 '이매진'에서 노래했듯이, 나는 어쩌면 몽상가일지 모른다. 하지만 나만 그런 건 아니다.

----- 5장 -----

GDP
부, 건강, 아니면 행복?

최근 몇 년 동안 일본은 사실상 장기간 제로 성장에 직면했다고 알려져 있었다. 하지만 일본을 직접 방문해보면, 제자리걸음과 하락을 거듭하는 제로 성장 국가라는 사실을 믿기 어렵다. 어쩌면 세계 최고의 기술 전문성이나[1] 평균 기대 수명 등 다른 순위에서 상위권을 차지한 일본의 모습에 충격을 받게 될지도 모른다.[2]

많은 일본인이 장수하는 것은 경제 성장 이외의 요인과 밀접한 관계가 있다. 그 가운데 한 가지가 식습관이다. 일본인은 녹차나 해조류처럼 항산화제가 풍부한 슈퍼푸드를 즐겨 먹으며, 지방이 많은 붉은 고기는 인기가 점점 높아지고는 있지만, 여전히 덜 먹는다. 또한 오메가-3가 풍부한 기름진 생선을 자주 먹는 식습관은 일본인의 장수 비결로 꼽히기도 한다. 건강에 좋은 음식 중에는 비타민과 미네랄뿐만 아니라 항산화 물질이 풍부하고 오돌토돌한 오이 모양의 채소도 있다. 오키나와 열도에서 고야Goya라고 부르는 이 채소가 전국적으로 인기를 얻으면서, 5월 8일을 고야를 기념하는 날로 정하기도 했다.[3]

"오키나와 사람들은 죽음을 거부한다"는 말이 나올 만큼 고야는 유난히 기대 수명을 늘리는 핵심 식품으로 꼽힌다. 오키나와 사람들은 심장병, 암, 치매 발병률이 낮고, 100세까지 생존할 확률이 다른 지역의 일본인보다 40퍼센트나 높다.[4] 건강한 식습관 외에도 활발한 사회생활과 '삶의 목적의식'이라는 의미의 '이키가이ikigai'를 중요하게 여긴 덕분에 오키나와는 세계 5대 장수 지역으로 선정되었다.[5]

내셔널 지오그래픽이 후원한 한 연구는 오키나와 외에 이탈리아의 사르데냐Sardinia, 미국 캘리포니아의 로마린다Loma Linda, 코스타리카의 니코야Nicoya, 그리스의 이카리아Ikaria 등 네 곳의 '블루존Blue Zones'을 선정했다. 이 다섯 지역은 전 세계에서 100세 인구 비율이 가장 높다. 오키나와에는 세계 최장수 여성이 가장 많고 사르데냐에는 최장수 남성이 가장 많다. 사르데냐에서는 규칙적인 운동, 채식 위주 식단, 플라보노이드가 풍부한 현지 포도주를 이따금 마시는 것이 장수의 요인으로 언급되었다. 재림교회 공동체로 알려진 로마린다 지역은 주민의 수명이 평균 미국인보다 10년이 길다. 성경에서 영감을 얻은, 재림교회 교인들의 완전 채식 식단에는 잎채소, 견과류, 콩류가 포함되어 있고 매주 안식일에 묵상과 성찰의 시간을 갖는다. 니코야 사람은 미국인보다 90세까지 생존할 확률이 두 배 이상 높다. 가공식품은 거의 먹지 않고 항산화 성분이 풍부한 열대 과일을 많이 먹는다. 또한 지중해의 이카리아섬에서는 건강한 식습관과 생활 방식 덕분에 주민들이 미국인보다 8년 정도 오래 살고 암 발생률은 20퍼센트 낮다. 심장병 발병률은 미국인의 절반 수준이며 치매 환자가 거의 없다.[6]

이들 '블루존'의 건강 지표는 자국 내의 다른 지역뿐만 아니라 전 세계 다른 지역보다 월등히 높아서 공중보건정책계획의 중요한 참고 자료가 되었다. 그러나 이들 지역은 전통적인 발전 및 진보 지표를 기준으로 평가하면 점수가 그리 높지 않다는 공통점을 보인다. 오키나와는 일본에서 가장 가난한 현이고, 그리스의 북에게해 지역에 있는 이카리아는 1인당 국내총생산 즉, GDP Gross Domestic Product가 그리스에서 가장 낮으며, 사르데냐는 1인당 GDP가 이탈리아 전 지역 가운데 하위 3분의 1에 속한다.[7] 코스타리카의 1인당 GDP는 12,506달러로 미국의 69,288달러에 비해 아주 낮다.[8] 그리고 로마린다시는 가구 소득과 1인당 평균 소득이 미국 평균보다 낮은 한편 빈곤율은 평균보다 높다.[9]

이런 사례에서 알 수 있듯이, 지역사회의 성공을 오로지 경제 성장률과 GDP(세계은행의 정의에 따르면 "해당 국가에 거주하는 모든 사람이 생산한 부가가치에서 상품 가치에 포함되지 않은 보조금을 뺀 값")로 평가한다면 세계에서 가장 오랫동안 살기 좋은 일부 지역이 누락될 수 있다는 점에서 심각한 오해를 일으킬 수 있다.[10]

행복을 측정할 수 있다는 오만

돈벌이보다 더 중요한 게 있다는 사실을 깨달은 또 다른 지역으로, 고립된 산속에 위치한 왕국 부탄이 있다. '천둥 용의 땅'이라는 의미로 알려진 부탄은 2000년대 후반에 민주적인 정권 교체를 거쳐 절대 군주제에서 입헌 군주제로 바뀌었다. 이 나라의 산악 지대에서 흔히 볼 수 있는 웅장한 불교 사원은 깎아 지른 듯한 절벽에 매달려 중력에 저항하는 것처럼 보인다. 선명한 노란색과 주황색으로 나뉜 국기에는 정교하게 그려진 무시무시한 용이 날카로운 발톱으로 보석을 움켜쥐고 있다. 부탄은 웅장한 히말라야 풍경, 안개 낀 계곡, 외딴 마을로 구성된 나라로, 이런 지형들이 남쪽으로는 서벵골과 아삼Assam의 평야에서 모습을 드러내고 북쪽으로는 가장 높은 봉우리와 산길들이 티베트와 중국에 접하고 있다.

부탄은 인도와 중국 사이에 위치하면서도 수 세기 동안 독립을 유지했으며 지금도 독특한 발전 경로를 따라 그 나라만의 실험을 계속하고 있다. 이를테면 1999년까지 텔레비전을 금지하고 엄청난 금액의 관광 요금을 부과해 방문객 수를 관리하며 이웃 국가 네팔이 겪고 있는 급격한 개발과 환경 파괴를 피하고자 다양한 방법을 시도했다. 부탄의 마을을 방문하면 마치 시간을 거슬러 올라간 듯한 기분이 든다. 전기가 갓 들어온 지역이 있는가 하면 산허리를 가로질러 신작로가 뚫려서 몇몇 마을을 이제 막 연결하고 있다. 농촌의 가장 인상적인 한 가지 전통은 털이 수북한 고환과 사정하는 모습이 완벽하게 묘사된 남근 그림으로 집을 장식하는 것이다. 동네 건달의 장난이 아니라 재능 있는 현지 예술가들의 작품인 이런 그림은 다산의 힘을 기리고 악귀를 쫓는다는 의미를 담고 있다. 그런 상징 또한 부탄이 행복한 나라라는 의미를 전달한다. 연구에서 밝혀졌듯이 성생활이 행복과 안녕감의 중요한 부분일 수 있으니 말이다.[11]

부탄에서는 행복을 대단히 중요하게 생각한다. 1970년대에 부탄의 4대 국왕인 지그메 싱예 왕추크Jigme Singye Wangchuck는 최초로 국민총행복 즉, GNHGross National Happiness이라는 개념을 제시했다. 이후 몇 년에 걸쳐 이 개념은 국민의 집단적 행복과 안녕감을 측정하는 지표로 자리 잡았다. 2008년에는 부탄 헌법 제9조 2항에 GNH 증진을 위한 여건을 조성하자는 목표가 명시되었다.[12]

하지만 부탄은 여전히 가난한 나라다. 동화 같은 마을의 삶에서는 농촌의 빈곤함이 언뜻언뜻 드러나고 지방에는 일자리가 부족하다. 남성과 여성의 전통적인 역할은 변하지 않았다. 마을 사람들이 사는 집의 거주 공간 아래에는 대개 자동차가 아니라 가축들이 있다. 가축들과의 근접성 때문에 행복은 벼룩과 바퀴벌레에 대한 내성에 달려있을 수 있다. 약 10만 명에 이르는 롯샴파족(주로 부탄의 남부 저지대에 거주하며 네팔어를 사용하는 소수민족) 또한 GNH 지수에 반영되지 않는다. 부탄 정부는 1970년대 후반부터 이 집단을 정치·경제·문화적으로 배제하는 차별 조치를 점진적으로 도입했다. 1992년까지 부탄 경찰과 군대의 차별, 대대적인 시민권 박탈, 폭력, 학대를 피해 수만 명이 탈출했고, 일부는 강제 추방당해, 10만 명이 넘는 사람이 네팔의 난민

캠프에 등록되었다.¹³ 부탄 정부가 강제로 이주시킨 난민들의 불행과 잃어버린 세월은 오늘날 복지와 행복을 중시하는 부탄의 모습과는 뚜렷하게 대비된다.

난민의 대다수는 유엔을 통해 미국, 호주, 노르웨이¹⁴ 등 제3국에 재정착했고 부탄의 2015년 국민행복지수 조사에서는 그들의 흔적을 찾아볼 수 없다. 이 조사에서 '불행하다', '약간 행복하다', '대체로 행복하다', '매우 행복하다'고 답한 사람은 각각 약 10퍼센트, 49퍼센트, 33퍼센트, 8퍼센트로 나타났다. 남성이 여성보다, 도시 거주자가 농촌 거주자보다, 교육 수준이 높은 사람이 교육 수준이 낮은 사람보다 더 행복하다고 답했다.¹⁵ 코로나19 팬데믹 이후 발표된 최신 지수에 따르면 2015~2022년에 주택, 소득, 학교 교육, 서비스, 문해력 등이 개선됨에 따라 GNH가 높아졌다. 그러나 건강을 유지한 기간, 문화 및 정치 참여, 정신 건강 등 일부 지표는 낮아졌다.¹⁶

부탄의 GNH는 심리적 안녕감, 건강, 시간 활용, 교육, 문화적 다양성과 회복력, 통치, 공동체 활성화, 생태계의 다양성과 회복력, 생활 수준 등 9가지 영역으로 구성되며,¹⁷ 33개의 지표를 이용해 이 9가지 영역을 평가한다. 예컨대 문화적 다양성과 회복력은 '조리그 추섬 Zorig Chusum(자수, 가죽공예, 그림 그리기 등의 공예 기술)'이 있는지를 기준으로 평가되고, 전통적인 관습, 예절, 행동을 뜻하는 '드리글람 남자 Driglam Namzha'뿐만 아니라 사회 및 문화 활동에 참여한 일수, 현지 방언의 구사 능력으로 입증된다. 정부가 정한 다양한 기준에 따라 행복을 평가하며 각 지표에는 주마다 다른 가중치가 부여된다. 예를 들면 길쌈이

힘들고 지루하다고 생각하더라도, 길쌈에 능숙하다면 전체 지수에 추가된다. 혹은 어떤 사람이 전통 의상을 입는 걸 싫어하고 마을 축제를 두려워할지라도, 그 축제에 참석하기만 한다면 GNH에 반영된다.

행복처럼 주관적인 요소를 정량화하기는 어려우나, GDP에 반영되지 않는 진보를 평가하는 것이 중요하다는 인식이 확대됨에 따라 유엔 지속가능발전해법네트워크에서 세계행복보고서를 발표하기에 이르렀다. 이 보고서는 2012년부터 매년 일련의 설문조사를 통해 세계 대부분 지역의 행복 상태를 평가했다.[18] 2019년 세계행복보고서에서 부탄은 156개국 가운데 95위를 차지했다.[19] 순위는 상대적으로 낮아도 GDP에 비하면 행복도에서 여전히 높은 성적을 거둔

부탄의 여러 마을에서 열리는 전통 축제에서 무용수들이 가면을 쓰고 전통 의상을 갖춰 입고 춤을 추고 있다. 어떤 사람이 전통 의상을 입는 걸 싫어하고 어떤 마을 축제를 두려워할지라도, 그 축제에 참석하기만 한다면 그 지역의 '행복 지수'에 반영된다.

다. 2019년 세계은행에서는 부탄의 경제 순위를 203점 만점에 174점으로 평가했다. 세계은행 순위에서 2위는 GDP가 부탄의 5,851배인 중국이 차지했다.[20] 1인당 기준으로도 중국의 GDP는 부탄보다 약 35퍼센트 더 높았다.[21] 그러나 2019년 세계행복보고서에서 중국은 93위로, 부탄보다 순위가 살짝 높을 뿐이다. 행복 철학을 지침으로 삼는 부탄에게 95위라는 순위는 그리 인상적이지 않을 수 있다. 하지만 중국의 사례로 판단하건대 국가가 크게 부유해지고 경제가 급성장해도 행복을 쉽게 사지는 못한다.

GDP, 수치에 부여된 특권

미국에서 행복이라는 개념은 정치 문화에 내포되어 있다. 미국 독립선언서는 두 번째 문단에서 "삶, 자유 및 행복 추구"에 대한 권리를 선언한다. 그러나 미국은 세계은행의 GDP 순위에서 최상위권에 속하는 반면, 2019년 세계행복보고서에서는 19위에 그쳤다. 행복도 1위의 나라는 2019년 1인당 GDP가 미국보다 약 1만 4,000달러 적은 핀란드였다.[22]

이처럼 GDP와 행복이 일치하지 않는데도 우리가 사는 세계의 정부들은 행복이 아닌 경제 성장을 절대적으로 신봉한다. GDP는 좀처럼 의문을 제기하지 않는 당연한 개념, 즉 전 세계 모든 국가의 발전과 지위를 나타내는 대명사가 되었다. GDP라는 신화는 수치에 특권을 부여하는 것이다. 우리는 이 수치에 많은 의미를 부여하지만 실상 그것은 우리와 세계의 상태에 대해 알려주는 바가 거의 없다. GDP에 대한 이러한 의심이 낯설지만은 않다. 1968년 3월 당시 미국의 대통령 후보이자 암살당한 존 F. 케네디 대통령의 동생이었던 로버트 케네디는 캔자스대학교 연설에서 다음과 같이 단언했다.

> 너무 많이, 너무 오랫동안, 우리는 물질을 축적하면서 개인의 우수성과 공동체의 가치를 포기한 것 같습니다. …… 국민총생산은 대기 오염과 담배 광고, 그리고 고속도로에서 주검을 치우는 구급차를 계산에 넣습니다.
> 그것은 우리집의 문을 잠그는 특수 자물쇠와 이를 부수는 사람들을 위한 감옥을 셈에 넣습니다.
> 무분별한 개발로 파괴되는 삼나무숲과 사라지는 우리의 경이로운 자연을 셈에 넣습니다.
> 그것은 네이팜탄을 계산하고 핵탄두와 우리 도시의 폭동을 진압하기 위한 무장 경찰 차량을 계산합니다.[23]

케네디는 GDP가 우리 아이들의 건강이나 교육의 질에 대해서는 아무것도 알려줄 수 없으며, 기관이나 공무원의 청렴도를 나타내는 지표도 아니라고 주장했다. 그는 GDP가 "삶을 가치 있게 만드는 것을 제외한" 모든 것을 측정한다고 말했다. "그것은 우리가 미국인임을 자랑스러워하는 이유를 제외하고, 미국에 관해 모든 걸 말해줄

수 있다."²⁴

이는 우리 삶에 해로운 활동들도 GDP 수치에 포함된다는 점에서 더 높은 GDP를 추구하다 보면 환경 파괴를 억제하거나 신뢰와 협력, 공동체를 구축하는 등 더 나은 세상을 만들 동기가 없어진다는 뜻으로 해석된다. 그럼에도 GDP라는 수치는 여전히 경외와 감탄을 불러일으킨다. 미국 상무부에 따르면 GDP는 "20세기 최고의 발명품이다."²⁵ 이 글을 쓰던 날, 헤드라인을 잠깐 검색한 결과에서도 그 위력이 확인되었다. 《더 오스트리안》 신문은 "호주 GDP 성장률이 여전히 선진 경제를 선도하고 있다"고 의기양양하게 단언했다.²⁶ 《USA 투데이》는 "목요일 아침 2분기 GDP 발표: 진정으로, 전반에 걸쳐 끔찍한 수치를 보게 될 것"이라는 기사를 실었다.²⁷ 그리고 투자 잡지 《포트폴리오 어드바이저》는 "5월 GDP가 '고작' 1.8퍼센트 상승함에 따라 V자형 회복에 대한 희망이 꺾였다"는 제목으로 영국의 현황을 요약했다.²⁸

2018년 아일랜드의 재무 및 공공지출 개혁부 장관인 파스칼 도노후Paschal Donohoe는 《아이리시 타임스》의 한 기사에서 GDP가 정책에 미치는 영향을 설명했다. 도노후가 밝혔듯이, 2016년 7월 그는 공공 부문의 임금 인상 요구에 대처하느라 바빴다. 임금에 관한 정부 정책을 정당화하기 위한 일련의 언론 대담이 시작되기 직전에 GDP가 전년 대비 26퍼센트 성장했다는 뉴스가 발표되었다. 언론 대담을 위해 준비한 '자원은 한정되어 있으니 더 시급한 문제에 집중해야 한다'는 서사를 급히 바꾸어야 할 필요성이 발생한 것이다. 그러나 이렇게

GDP가 급상승한 것은, 몇몇 외국 기업이 아일랜드로 본사를 옮겨 아일랜드 기업 부문의 가치에 반영된 결과였다. 이는 법인세가 상대적으로 낮은 아일랜드가 (인수합병 후에 납세지를 바꾸는) '세금 바꿔치기'에 적합한 인기 지역으로 부상한 덕분이었다. 2015년에는 리스업계에 의해 아일랜드로 수입하는 항공기의 수가 급증하면서 이런 현상에 힘을 보탰다. 도노후는 아일랜드의 경제 흐름이 언제든지 뒤바뀔 수 있기 때문에 이를 토대로 장기적인 결정을 내릴 수 없다고 주장하며 다음과 같이 말했다. "이번 일은 경제 성장이나 하락을 측정하는 일이 얼마나 어렵고 복잡한 작업인지 개인적으로 생생하게 실감하게 되는 계기가 되었다."[29] 도노후가 본 바로는 GDP 수치는 오해의 소지가 있었고 모든 사람이 주장하는 것만큼 아일랜드는 부유하지 않았다.

성장지상주의GDPism 즉, 언제나 GDP의 급속한 성장을 국가의 최우선 순위로 삼아야 한다는 믿음은 1978년 중국 공산주의 통치자들이 경제를 개방한 이후 그 나라의 정책 입안자들을 완전히 사로잡았다. 그것은 중국의 개발 목표를 달성하기 위한 경로이자 공산주의 통치의 정당성을 대표하는 상징이 되었다.[30] 이후 해마다 8퍼센트의 GDP 성장률을 지키고 유지한다는 구호가 공식적인 수사修辭와 정책의 핵심으로 자리 잡았다. 이 구호는 중국을 통치한 덩샤오핑 시대(1978~1989)에 필수적인 발전 지침으로 여겨졌다.[31]

사회적 안정을 유지하고 해마다 고용 시장에 진입하는 수천만 명의 노동자를 위한 일자리를 창출하려면 그런 성장률이 반드시 필요했다.[32] 성장지상주의는 경제와 사회를 관리하기 위한 중국 공산당 활동의 지침으로 자리 잡았다. 당 지도부와 지방 정부 공무원들은 8퍼센트 GDP 성장률을 기준으로 고속철도에서 공항, 콘서트홀에 이르기까지 자신들의 지역 성장률을 끌어올리는 도시 개발 프로젝트를 앞다투어 발표했다. 이 같은 일종의 '경진 대회'를 통해 지방 공무원들의 업무 수행이 평가되고 보상이 제공되었다.[33]

일부 영악한 지방 공무원들은 또한 중앙에서 정한 GDP 목표를 초과 달성하는 데 효과적인 전략을 개발했다. 이를테면 도시 외곽의 농촌 빈곤층을 강제로 혹은 제대로 보상도 없이 이주시킨 다음 그 땅을 개발업체와 산업계에 매각하는 식이었다. 물 빠진 논과 사람들이 떠난 자리에 공장 건물과 아파트 단지가 들어서면서 성장률은 쑥쑥 올라갔다. 이렇게 해서 그들은 자신들의 부를 축적하는 동시에 공산당의 신임을 얻을 수 있었다.[34] 이 모든 것은 1992~2011년 동안 중국이 매년 약 10퍼센트라는 놀라운 GDP 성장률을 기록하는 데 도움을 주었다. 하지만 2012년 8퍼센트였던 성장률은 코로나19 팬데믹이 시작되던 2020년 무렵에 6퍼센트로 하락했고, 이후 2021년 반등할 때까지 매년 하락을 거듭했다.[35]

1990~2000년대 급격한 경제 성장의 부작용으로 대기 오염, 하천 오염, 토양 고갈, 천연자원의 감소, 지역사회와 문화유산의 급속한 파괴가 발생했으나 이 모든 것은 GDP 계산에 반영되지 않았다. 오히려 아파트와 공장을 짓기 위해 대대로 물려받은 자연경관을 불도저로 밀어버리는 일이 합리적이라고 여겨졌다. GDP 성장에 걸림돌이 될 수 있는 환경 보호 법안을 권장하지 않는 것과 똑같은 맥락에서, 환경

중국 동부 장쑤성 롄윈강의 고층 건물들이 스모그에 휩싸여 있다. 대기 오염은 중국의 급격한 경제 개발 여파로 발생했지만 국민총생산은 아무런 보상을 해주지 않는다.

을 오염시켜도 GDP에 반영이 된다는 이유에서 정화작업이 장려됐다. 녹지 공간이 신체적·정신적 건강에 제공하는 어마어마한 혜택은 GDP를 계산할 때는 아무런 가치를 더하지 않는다. 차라리 녹지 공간을 파괴해 제철소를 짓는 편이 더 높은 점수를 딴다.[36]

2020년 7월, 당시 영국 총리 보리스 존슨은 일자리 창출에 관한 연설에서 성장지상주의의 논리를 그대로 따랐다. 그는 "야생동물 규정 때문에 주택 건설에 차질이 생기고 있다"고 말하면서 다음과 같이 주장했다. "도룡뇽 개체수 조사에 걸리는 시간이 이 나라의 발전에 큰 걸림돌이 되고 있다." 이 연설에 대응해 야생동물 보호 단체 와일드라이프 트러스트The Wildlife Trusts의 CEO 크레이그 베넷Craig Bennett은 "완전히 소설을 쓰고 있다"면서 다음과 같이 응수했다. "도롱뇽을 거론하는 게 우습게 들릴지 모르지만, 사실 그건 환경 보호에 물타기를 하고 싶어 하는 자기 당의 우파에게 개 호루라기(인간에게 크게 들리지 않으나 개들에게는 큰 소리로 들리는 주파수의 호루라기로, 사회과학 분야에서는 특정 집단만 알아차릴 수 있는 특징이나 언어를 뜻한다 — 옮긴이)를 부는 것이다."[37] 맑은 물, 깨끗한 공기, 푸르른 공간 등 도롱뇽에게 좋은 것은 대체로 인간에게도 좋다. 그러나 GDP는 이런 사소한 것에는 관심이 없고 대신 '경제를 망치는 것이라면 그 무엇도 하면 안 된다'는 정설을 강화한다.[38] 설령 그것이 소박한 볏이 달린 도롱뇽 종과 영원히 작별을 고하는 것이라도 말이다. 비록 우리의 미래가 GDP에 달려 있다고 해도, 허울만 좋은 경제 성장이냐 서식지와 다양성을 잃을 것이냐는 우리가 선택할 수 있다. 전문가들은 생물 다양성의 감소와 인간이 유발한 기후변화의 위협을 개별적으로 분리해서 해결할 수 없다고 강조한다. 그만큼 올바른 선택을 내리는 일이 무엇보다 시급하다. "모 아니면 도다."[39]

재난도 GDP를 상승시킨다?!

경제라는 개념과 마찬가지로 GDP는 현대에 이르러 창안된 개념이다. 산업화가 시작되기 전에 농업 경제는 대체로 정적이었고, 산업혁

명이 아니었다면 인류 사회가 해마다 경제적 산출량을 늘리는 것은 불가능했다.[40] GDP라는 개념이 만들어지면서 경제와 그 성장을 정의하고 측정하려는 공동의 노력이 시작되었다.[41] GDP는 1930년대에 사이먼 쿠즈네츠Simon Kuznets가 고안한 개념이다. 벨라루스 출신의 망명자인 쿠즈네츠는 그가 일했던 미국 상무부로부터 일련의 국민 소득 계정을 개발하라는 지시를 받았다. 1942년에 이르러서야 연간 GDP 추정치가 처음 발표되었다.[42] 쿠즈네츠는 원래의 공식을 만들면서 어떤 해로운 활동도 계산에 포함해서는 안 된다고 주장했다. 그는 불법 활동, 사회적으로 해로운 산업, 그리고 대부분의 정부 지출은 제외시킬 것을 제안했다. 하지만 쿠즈네츠의 뜻은 받아들여지지 않았다.[43] 그 대신 경제 발전을 판단하는 계산에 모든 경제 활동이 포함되었고, 그 결과 오늘날 이런 활동에는 범죄 수익을 합법적인 것처럼 꾸미는 런던 은행의 돈세탁 과정, 부당 이득으로 취한 돈으로 사치품을 구매하는 소수 지배층의 과소비, 경찰, 변호사, 범죄자를 수용하는 교도소와 관련된 지출 등이 포함된다. GDP 측면에서 보면 범죄 또한 경제 발전에 기여하는 셈이다.[44]

은행이 상당한 위험을 감수하고 다른 사람의 돈을 대량으로 투자하는 카지노 뱅킹 또한 1990~2000년대 GDP에 큰 영향을 끼쳤다.[45] 은행은 복잡한 자산과 부채 묶음을 서로 사고팔면서 수익을 급증시켰고 이 가운데 가장 악명 높은 것이 상환 가능성이 거의 없는 채권을 팔았던 '서브프라임' 모기지였다. 2009년 금융 위기가 일어나기 이전 10년 동안 영국 금융 서비스 분야(6%)는 영국 전체 경제(3%)보다 두 배 이상 빠르게 성장했다.[46] 이처럼 GDP가 급상승하던 시절, 정부와 은행계는 급증하는 압류 주택과 빈 주택을 짐짓 못 본 척했고, 이는 결국 글로벌 금융 시스템을 붕괴시켰다.

심지어 재난도 GDP 수치를 올리는 데 도움이 된다. 2010년 루이지애나 해안에서 오일회사 BP의 석유 굴착 장치가 폭발해 11명이 사망하고 300만 배럴의 원유가 걸프만에 유출되었는데, 이때 사고를 수습하는 데 쓰인 돈 덕분에 GDP는 오히려 상승했다.[47] GDP의 논리에 따르면 의료 시스템을 민영화하고, 가장 고가의 약을 처방하고, 엑스레이를 되도록 많이 찍고, 기회가 있을 때마다 병원을 상대로 소송을 제기하는 것이 더 생산적이다. 또한 다른 사람에게 돈을 지불하기만 한다면 노인을 요양원에 보내거나 어린아이를 유치원에 맡기는 편이 GDP 측면에서 더 낫다. 여성은 흔히 무급으로 사람을 돌보고 무료로 자녀를 양육하기 때문에 그들의 가치는 GDP에서 지속적으로 저평가 되었다. 사랑하는 사람을 돌보는 것과 같이 자발적인 선의로 제공하는 무급 노동은 사실상 GDP 측면에서 아무런 가치가 없다.[48]

또한 GDP는 전체 경제 분야에 지출되는 금액을 결정한다. 예를 들어, 나토NATO는 회원국에게 국방비 지출을 GDP의 2퍼센트로 설정할 것을 권고한다. 국가들이 분배하는 국제 원조금의 규모는 GDP에 따라 결정되며, 따라서 경제 성장률이 떨어지면 지원 프로그램이 축소될 수 있다.[49] GDP 수치가 발표되면 국가의 투자 등급뿐만 아니라 차관 금리가 영향을 받는다.

GDP는 불과 1930년대에 만들어졌지만, 누군가 그것이 이미 수 세기 동안 존재했다고 생각한다 해도 탓할 수 없을 것이다. 2020년 영국 중앙은행은 영국이 300년 만에 최악의 경기 침체에 돌입할 것이라고 경고했다. 그리고 코로나19 팬데믹으로 타격을 입은 2020년 상반기에 GDP가 약 30퍼센트 떨어질 거라고 예상하면서, 이는 1709년의 '대혹한' 이후 가장 빠르고 심각한 경기 침체라고 밝혔다.[50] 경기 침체의 규모뿐만 아니라 GDP가 만들어지기 200여 년 전 앤 여왕 통치기의 GDP 수치까지 꽤 정확한 것처럼 들먹인다는 점을 고려할 때 영국 중앙은행의 '가상 시나리오'는 주목할 만하다.

GDP 수치의 또 다른 특징은 그것이 항상 부정확하다는 점이다. 설문조사와 추정치는 수십 년 동안 더욱 정교해졌지만, 경제 또한 서비스 의존도와 복잡성, 글로벌화, 상호 연결성이 높아졌다. 자동차 회사든 기술 회사든 상관없이 GDP로는 개별 경제에 대한 다국적 기업의 기여도를 정확하게 파악하기가 어렵다. 한 기업이 한 국가에 본사를 둔 채로 제2의 국가에서 부품을 제조하고, 제3의 국가에서 조립하고, 제4의 국가에서 판매하고, 제5의 국가에서 세금을 납부한다면 이 일련의 활동을 어느 국가의 GDP에 귀속시켜야 할 것인가?[51]

아마존, 구글, 페이스북 같은 기업의 경우, 현행 GDP 수치로는 디지털 서비스의 가치를 정확하게 파악할 수 없다.[52] 이런 인터넷 현상은 GDP 측면에서 수십억, 수백억 달러의 가치가 있지만, (무료로 이용할 수 있는 인류 지식의 총람인) 위키피디아의 가치는 정확히 제로로 평가된다.[53]

비공식 활동이 경제의 많은 부분을 차지하는 국가에서 GDP 수치가 정확하다는 주장은 점점 환상처럼 보인다. 인도에서 비공식 부문에 고용된 노동 인구는 전체의 90퍼센트 이상으로 추정되며, 공식 통계에서는 비공식 경제 활동이 국가 GDP에 어느 정도 공헌하는지를 단지 추측할 뿐이다. 이런 활동을 포착하고자 위성 사진에 나타나는 야간 조명의 강도 같은 방법으로 GDP를 추정하는 방법이 동원되었다.[54] 세계은행, IMF, 연방준비은행의 연구를 포함해 경제 문헌에서 야간 조명의 밝기를 기반으로 한 자료의 인기가 점점 높아지고 있지만 최근 한 학술 논문에서는 조명과 GDP 간의 관계가 불확실하다는 몇 가지 근거를 강조했다. 이 논문의 저자는 측정 오류, 민주주의의 정도, 정부 기관의 효율성, 비즈니스 환경, 개발 수준, 경제 구조, 도시화, 지리가 모두 야간 조명과 GDP의 관계에 상당한 영향을 미칠 수 있다는 사실을 발견했다.[55]

예컨대 가나나 인도처럼 식민 열강으로부터 독립한 직후 GDP를 도입한 국가의 경우, GDP는 농민 중심 경제를 설명하기에 적합한 수치가 아니다. 하지만 그것은 국가라는 지위에 붙여지는 일종의 배지였다.[56] 이 신화적 수치는 '진보의 척도' 즉, 국가의 성패를 결정하는 본질로 여겨지게 되었다. GDP는 국가 경제의 순위를 통해 독특한 방식으로 인간의 행동과 행위를 형성하고 영향을 미친다. 그것은 목표를 향한 노력과 해를 끼치는 행위를 동등하게 평가한다. 또한, 우리의 가장 큰 자산을 평가절하하고, 우리가 지속가능한 방식으로 행동하는 것을 방해하면서 성장을 통해 누가 득을 보는지에 관해서는 거의 말해주지 않는다.[57]

세계 최고의 갑부이자 아마존의 창립자 겸 회장, 전 대표, CEO인 제프 베이조스의 추정 재산은 2020년 여름을 기준으로 1,890억 달러였다. 이는 "그의 이 어마어마한 재산은 헝가리, 우크라이나, 카타르의 GDP를 초라하게 만든다."[58] 블룸버그 억만장자 지수에 따르면 그의 재산은 미국 GDP의 0.855퍼센트에 해당하며, 베이조스의 고향인 뉴멕시코와 전 미국 대통령 조 바이든의 고향인 델라웨어의 GDP를 합친 것보다 많다.[59] 그의 순자산은 미국 중간 가계 소득의 266만 478배에 이른다.[60] 하지만 GDP의 면에서 보면 이 같은 극단적인 불평등은 중요하지 않다. 베이조스에게 이로운 성장은 GDP에도 이로웠다. 미국에서는 1970년대 중반 이후 불평등이 눈에 띄게 심화되었는데, 랜드연구소RAND Corporation의 두 경제학자에 따르면, 제2차 세계대전 이후 30년간 유지되었던 낮은 수준의 과세 소득 불평등이 이후에도 계속 유지되었더라면, 현재 미국의 중간 소득은 지금보다 두 배 이상 높았을 것이라고 분석한다. 그러나 불평등이 점점 심화되면서, 1975년부터 2018년까지 상위 1퍼센트의 고소득자들이 하위 90퍼센트로부터 총 47조 달러를 앗아간 셈이라고 계산했다. 이는 1945년부터 1974년까지 유지되었던 낮은 소득 불평등 수준이 변함없이 지속되었을 경우와 비교한 결과다.[61] 이런 현실은 깔끔한 GDP 수치에는 전혀 드러나지 않는다. GDP는 경제 성장의 형태가 어떠하든, 즉 부가 광범위하게 창출되든 극히 편향된 방식으로 일부 초부유층에게만 집중되든, 그 차이를 구분하지 않고 동일하게 측정하고 똑같은 가치로 평가하기 때문이다.[62]

사람들은 GDP에 거의 의문을 제기하지 않지만, 이 개념은 우리가 정치적·사회적으로 의사 결정하는 데 아주 많은 영향을 끼친다. 경제 성장 덕분에 수백만 명이 빈곤에서 벗어나고 삶의 질과 기대 수명이 제고되었다는 것은 의심의 여지가 없다. 그러나 GDP는 애초에 측정하려 했던 범위를 훨씬 벗어나는 더 큰 의미를 지니게 되었다. 우리가 GDP에만 초점을 맞추다가 경제가 얼마나 불평등하게 성장했는지를 놓친 것은 아닐까? 이처럼 성장을 숭배하는 것이 우리 시대의 과제를 해결하는 일과 점점 무관지는 것은 아닐까? 우리가 GDP에 집착하는 바람에 GDP가 '천연자원의 고갈과 황폐화'를 전혀 감안하지 않는다는 사실을 잊고 지금껏 지구에 가해지고 있는 피해에 눈감아 왔던 것은 아닐까?[63] 어떻게 해서 우리는 모든 것을 돈으로 환산할 수 있다는 생각에 홀린 것일까?[64] 그리고 근시안적으로 GDP를 따름으로써 성장에 분명한 한계가 있다는 사실을 보지 못한 것일까?[65]

일부 전문가가 경고했듯이, "현재 선진국들이 번영을 누리는 것은 (에너지원, 어족 자원, 표토, 산림 같은) 환경 자본을 마치 은행 잔고처럼 소진했기 때문이다."[66] 그러나 이 자본이 완전히 사라질 수도 있다. 지난 20년 동안, 과거 개발도상국이었던 나라에서 부유한 중산층이 출현해 계속 성장하면서 주로 소비의 주체가 되었다. 기술 개발과 혁신은 지금껏 소비를 줄이기보다는 소비를 늘리는 데만 관여했다.[67]

과거 사회는 환경 문제를 예측하지 못하거나 심지어 인식하지 못함으로써 붕괴의 길로 접어들었다. 이로 말미암아 이해가 서로 충돌하는데, 그러면 일부 구성원이 본인에게만 유리하고 공동체에는 불리한 목표에 매달릴 수 있다. 그렇게 해서 몇몇 경우에는 이스터섬, 북유럽 그린란드, 핏케언섬Pitcairn Island, 아메리카 마야 문명처럼 사회 전체가 멸망하기도 했다.[68] 오늘날의 기후 위기는 전 세계를 위험에 빠트렸고, GDP를 끊임없이 좇는 바람에 더욱 심화되었다. 대기 및 해수 온도가 높아지고 해수면이 상승해 전 인류의 운명이 위태로워졌으며, 생물 다양성은 급감하고 자연환경은 고갈되고, 파괴되고, 오염되었다. GDP가 발전의 지표가 아니라 파멸의 척도인 것은 아닐까? GDP 수치는 상승하는데, 우리는 왜 가라앉고 있는 걸까?

경제 성장'만' 추구하지 않는 방식

지속가능성이 없는 경제 성장으로 발생한 불평등, 오염, 환경 파괴에 대한 반향으로, 경제 활동으로부터 부정적 영향을 분리하는 '디커플링'이 시급하고 범세계적으로 필요하다는 공감대가 형성되고 있다.[69] 2008년 금융 위기가 일어나기 이전에도 주요 거시경제학자들은 대부분 선진국의 1인당 GDP 성장이 침체되는 현상을 지적했으며, 21세기 내내 이 추세가 계속될 거라고 내다보았다.[70] 경제학자 디트리히 볼래스Dietrich Vollrath는 성장 둔화가 반드시 재앙의 징후는 아니고 오히려 성공의 신호일 수 있다고 주장했다. 또한 이 같은 성장 둔화는 20세기 동안 출산율이 하락하고 소비가 재화에서 서비스로 이동한 결과라고 지적한다.[71]

의류에서 컴퓨터에 이르기까지 상품의 생산 효율이 높아져 가격이 하락했고, 그 결과 가처분소득이 증가함으로써 교육, 의료, 여행 같은 서비스에 많은 돈을 쓸 수 있게 되었다. 전반적인 임금 상승과 피임 기술의 발전을 통해 결혼해서 가정을 꾸리겠다는 결정을 미룰 수 있는 여건이 조성되었을 뿐만 아니라, 교육의 기회와 여성이 진출할 수 있는 일자리가 증가함에 따라 출산율이 떨어졌다. 볼라트가 결론 지었듯이, 인구 증가의 둔화와 마찬가지로 성장 둔화 역시 "잘된 일, 우리가 결코 포기하고 싶지 않은 일"로 말미암아 일어난 것이다.[72]

그러나 성장 둔화는 정부의 높은 부채 부담, 경제적 기회와 고용의 감소, 공공 서비스 자원의 감소, 불평등 심화, 자유 시장과 민주주의에 대한 신뢰 감소 등 여러 가지 새로운 도전 과제를 낳는다. 한정된 자원을 놓고 경쟁이 심화되면서 대중의 인기에 영합하고 불화를 조장하는 정체성 정치가 판을 치는 한편 가족, 정신 건강, 개인 금융, 사회적 신뢰에 가해지는 압박이 가중될 수 있다.[73] 일부 국가는 연금 프로그램의 자금 조달 방식을 재설계함으로써 성장만을 추구하는 경제에 대한 의존도를 낮추어야 할 것이다.[74] 이미 이런 난제들이 우리의 코앞에 닥쳤고[75] 많은 선진국이 계속 GDP만을 좇으면 지구의 건강과 안녕에 재앙이 닥칠 수 있다는 딜레마에 빠졌다. 하지만 국가의 경제가 성장하지 않으면 경제적·사회적 복지에 심각한 악영향을 미칠 수 있다.

앞서 언급했듯이 GDP를 가장 열렬히 추종하는 중국에서조차 폐기물, 환경 파괴, 사회적 부조화를 적용하면 '중국이 발표한 GDP

가운데 약 3분의 1이 허상'이라는 인식이 서서히 고개를 들고 있다.[76] 이런 주장을 내놓은 사람은 고위 경제학자이자 중국 정부 고문인 니우 웬위안Niu Wenyuan이다. 그는 2000년대 초반 환경 비용을 고려한 '녹색 GDP'를 도입하려다가 실패했으나 이후 'GDP 질적 지수GDP quality index'로 후속 연구를 진행했다. 이 지수는 2011년 규모뿐만 아니라 지속가능성, 사회적 평등, 생태적 영향을 기준으로 경제를 측정할 목적으로 출범했다. 그러나 두 제안 모두 특히 지방 지도층으로부터 거센 비판을 받았는데, 이는 그들이 환경에 미치는 피해가 낱낱이 밝혀짐으로써 자신들이 성취한 GDP가 폄하되고 승진 가능성이 줄어들까 봐 두려웠기 때문이다.[77] 그럼에도 공식적인 차원에서는 변화가 일어났고, 2014년부터 70개가 넘는 도시와 지방에서 공무원 성과 지표의 우선순위가 GDP에서 환경 보호와 빈곤 감소로 변경되었다. 2014년 여름, 시진핑 주석은 심지어 당 간부들에게 "이제 단순히 GDP 성장률만으로 누가 영웅인지를 가려낼 수 없다"고 말했다.[78]

서구에서도 GDP를 더 폭넓은 시각으로 인식하기 시작했다. 2008년 초반 세계 금융 위기가 발생하기 직전에 당시 프랑스 니콜라 사르코지 대통령은 다음과 같이 말했다. "경제 성과를 측정하는 방식을 바꾸지 않는 한 우리는 행동을 바꾸지 않을 겁니다. 우리는 데이터를 숭배하는 집단을 구축했고 이제 그 안에 갇혀 있습니다." 사르코지는 한 국제전문위원회에 행복을 측정하는 다른 방법을 모색하도록 의뢰했으며, 그들의 보고서에서는 사회적 연계, 정치 제도 등 주관적 지표의 중요성을 강조했다.[79] 미국 메릴랜드 주에서는 자연 자산의 평가절하, 여가 시간의 상실, 의료보험, 보안, 법률 서비스, 자녀 양육비 지출 같은 부정적인 영향을 경제 활동에서 제외하는 '진정한 진보 지수Genuine Progress Index'가 만들어졌다. 캐나다는 사람들이 무엇에 가치를 두는지에 대한 설문조사를 실시하고, 조사 결과 밝혀진 다양한 경제적·사회적·환경적 요인을 반영해 웰빙 지수를 수립했다.[80]

더욱 파격적인 행보로, 최근 몇 년 동안 선진국들이 제로 또는 마이너스 GDP 성장을 수용해야 한다는 '탈脫성장' 운동까지 등장했다. 이 운동은 상품 생산과 소비의 속도가 빠를수록 환경이 더 많이 훼손된다는 생각을 전제로 하며 따라서 지구의 생명 유지 시스템을 구하려면 세계 경제의 발전 속도를 늦출 필요가 있다고 본다.[81] 기후 운동가 그레타 툰베리Greta Thunberg는 "영원한 경제 성장이라는 동화"에 반대했다. 2019년 노벨 경제학상의 공동 수상자인 아비지트 바네르지Abhijit Banerjee와 에스더 듀플로Esther Duflo는, 특히 공평하게 분배되지 않는다면, GDP가 인간의 복지 향상과 필연적인 상관관계가 있는 것은 아니라고 지적했다.[82]

저성장에 대처하기 위한 아이디어로는, 국민에게 보편적 기본 소득을 제공하는 방안, 일자리 보장 및 일자리 공유, 최대 소득 한도의 도입, 공공 서비스 확대, 생태 파괴적인 산업 및 관행을 더 강력하게 규제하는 방안 등이 제시되고 있다.[83] EU의 유럽 환경청EEA은 2021년에 발표한 보고서에서 경제 성장이 "문화적·정치적·제도적으로 뿌리 깊이 내렸기" 때문에 현재 계속되는 지속 불가능한 경제 성장의 궤도에서 벗어나려면 진보에 대한 사회적 개념을 근본적으로

재고하고 재구성해야 한다고 밝혔다.[84]

　세계 최고 수준의 행복지수를 달성한 핀란드의 경우, GDP로 측정한 물질적 부의 수준은 스칸디나비아 이웃 국가를 포함한 세계 최고 선진국보다 낮다.[85] 그러나 핀란드의 성공은 행복·안정성·언론 신뢰도 등 모든 국제 지표에서 여실히 드러난다. 그런 한편《핀토피아 Finntopia》 같은 책에서는 핀란드를 세계의 모범이라고 칭송하면서 오늘날 핀란드는 "우리가 가장 만족하는 상황, 바꾸어 말하면 서로를 배려하고 경쟁하지 않으며, 각자 매우 비슷한 가치를 인정받고, 누구도 크게 추켜세우거나 깎아내리지 않는 환경을 가장 훌륭하게 재현하는, 지구상에서 몇 안 되는 나라"라고 말한다. 핀란드는 소득 불평등이 상대적으로 낮은 수준이지만, 핀란드의 정계는 최근 수십 년 동안 보편적으로 이용할 수 있는 양질의 공교육, 의료 보험, 주택 지원, 재정 보장에 초점을 맞췄다. 이는 부유층에서 빈곤층으로 전락하거나 두 계층이 분열되는 비효율적인 사회적 변화보다는 전체 공동체의 이익을 보장하기 위해서다.[86]

　최근 핀란드는 보편적 기본소득에 대한 대규모 실험을 진행했다. 2017~2018년에 실시한 이 실험에서 무작위로 선정된 실직자 2,000명은 한 달에 560유로를 받았다. 기본소득을 받은 사람들의 구직 가능성이 대조군보다 높아지지는 않았지만, 실험 참가자들은 안녕감이 커지고 스트레스가 줄었으며 전반적으로 행복감을 느낀다고 보고했다.[87] 또한 보편적 기본소득을 통해 국민들의 선택 가능한 폭이 넓어질 수 있다. 예를 들어, 무급 자원봉사를 위한 시간과 자원을 얻고, 임금은 더 적어도 더 보람찬 일자리를 찾고, 더 많은 여가를 즐길 수 있다. 보편적 기본소득의 장점에 대한 논쟁은 계속되고 있지만, 핀란드의 사례가 보여주듯이 아무리 열심히 일하고 돈을 많이 번다고 해도 행복은 돈으로 살 수 없는 것 같다.[88]

전 세계 선진국 가운데 일본은 최저 성장률을 몇 차례 기록했다. 2008년, 2009년, 2011년에 일본 경제가 위축되자 정책 입안자들은 이런 추세를 뒤집고자 바쁘게 뛰어다녔다. 그러나 세계의 다른 선진국 역시 1990년대에 일본에서 시작된 성장 둔화와 인구 고령화 패턴을 따라가고 있는 모양새다.[89] 일본처럼 침체한 경제가 얼마나 많은 부채를 감당할 수 있을지에 대한 의문은 여전히 남아 있으나[90] 일본은 어쩌면 환자인 동시에 선구자일지 모른다. 일본은 부의 분배 측면에서 세계에서 가장 평등한 주요 경제국이고 상위 1퍼센트의 부유층에 집중된 부의 비중이 가장 낮다.[91] 기대 수명, 실업률, 공동체 응집력, 생활 수준, 범죄, 의료 서비스 측면에서도 일본은 다른 선진국에 비해 양호하다.[92]

핀란드, 일본, 부탄 가운데 모든 지표에서 성공한 나라는 없지만, 이들은 제각기 GDP 신화 너머의 대안을 제시한다. 이런 사례를 통해 우리는 우리의 부, 건강, 후생과는 거의 무관한 숫자를 왜 그토록 추종하는지 스스로 묻게 된다. GDP로 우리의 가치를 측정하는 것은 정상적이지도, 바람직하지도, 불가피한 것도 아니다. 1968년 로버트 케네디가 말했듯이 GDP는 "우리의 재치, 용기, 지혜, 학식, 연민 가운데 그 어떤 것도 측정하지 못한다."[93] 반세기가 지난 지금, 우리는 삶에 진정한 가치를 선사하는 것들에 우리의 믿음을 되돌릴 시간을 얼마 가지지 못했을 수도 있다.

MYTHS OF GEOGRAPHY

3부

신화는 여전히
계속된다

6장

러시아
푸틴은 어떻게 레반시즘에 사로잡혔나?[1]

러시아에는 전쟁이 존재하지 않는다. 2022년 2월 블라디미르 푸틴이 우크라이나의 저항을 무력화하고자 민간인을 표적으로 삼고 도시를 폭격하며 유혈 침공을 개시했지만, 러시아에서 이를 전쟁이라고 부르는 것은 금지되어 있다. 대신 그것은 '특수 작전'이라고 일컬어지며, 세르게이 라브로프 Sergey Lavrov 러시아 외무장관은 침공을 시작하고 나서 몇 주 동안 러시아가 우크라이나를 공격한 일조차 없다고 덤덤한 표정으로 말했다.[2] 러시아에서는 (국가 선전용 거짓말을 제외하고) 전쟁에 대한 진실을 보도하면 최대 15년의 징역형에 처해진다. 비판적인 서방 언론과 소셜 미디어에 대한 접근은 차단되었다.[3] 그럼에도 많은 러시아인이 침략에 항의하고자 거리로 나왔고, 결국 체포되었다. 그냥 빈 팻말을 들었다가 구금된 사람들도 있었다.[4] 이런 탄압을 계기로 한동안 크렘린궁에서 웅크리고 갇혀 있던 야수가 드러났다. 러시아의 반체제 작가 블라디미르 소로킨Vladimir Sorokin은 다음과 같이 설명했다.

> 2월 24일, 지난 20년간 블라디미르 푸틴을 두르고 있던 '개화된 독재자'라는 갑옷이 쩍쩍 갈라져 너덜너덜해졌다. 온 세계가 욕망에 사로잡혀 날뛰고, 결정을 내릴 때는 인정사정 보지 않는 괴물을 목도했다. 이 괴물은 그동안 자신의 절대적인 권위, 제국의 침략, 서구 민주주의에 대한 증오, 그리고 소련의 몰락으로 싹튼 분노가 조장한 악의에 절은 채 해마다 힘을 기르며 차츰 몸집을 키워왔다.[5]

소로킨은 이 글에서 16세기 이반 뇌제의 집권기 이후 모든 러시아 지도자가 앉았던 부패한 권좌의 영향력을 묘사했다. 그는 J. R. R. 톨킨의 《반지의 제왕》과 더불어 이 책에서 마법 반지로 상징되는 '권력이란 지나치게 오랫동안 그것을 가까이하는 모든 사람을 타락시키고, 왜곡하고, 파괴할 수 있다'는 경고문구를 인용했다. 소로킨에게 푸틴은 한때 유쾌한 성격의 소유자이자 민주주의와 법치에 대해 진정성 있게 이야기하며 심지어 권력 장악이라는 개념까지 비난하는 것처럼 보이던 인물이었다. 그가 권력의 노예가 되기 전까지는 그랬다.[6]

소로킨은 푸틴의 변화가 '사악하고 불길한' 무언가로 가득한 그의 외모에서 역력하게 드러난다고 말한다.[7] 푸틴 대통령 집권기에 러시아 대통령직은 법, 의회, 국민의 견제로부터 벗어났다. 그의 체제하에서 권력은 완벽하게 푸틴의 소유가 되었다. 푸틴이 4년간의 총리직을 마치고 대통령으로 복귀한 2012년 봄부터 민주화나 권력 포기에 대한 욕구는 흔적도 없이 깡그리 사라졌다. 민주화나 권력 포기는 다름 아닌 푸틴 자신의 종말을 의미하기 때문이었다. 언론인과 정적들이 암살되면서 푸틴의 유일한 목표는 권력 유지가 되었다. 권력은 그에게 사사로운 부를 축적하고, 기소를 피하고, 심지어 살아남기 위한 수단이다. 자신만의 악명 높은 역사를 써 내려간 푸틴은 한때 '러시아 세계'를 통합하기를 꿈꾸었으나, 이제 그런 사람으로 기억되지는 않을 것이다.[8] 대신 그는 질식할 것 같은 부패와 기만의 거미줄로 칭칭 감겨 있는 불안하고 위협적인 인물의 모습을 하고 있다.

우크라이나 침공은 푸틴주의의 민낯을 드러냈지만, 그런 한편으로 러시아가 끊임없이 땅을 수탈하는 강대국이라는 오래된 이야기를 되뇌이는 듯하다. 러시아 팽창주의의 신화에서 우크라이나 침공은 이반 뇌제가 가동한 거침없는 영토 확장의 최신 버전이었을 뿐이다. 이 팽창은 러시아를 차르의 나라에서 제국으로, 그리고 모스크바 대공국과 발트해에서 알래스카와 태평양으로 이끌었다. 100여 년 전 러시아 제국 말기에 당대 최고의 미국 해군 전략가였던 해군 소장 앨프리드 세이어 머핸 Alfred Thayer Mahan은 팽창주의 러시아를 이런 관점으로 이해했다. 1905년 그는 러시아 제국에 겨울에도 얼지 않고 일 년 내내 선

박이 드나들 수 있는 부동항이 "반드시 필요"하다고 주장했다.[9]

머핸은 그의 분석에서 현대 러시아 해군을 창설한 표트르 대제(1672~1725)의 유언과 마지막 유서에 주목했다.[10] 열네 개 항목으로 구성된 이 문서에서는 러시아의 팽창주의적 욕구가 사방팔방으로 나열되어 있었으며, 2014년 러시아가 크림반도를 합병한 이후 다시 수면 위로 떠올랐다. 팀 마샬Tim Marshall은 지정학에 관한 자신의 베스트셀러《지리의 힘Prisoners of Geography》에서 다음과 같이 설명한다.

> 이처럼 대양으로 직접 접근할 수 있는 부동항이 없다는 사실은 언제나 러시아의 아킬레스건이었다. …… 표트르 대제가 1725년 후손들에게 유언을 남기며 "콘스탄티노플과 인도에 최대한 가까이 접근하라"고 조언한 것은 충분히 이해할 만하다. "누구든 그곳을 통치하는 자가 진정한 세계의 지배자가 될 것이다. …… 최대한 멀리 페르시아만까지 침투하고 최대한 멀리 인도까지 진출하라."[11]

지난 200년에 걸친 러시아의 행보를 설명할 때 표트르 대제의 유서가 자주 인용되었다. 하지만 안타깝게도 이 유서는 악명 높은 위조 문서다. 1812년 실패로 끝난 러시아 침공을 정당화하려던 나폴레옹의 명에 따라 반反러시아 선전물이 제작되었는데, 이때 유서가 처음 등장했다.[12] 1836년에는 유서 전문이 프랑스어로 발행되었고, 이후 러시아와 크림 전쟁(1853~1856)을 치르는 동안 영국과 프랑스에서 널리 유포되었다. 나폴레옹 3세는 심지어 이 문서의 사본을 프랑

1877년에 제작된 위 지도에서 러시아 제국은 모든 방향으로 팔을 뻗어 주변국을 위협하는 문어로 묘사됐다.

스 전역의 건물에 게시하라고 명령했다. 1877~1878년 러시아-튀르크 전쟁 중에 유서가 영어로 재인쇄되면서 이 이야기가 부활했으며, 1914년 제1차 세계대전 중에 독일에서 재등장했다가 제2차 세계대전 중에 다시 널리 유포되었다. 소련 정부가 총력을 기울여 그게 위조라는 사실을 강조하는 와중에도, 어쩔 수 없이 그것은 몇 년 후 냉전기에 미국에서 다시 등장하게 되었다.[13]

널리 반향을 일으키긴 했지만, 이 유서는 표트르 1세가 사망한 지 거의 한 세기가 지난 후 폴란드 장군 미하엘 소콜니키 Michal Sokolnicki에 의해 조작된 것으로 보인다. 소콜니키는 상트페테르부르크의 성

베드로와 성 폴 요새에서 예카테리나 대제의 명에 따라 투옥되었다가 이후 프랑스로 이주해 프랑스 혁명 군대에 가담했다.[14] 이 위조 유서에 대한 한 학술적 연구가 결론지었듯이, 동서양의 긴장이 새롭게 고조되는 순간마다 그 "위조 유서가 속담에 나오는 나쁜 동전처럼 다시 등장한다."(나쁜 일은 항상 반복된다는 뜻으로 쓰이는 '나쁜 동전은 항상 다시 돌아온다'는 속담의 일부를 인용한 말 — 옮긴이)[15] 마샬은 그의 책에서 이 유서가 단지 표트르 대제의 것으로 "추정될" 뿐이며 "정치적 목적으로 작성되었을 가능성이 있다"라고 인정하면서도 부동항에 대한 러시아의 꺾이지 않는 열망을 설명할 때면 그 유서를 계속 이용했다.[16] 조작된 유서가 지속적으로 힘을 발휘하는 이유는 러시아의 위협적인 과거, 현재, 미래를 설명하는 데 기가 막히게 들어맞기 때문인 듯하다. 이런 관점은 워싱턴, 런던, 파리에서 오랫동안 영향력을 행사했고, 러시아의 힘이 언젠가는 육상은 물론이고 해상까지 확장될지 모른다는 우려와 딱 들어맞는다.

러시아는 '부동항'을 원한다는 거짓말

20세기 초반 영국의 제국주의자이자 정치가 겸 지리학자인 해퍼드 매킨더 경은 (1장에서 이미 소개한 인물로, 현재 옥스퍼드대학교[17]에 그의 이름을 딴 지리학 교수직이 있음) 대영제국의 패권과 해상 권력에 도전하는 신흥 유라시아 강국의 위협에 맞닥뜨리자 깊은 고민에 빠졌다. 그는 누가 되었든 간에 유라시아(즉, 그가 일컬었던 '중추 지역' 또는 '심장부')의 지배자가 심각한 위협 요소라고 여겼다. 시베리아 횡단 철도가 개통되기 불과 몇 달 전인 1904년 런던 왕립지리학회에서 열린 한 유명한 강연에서 매킨더는 러시아의 철도가 유라시아 자원 개발을 어떻게 시작할지를 개략적으로 설명했다. 매킨더에게 이것은 영국의 상선과 해군이 대영제국을 위해 바다를 지배하러 나섰을 때와 똑같이 중요한 의미가 있었다. 매킨더가 생각하기에는, 누가 되었든 간에 유라시아를 지배하는 자는 "함대 구축을 위해 방대한 대륙 자원을 이용함으로써" 육상 권력을 해상 권력으로 전환할 수 있었다. 그가 생각했듯이, 새로운 "세계 제국이 등장할 것"[18]이며, 이는 대영제국의 경제적·군사적 지배를 위협할 터였다.

이런 관점에서 볼 때 유라시아 심장부 너머까지 러시아의 지정학적 영향력을 투사하려면 부동항이 특히 중요했다. 이런 생각이 러시아에 대한 서방의 머릿속에 깊이 뿌리박혀 있던 차에, 수십 년 후 제2차 세계대전이 막바지에 이를 무렵 서방 연합국은 쾨니히스베르크Königsberg(현재의 칼리닌그라드)를 소련에 이전하는 것을 정당화하기 위해 이 개념을 이용했다. 1945년 7월과 8월 포츠담 회담이 끝난 후 트루먼 대통령은 부동항을 향한 러시아의 오랜 열망을 이뤄주기로 합의했다고 미국 국민에게 밝혔다.[19] 그러나 전쟁이 끝날 무렵 소련은 이미 리가Riga에서 발티스크Baltiysk까지 접근이 가능한 발트해 연안 항구를 잇달아 점령한 상태였으며, 그에 반해 쾨니히스베르크는 공해로부터 멀리 떨어져 있고 중형 선박에만 적합했으며 겨울에는 운하를

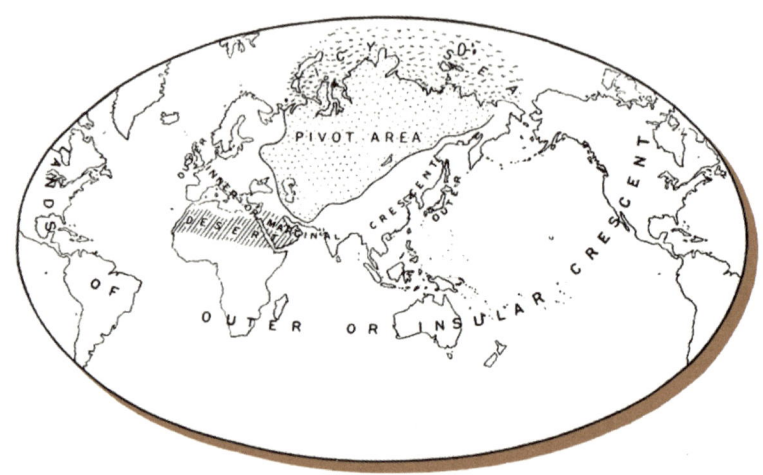

해퍼드 매킨더가 1904년 발표한 논문에 실린 지도. 매킨더에 따르면, 유라시아의 지배자가 "함대 구축을 위해 방대한 대륙 자원을 이용함으로써" 새로운 "세계 제국이 등장"해 대영제국의 경제적·군사적 지배를 위협할 터였다.

쇄빙선으로 뚫어야 접근이 가능한 곳이었다.[20]

미국의 외교관이자 역사가인 조지 케넌George Kennan은 "이런 결정이 내려진 우발성과 경박함, 그것이 실제로 경제와 다른 분야에 미칠 효과에 대한 …… 미국 측의 명백한 무관심, 그리고 당시 미국 대중에게 전달된 잘못된 인상"을 맹렬히 질타했다.[21] 케넌은 스탈린이 정상회담에서 열린 토론에서 부동항 소유권 문제를 제기했다는 뜻을 넌지시 비치지만 이 회담에 대한 한 보고서에서는 다음과 같이 주장한다. "공개 기록을 자세히 살펴보면 다른 인상을 받게 된다. 처칠과 루스벨트는 스탈린이 부동항을 요구하기 전부터 소련의 요구를 충족시킬 방법을 고민하고 있었다!"[22] 부동항이라는 신화는 매우 매혹적이어서 서방 연합국에 적합한 나름의 논리를 만들어냈고 전후의 동유럽 경계선을 형성하는 데까지 영향을 미쳤다.

이후 수십 년 동안 쿠바에서 베트남에 이르기까지 머나먼 항구에서 이권을 확보하려는 소련 정부의 열망은 더 커져만 갔다.[23] CIA의 분석가들을 포함한 일각에서는 심지어 1979년 소련이 내륙 지역의 아프가니스탄을 침공한 것 역시 인도양 진출을 위한 한 행보일 뿐이라고 해석했다.[24] 그러나 소련 본토가 인도양 연안의 항구나 상업 기지까지 연결되려면 정복과 합병, 정착을 목표로 대대적인 전쟁을 일으켜야 했을 테니 부동항을 확보하는 것쯤은 아주 부차적인 문제였을 것이다.[25]

오늘날에도 이런 지정학적 전략은 일부 지역에서 신뢰를 얻어 확대된다. 극우 민족주의 정치인 블라디미르 지리노프스키Vladimir Zhirinovsky의 말처럼 자국의 "군대가 인도양의 따뜻한 바닷물에서 장화를 씻을 수 있다"는 위대한 러시아의 꿈에 희망을 불어넣는 것으로 해석되기 때문이다.[26] 다만 대부분의 러시아인이 그를 정치인 행세를 하는 서커스 광대라고 생각했다는 사실은 지리노프스키의 전기에서 빠져 있다. 그 사실은 2002년 그가 미국을 향해 날린 다음과 같은 경고만큼이나 개연성이 없진 않았다. "밤이면 우리 과학자들이 지구의 중력장을 약간 바꿀 것이고, 그러면 당신네 나라는 물속에 잠길 것이다!"[27] 아니면 그가 러시아의 저조한 출산율을 높이기 위해 자기네 정당 사무실이 있는 100개 지역구에서 아이를 한 명씩 직접 낳겠다는 포부를 밝혔던 1990년대 중반의 정책도 있다.[28] 부동항에 대한 지리노프스키의 터무니없는 발언 또한 이와 같은 선상에서 이해할 수 있다.

부동항 이론이 직면한 또 다른 난처한 사실은 러시아가 여러 차례 해군 기지를 스스로 포기했다는 점이다. 제2차 세계대전이 끝날 무렵 소련은 헬싱키 바로 외곽에 위치한 포르크칼라Porkkala 기지를 핀란드로부터 임대했으나 스탈린이 사망한 직후 임대 만료 기간 훨씬 전에 반환되었다. 현재 이 기지는 핀란드 해군 기지로 쓰이고 있다.[29] 극동 지역에서 스탈린은 또한 1950년 부동항인 포트 아서Port Arthur(다롄)를 아무런 보상도 요구하지 않고 중국에 반환했다.[30]

좀 더 최근 들어 2002년에는, 소련 시절에 확장 사업을 위해 상당히 공을 들였던 베트남 캄란만Cam Ranh Bay 기지의 임대 연장 권리를 푸틴이 직접 포기한 바 있다. 2000년대 초반까지만 해도 이 기지의 경제적·군사적·정치적 유지 비용이 투자할 만한 가치가 없어 보였기 때문이었다. 그러나 (가장 유명한 예로 1867년 러시아 제국이 알래스카를 720만 달러에 미국에 매각했던 것처럼) 주기적으로 바다에 대한 접근권을 포기하는 이런 습관적인 행태는 러시아 팽창주의를 분석할 때 거의 언급되지 않는다.

수 세기 동안 러시아 영토에 부동항으로 이용할 후보지가 있었다는 사실 역시 웬만해서 거론되지 않는다. 북극해에 위치한 무르만스크Murmansk시와 무르만Murman 해안은 (서유럽과 북유럽의 해안선을 훨씬 따뜻하게 유지하는) 물살이 빠른 대서양 난류인 멕시코 만류 덕분에 일년 내내 얼음이 얼지 않는다. 그곳은 크림반도의 세바스토폴보다 세

무르만스크는 러시아 최북서단의 도시로 겨울이 길고 눈이 많이 내리지만, 따뜻한 북대서양 해류의 영향으로 일 년 내내 바다가 얼지 않는다. 제1차 세계대전이 일어나기 전까지는 작은 어촌 마을이었지만, 1915년부터 항구 도시로 조성되기 시작했다.

계 대양에 접근하기가 더 쉽고 태평양보다 러시아의 주요 인구 및 생산 중심지와 더 가까운 항구다.[31] 크림반도에서 대서양으로 가려면 선박들이 이스탄불을 가로지르는 보스포러스 해협과 다르다넬스 해협(두 해협 모두 몽트뢰 조약과 군함의 통항에 대한 특정한 제한 규정의 적용을 받음)에 이어서 지브롤터 해협을 통과해야만 한다. 이와 마찬가지로 칼리닌그라드와 상트페테르부르크에 있는 러시아 해군 함정은 발트해로 나가려면 덴마크와 스웨덴 주변의 좁은 틈을 통과해야 한다.

그에 반해 무르만스크시는 한때 얼음이 얼지 않는 바다 덕분에 제2차 세계대전 당시 연합군 보급품의 주요 집결지가 되었다. 무르만스크 행군은 연합군 호송대가 미국, 영국, 캐나다에서 소련으로 수백만 톤의 필수 보급품과 군사 장비를 수송하는 작전이었다. 이 위험한 행군은 대부분 겨울에 극한의 추위 속에서 이루어졌다. 그래야만 기나긴 밤과 거의 끝이 없는 어둠을 틈타 독일 U보트와 항공기의 선박의 탐지를 피할 수 있었기 때문이다.[32] 전쟁에서 중요한 전략적 역할을 잘 수행한 덕분에 그곳은 1985년 소련의 영웅 도시라는 지위를 얻었다. 하지만 러시아가 부동항과 바다로 진출하려는 욕망에 집착했다면, 제1차 세계대전의 종전을 앞두고 무르만스크에서 바다로 향하는 출구를 개발하려고 총체적인 노력을 기울이기 수백 년 전에 이미 부동항을 확보할 수 있었을 것이다.[33] 무르만스크 외에도 19세기 후반부터 선체를 강화한 쇄빙선의 기술 혁신에 힘입어 발트해와 태평양 연안에서 일 년 내내 개방할 수 있는 러시아의 항구가 늘어남에 따라 부동항을 찾을 필요성이 다시금 없어졌다.

부동항을 확보한다는 단일 신화로 러시아의 행보를 축소한다면 러시아의 지정학을 설명하기에 흥미롭고 매력적이겠지만, 그러면 결국 지리와 역사를 모두 무시하게 되는 셈이다. 러시아의 팽창에 대한 부동항 이론은 근거가 없는데도 여전히 쉽사리 포기되지 않는 개념으로 남아 있다. 2014년 러시아의 크림반도 병합을 설명할 때 흔히 이용하는 비유는 세바스토폴을 점령하겠다는 욕망이었으며 일부 사람들은 세바스토폴을 러시아의 유일한 진짜 부동항이라고 오해한다.[34] 2015년 이런 견해를 다룬 시사 잡지 《애틀랜틱》의 한 기사에서는 러시아가 크림반도를 병합하고 시리아 내전 중에 바샤르 알 아사드Bashar al-Assad 독재 정권을 지지한 배경에 부동항을 확보하려는 욕망이 있다고 시사했다. 러시아는 소련 시절부터 시리아의 지중해 연안에 있는 타르투스Tartus 해군 기지를 임대했으며, 저명한 러시아 전문가인 제프리 맨코프는 "지리적 특성"으로 말미암아 이 항구들을 이용하면 "해상 접근성이 떨어지는" 러시아를 보완할 수 있다고 말했다.[35]

그러나 크림반도 합병 이전에 러시아는 이미 흑해에 부동항을 보유하고 있었다. 그 항구는 크림반도에서 가까운 러시아 크라스노다르Krasnodar 지역에 위치한 노보로시스크Novorosslysk로, 고도로 발전된 해군 시설을 갖추고 있었으며, 병합 이전부터 이미 현대화 및 확장이 진행 중이었다.[36] 2022년 푸틴의 우크라이나 침공은 정권 교체와 우크라이나 혹은 최소한 그 일부를 러시아에 통합하는 것이 주된 목표였으며, 부동항은 그가 흑해에서 품은 야망의 극히 일부를 차지했을 뿐이었다. 2014년 크림반도 병합 또한 부동항 확보가 아니라, 반도에 거주하는 대다수 러시아인들을 보호하고, 러시아가 잃어버린 고대 영토를 되찾는다는 차원에서 정당화되었다. (러시아가 시리아의 아사드를 지지한 것처럼) 지정학적 요소가 계산에 일부 포함되었을 수도 있지만 적어도 크림반도의 경우, 러시아 국민에게는 지리적 결정론보다 민족주의적 정서를 바탕에 둔 메시지 전달에 더 중점을 두었다.

2014년 3월 푸틴은 러시아 국가 회의와 연방의회 연설에서 다음과 같이 분명하게 말했다. "동료 여러분, 사람들의 마음과 머릿속에 크림반도는 언제나 떼려야 뗄 수 없는 러시아의 일부였습니다."[37] 이는 2022년 우크라이나를 본격적으로 침공하기 몇 달 전에 발표한 〈러시아인과 우크라이나인의 역사적 통합에 관하여〉라는 논문에서 전개한 주제의 서막이었다. 푸틴은 이 논문에서 러시아와 우크라이나가 "본질적으로 동일한 역사적·정신적 공간"이라는 자신의 메시지에 맞추어 역사를 편집하면서 과거를 신화화한다. 그의 주장은 키예프 루스와 블라디미르 대제의 시대(958~1015)부터 볼셰비키가 소비에트 연방의 국경을 획정한 시점까지를 시간적 범위로 삼고, 그 과정에서 "러시아가 강탈을 당했다"는 불만을 담고 있다.[38] 이처럼 지리의 신화에 사로잡힌 푸틴은 우크라이나 침공이라는 운명적인 행로로 나섰다.

영토 양보와 회복의 줄다리기

푸틴의 민족주의적 호소와 행보는 2014년 친러시아 성향의 우크라이나 대통령 빅토르 야누코비치 Viktor Yanukovych의 축출로부터 시선을 돌리려는, 더욱 직접적인 목표를 달성하기 위한 것이었다. 2022년 2월 러시아 미사일이 키이우에 빗발쳤을 때조차 끄떡도 하지 않고 키이우에 머물렀던 볼로디미르 젤렌스키 대통령과 달리, 2014년 당시 야누코비치는 키이우의 마이단 Maidan 광장을 중심으로 시위가 일어나자, 우크라이나를 떠났다가 며칠 후에 모스크바에서 모습을 드러냈다. 야누코비치의 퇴진을 앞당긴 시위의 물결은 우크라이나가 러시아와 신생 유라시아 연합 프로젝트에서 벗어나 서방과 유럽연합으로 방향을 전환하는 과정에 박차를 가했다. 유라시아 연합 프로젝트는 관세 동맹과 공동 시장을 포함한 구소련 지역의 경제 통합을 이루려는 야심 찬 시도였고, 여기에 러시아, 벨라루스, 카자흐스탄, 키르기스스탄, 아르메니아가 회원국으로 참여했다. 또한 2012년 힐러리 클린턴이 이 프로젝트를 "이 지역을 다시 소비에트화하려는 움직임"이라고 묘사하면서 그 이면에 감추어진 지정학적 야망에 대한 해석이 숱하게 등장했다.[39]

하지만 마이단 시위와 그에 따른 우크라이나의 정권 교체, 야누코비치의 도피는 우크라이나가 러시아의 궤도와 유라시아 연합에 동참하리라는 모스크바의 희망이 물거품이 되었다는 신호였다.[40] 이는 푸틴에게 굴욕적인 일이었으며, 야누코비치의 퇴진으로 말미암아 생긴 권력 공백 속에서 크림반도를 병합하고, 이어서 우크라이나 동부 돈바스Donbass 지역의 무장 분리주의자들을 러시아가 지원하겠다며 기회주의적인 결정을 내리게 된 핵심 요인이었다. 우크라이나가 빠지면서 유라시아 연합 프로젝트가 심각하게 약화되자 푸틴은 단호하게 재침공의 길로 돌아섰고 이는 결국 2022년 본격적인 침공의 발판이 되었다.[41] 팽창주의 신화와 부동항을 향한 욕망에 초점을 맞추고 러시아의 행보를 설명하다 보면 푸틴의 재침공 이면에 존재하는 매우 현실적인 위협이 가려질 위험이 있다. 사실 재침공의 이면에는 민족주의에서 비롯된 증오가 숨어 있다.

팽창주의와 구별되는 레반시즘Revanchism은 복수를 뜻하는 프랑스어에서 유래한 개념이다. 그것은 '과거의 입지와 권력, 지위를 회복하기 위해' 잃어버린 영토를 되찾는 것과 관련된 용어다.[42] 이는 원래 프랑스가 1870~1871년 프로이센-프랑스 전쟁에서 패한 후 국가의 명성을 회복하려는 엘리트층의 노력에서 시작된 개념이었다. 이 과정을 통해 전쟁으로 잃었던 알자스Alsace와 로렌Lorraine 일부 지역을 되찾은 일은 프랑스의 힘과 존엄성, 명예 회복과 동일시되었다.[43]

1990년대는 분명 많은 러시아인의 상실감으로 대표되는 시기였다. 1991년 소련은 15개 독립 국가로 분열되었고, 그 가운데 가장 큰 국가가 러시아 연방이 되었다. 이와 맞물려 러시아는 경제 붕괴, 지정학적 힘과 지위의 하락, 새로운 세계에서 새로운 러시아가 확립해야 할 정체성에 대한 혼란을 겪었다. 공식 통계에 따르면 1991년과 경제가 회복되기 시작한 1998년 사이에 러시아의 1인당 실질 GDP는 약 39퍼센트 감소했다.[44] 1990~1994년 러시아 남성의 기대 수명은 63.8세에서 57.7세로, 여성은 74.4세에서 71.2세로 급격히 감소했다.[45] 대부분의 러시아인에게 90년대는 사회적·경제적으로 치명적인 결과를 일으킨 혼란과 격변의 10년이었다.

이런 변화로 말미암아 러시아의 영토는 표트르 대제 시대 이후 가장 좁아졌고, 이는 많은 러시아인에게 충격과 당혹감을 안겼다.[46] 도감과 지도 면에서 러시아는 새로운 지리를 확립해야 했다. 이제 러시아는 한 번도 살아본 적 없는 새로운 경계선 안에 존재하게 되었기 때문이다. 투바Tuva(투바인이 다수를 이루는 시베리아 남부의 공화국)와 체첸(1994~1996년과 1999~2009년에 독립을 둘러싸고 두 차례 전쟁을 치른 북카프카스 지역의 공화국) 등의 지역은 유지했지만, 러시아인 인구가 많은 우크라이나와 카자흐스탄 북부의 일부를 잃었다. 한 러시아 평론가의 말에 따르면 이는 앨라배마와 웨스트버지니아가 없고 텍사스, 하와이, 알래스카만 있는 미국을 상상하는 것과 같았다.[47]

푸틴 본인은 1990년대 초반을 "붕괴라는 전염병이 러시아를 감염시킨 시기"라고 일컬었다.[48] 영토가 분열되고, 공산주의 이데올로기를 포기하며 일당 통치에 마침표를 찍음으로써 러시아는 러시아 연방을 구성하는 광활한 영토와 다양한 민족을 통합할 새로운 정체성을 시급히 찾아야 했다. 이는 또한 국가 정체성에 대한 논쟁에서 특정한 영토들이 갑자기 중요해졌다는 의미이기도 했다.

혹자는 이 영토들을 지키는 것이 새로운 국가의 완전성과 지도층의 권위, 새로운 국가 정체성의 상징이라고 생각했다.[49] 이는 푸틴이 지지한 의제로, 그는 체첸과 그 수도 그로즈니Grozny를 파괴한 제2차 체첸 전쟁을 지휘해 '영토 깡패'의 이미지를 다졌다.[50] 푸틴의 지도에 따라 반군 지도자에서 푸틴 충성파로 변신한 람잔 카디로프Ramzan Kadyrov는 2007년 체첸 공화국 수반으로 임명되었고, 그때부터 공포와 억압으로 체첸을 통치했다.[51] 러시아군은 러시아 국경을 넘어 남 오세티야South Ossetia와 압하지야Abkhazia에서 러시아 민족 분리주의자들을 지원하기 위해 조지아군과 충돌했다. 2008년 8월 잠깐이지만 피비린내 나는 전쟁이 일어나면서 충돌은 절정에 이르렀다.

또한 푸틴은 2022년 우크라이나 침공에 앞서 러시아 연방 헌법을 개정했다. 2020년 국민투표로 승인된 이 개정안에는 "국가 영토의 일부를 양도하는 행위와 이를 요구하는 행위는 허용되지 않는다"는 조항(67조 2.1항)이 포함되었다.[52] 물론 이 조항에는 국가 영토의 경계

설정 및 재설정에 예외가 포함되어 있었지만, 2020년 7월 22일 국가 회의는 한 법안을 채택했다. 이 법안은 러시아 연방의 영토 보전을 위반하는 것으로 생각되는 모든 행위를 기소하고 처벌할 수 있다고 선언했다.[53] 이 '영토 보전'의 일괄 법안에 따르면 "영토의 일부를 분리하는 등 러시아의 영토 보전을 반복적으로 위반"하는 사람들은 '극단주의자'로 분류되고 6~10년의 징역형을 선고받을 수 있었다.[54] 이로써 크림반도 병합과 (2022년 9월 공식적으로 러시아의 일부로 선포된)[55] 우크라이나의 헤르손, 자포리쟈, 루한시크, 도네츠크 지역에 대한 러시아의 영유권 주장은 법적인 시각에서 철회할 수 없는 것이 되었고, 정부의 행동에 이의를 제기한 사람은 누구든 범죄자가 되었다.

하지만 헌법 개정에는 뜻밖의 부작용이 따랐다. 크림반도가 병합되기 10년 전에 푸틴이 직접 러시아 영토의 외국 양도를 기획한 적이 있었기 때문이다. 2004년 10월 재선에 성공하고 몇 달이 지난 후 푸틴은 러시아와 중국 간의 오랜 영토 분쟁을 해결했다. 러시아 정부는 아무르강에 위치한 섬으로, 약 4,000킬로미터에 달하는 러시아-중국 국경의 일부를 이루었던 타라바로프Tarabarov섬과 볼쇼이 우수리스크섬Bolshoy Ussuriysky의 절반을 자국의 영토 관할권으로부터 중국으로 이전하기로 합의했다. 심지어 그 섬들은 단순히 외떨어진 섬이 아니라 러시아 극동 지역의 최대 도시인 하바롭스크Khabarovsk에 인접한 곳에 위치했다. 2008년에 양도된 이 섬들은 중국의 동단 지역이 되었고, 이후 관광지로 개발되었다.[56]

중국과의 협상이 공개된 지 한 달이 지난 2004년 11월 러시아 외무장관 라브로프 또한 러시아가 평화 조약을 체결하는 대가로써, 분쟁 중인 외딴 열도 가운데 일부를 일본에 기꺼이 양도하겠다고 발표했다. 제2차 세계대전 이후 소련과 일본 사이에 평화 조약이 체결되지 않은 이유는 이 분쟁과 무관하지 않았다. 시코탄Shikotan과 하보마이 군도the group of Habomai Islands 등 이전을 추진했던 섬은 이른바 분쟁 지역이면서 일본의 북방 영토인 남쿠릴열도에 속해 있다. 현대 러시아라는 초현실적인 권위주의 국가에서, 중국에 영토를 양보한 이후 이어진 이런 행보를 통해 푸틴과 라브로프는 영토 보전에 관한 2020년 헌법 수정 조항에 의거해 '극단주의자'가 된 셈이다.

남쿠릴열도의 운명을 둘러싼 논쟁을 통해 현대 러시아의 영토와 국경, 정체성 사이에 존재하는 복잡하고 모순적인 관계에 관해 흥미로운 사실을 통찰할 수 있다. 이 열도는 1990년대 후반과 2000년대 초반 러시아의 미래를 둘러싼 열띤 논쟁에 휘말렸다. 그것은 러시아 캄차카반도Kamchatka Peninsula와 일본 홋카이도섬 사이에 뻗은 화산맥의 일부를 구성한다. 일본이 제2차 세계대전에서 패전한 후 이곳에 거주하던 일본인 수천 명이 추방되었고, 소련의 군인과 민간인이 이 섬에 정착하기 시작했다. 오늘날까지 러시아 국민으로 구성된 소규모 공동체가 이곳에 거주하고 있다. 전후 소비에트 시대에는 이 열도에 대한 논의가 공개되지 않았다. 그에 반해 소련 말기와 러시아 연방 초기에는 러시아 정계와 사회 전반에 걸쳐 이 열도의 미래를 놓고 격렬한 논쟁이 일어났다.

당시 정치인, 언론인, 논평가들은 대부분 이 열도를 점령하고 있다는 사실이 강력하고 단호한 국가라는 표지가 된다고 주장했다. 그들의 관점에서 볼 때 이 열도는 다른 모든 고려 사항을 뛰어넘어 영토의 신성한 가치를 상징하는 것이었다. 이들은 러시아 역사가이자 작가인 니콜라이 카람진Nikolai Karamzin(1766~1826)이 제언한 "아군이든 적군이든 한 치의 양보도 없다"와 1850년 차르 니콜라스 1세의 "러시아 국기를 한 번 게양한 곳은 절대 내리지 말라"는 제국주의 시대의 두 금언을 지침으로 따랐다.[57] 이 민족주의자들에게 남쿠릴열도를 지키는 것은 러시아의 불가침 국경과 강대국 지위를 의미하는 상징이 되었는데, 이는 그것이 제2차 세계대전의 몇몇 막바지 전투에서 최종적으로 결정적인 승리를 확보한 곳이었기 때문이다.[58]

정치 스펙트럼의 반대편에 있는 엘리트 연합은 남쿠릴열도를 지키는 것이 새로운 러시아가 제국주의적 사고방식을 버리고 자유롭고 민주적인 '문명' 국가로 부상하는 데 걸림돌이 될 뿐이라고 주장했다. 자유 민주화 의제를 내세운 이 집단이 보기에 러시아나 소비에트 제국의 국경에 향수를 품는 것은 21세기에 어울리지 않았다. 대신 일본에 이 열도를 양도하면 러시아의 세계적 지위와 위상을 높이고 신뢰할 수 있는 파트너로 자리매김할 수 있을 터였다. 아울러 일본이 러시아 동부에 투자하고 경제 개발을 하도록 장려함으로써 파트너십을 구축해 러시아가 유럽뿐만 아니라 아시아의 진정한 강대국이 되는 데 일조할 수 있다고 주장했다.[59]

제3의 집단은 이 논쟁의 양극단에서 주장하는 요소를 이용해 순전히 지정학을 근거로 삼아 영토 양보를 주장했다. 이들은 영토 양보를 주장할 때 제국주의의 과거와 결별한다는 측면을 강조하지 않았다. 대신 중국에 지나치게 의존하지 않으면서, 시베리아와 러시아 극동의 방대한 영토를 확보하고 개발하는 것이 훨씬 더 중대하고 시급한 과제라고 여겼기 때문에 이런 땅 쪼가리를 양보하는 것이 대단치 않은 일이라고 단순하게 믿었다. 일각에서는 심지어 부상하는 중국을 견제하는 지정학적인 균형추로서 모스크바-도쿄 파트너십이라는 아이디어를 제기하기도 했다.⁶⁰

일본과의 관계 개선을 위한 이 같은 주장은 실용적인 경제적·정치적·지정학적 사항을 고려해 러시아가 대국으로 복귀할 수 있는 대가로 영토 양보를 정당화하려는 것이었다. 이 아이디어의 대표적인 지지자는 러시아 유라시아주의 정치 및 문화 운동의 수장인 알렉산드르 두긴Aleksandr Dugin이었다. 두긴은 매킨더의 아이디어를 토대로 유라시아 육상 강대국인 러시아와 서구의 해상 강대국 연합이 불가피하게 충돌할 수밖에 없다는 지정학적 환상에 사로잡혔다. 그는 새로운 종류의 전략적 파트너십을 맺는 대가로써 러시아가 일본에 이 열도를 양도하는 대규모 거래를 옹호했다. 그 결과, 일본이 미국과의 군사 동맹과 미군 기지 주둔을 포기하게 되면 러시아가 미국과 서구를 상대로 유라시아 동맹의 주도권을 잡을 수 있다고 여겼기 때문이다.⁶¹

남쿠릴열도의 고립된 주민들은 러시아의 국가 정체성에 관한 이런 경쟁적인 지정학적 해석의 희생양이 되었다. 이런 해석들은 저마다 달랐지만 러시아의 강대국 지위를 회복하거나 유지한다는 최종 목표를 따른다. 다만 그들은 그 목표를 달성하기 위한 수단에 대한 의견이 격하게 달랐을 뿐이다. 여기서 주목할 만한 점은 푸틴이 한때 러시아의 위상을 회복하기 위한 수단으로, 비록 작은 면적이라도 영토를 양도하기로 동의했다는 사실이다. 2004년 남쿠릴열도 일부를 일본에 양도하려는 계획은 그 열도에 거주하는 많은 러시아 주민과 러시아 국내의 더 광범위한 반대 여론에 부딪혀 무산되었지만, 그럼에도 러시아 정부가 반대 여론을 뚫고 계획을 밀고 나간 곳도 있다. 푸틴이 타라바로프섬과 볼쇼이 우수리스크섬의 절반을 중국에 양보하기로 합의한 이후, 레반시즘에 대한 이런 반향이 시작되었고 이어서 카자흐스탄과의 국경이 확정되어(2005) 수많은 러시아인이 러시아 국경 너머에 남겨졌으며 바렌츠해 해역을 노르웨이와 50대 50으로 나누는 방식으로 해역 분쟁을 해결했다(2010).[62]

러시아의 쿠릴열도 제안은 고이즈미 준이치로 일본 총리가 모든 섬을 반환한다는 전제가 있어야만 평화 조약이 가능하다고 주장함에 따라 결국 무산되고 말았다. 푸틴은 실패로 끝난 자신의 책략에 대한 대책으로써 실용주의 노선에서 훨씬 더 애국주의적인 노선으로 재빨리 태세를 바꾸었다. 불과 몇 달 후에 그는 그 실패를 인정하는 것조차 거부하고 모든 섬이 러시아 연방의 주권 하에 있으며 제2차 세계대전의 결과로 국제법상 지위가 보장되었다고 주장했다.[63]

영토 양보에서 영토 회복으로의 전환이라는 인상적인 반전은 2020년 당시 러시아 연방 회의(러시아 상원)의 국제문제위원회 위원장이었던 콘스탄틴 코사체프Konstantin Kosachev의 발언에 잘 드러나 있다. "일본과 영토 문제는 논의하고 있지 않습니다. 평화 조약만 논의하고 있을 뿐입니다. 원칙상 러시아 영토가 더 넓어질지는 몰라도 좁아지는 일은 절대 없을 겁니다."[64] 이런 주장을 통해 러시아 지도층은 영토와 국경, 정체성에 대한 아이디어를 잇달아 채택했다가 여차하면 폐기할 수 있다는 사실을 몸소 입증한 셈이다.[65]

푸틴은 스스로 만든 권위에 갇혔다

오늘날 러시아 정부는 우크라이나에서 러시아가 개시한 자칭 "특수작전"에 잃어버린 러시아 영토와 국민을 되찾는다는 프레임을 씌웠다. 이는 러시아가 세계에서 누리던 지위와 권력, 위상의 회복을 대신하고자 의도된 레반시즘적 주장이다. 그러나 러시아 군대가 실패를 거듭하고, 북한과 이란의 무기에 의존하고,[66] 서방과의 경제적·정치적 관계가 약화하고, 중국에 대한 의존도가 점점 높아지는 상황은 의도와는 완전히 반대되는 결과와 더불어 레반시즘의 오류를 여실히 보여준다.

푸틴이 집권한 지 20년이 넘는 지금 러시아를 서방 침략의 희생자로 보는 강박, 제2차 세계대전에서 거둔 소련의 승리에 대한 숭배, 러시아의 영향력 회복, 서방 자유주의 가치의 폄하 등이 모두 푸틴 집권기를 정의하는 특징이 되었다. 외교 정책의 주요 목표는 더 이상 러시아의 국익(그것이 무엇이든 간에)을 증진하는 것이 아니다. 대신 푸틴에게는 자신을 보전하겠다는 욕구, 그리고 법적 기소와 그보다 더 나쁜 상황으로부터 자신을 지키겠다는 목표만이 있을 뿐이다. 이를 위해 권력과 부를 축적하는 것이 그에게 중요하다. 이는 팽창주의라기보다는 레반시즘이라는 검은 가면을 쓴 권위주의 정권의 생존을 위한 의제다.

우크라이나 전쟁의 향방은 지리적 결정론이 아니라 푸틴의 운명에 달려 있다. 이 전쟁은 러시아가 강대국이라는 푸틴의 허황된 주장에 치명적인 타격을 입히고 앞으로 몇 세대 동안 러시아와 우크라이나 사이를 갈라놓을 것이다. 푸틴의 전쟁을 통해 러시아는 유럽과의 무역과 영향력을 잃는 대신 중국의 하위 파트너라는 지위를 얻었다. 이 새로운 러시아에서 푸틴과 나머지 엘리트층이 동서쪽의 정치적·군사적·경제적 강대국에 좀처럼 영향력을 행사할 수 없다는 자국의 현주소에 익숙해지기까지는 다소 시간이 걸릴 것이다.

레반시즘적 공격, 그리고 푸틴주의의 숨 막히는 억압과 도둑정치(관료와 정치인 등의 지배 계급이 국민의 자금을 횡령하고 개인의 부와 권력을 늘리고 부패한 정치 체제 — 옮긴이)로부터 평범한 우크라이나인들은 조국을 지키기 위해 총칼을 들고 목숨을 바쳤다. 또한 푸틴의 레반시즘은 서방 세계가 공통의 위협에 공동으로 대응하도록 자극했다. 트럼프주의와 국가적 포퓰리즘의 망령이 아직 사라지지 않았지만, 푸틴은 침공을 결정하는 순간 대서양 양단의 공동체를 하나로 집결시키는 놀라운 업적을 달성했다.[67]

현실을 외면하고 조언을 무시한 채 스스로 만든 권위주의 체제 속에서 푸틴은 결국 권력에 압도당했다. 그는 위대한 러시아라는 신화 속에 빠져 길을 잃었다. 그에게 현실 감각이 조금이나마 남아 있었다면 우크라이나 침공에서 러시아가 결코 승리할 수 없다는 점을 알았을 테니 말이다. 집안에 말뚝을 박았으니, 그와 함께 집이 무너질지 모른다. 권력에 눈이 먼 한 지도자가 촉발한 유혈 사태와 적대감 탓에 수 세기 동안 이어진 역사적·문화적·경제적 유대가 단절되었다. 전장에서 얻는 게 무엇이든지 간에 푸틴 스스로 뱉은 말이 그의 레반시즘적 행보의 발목을 잡는다. 한때 우크라이나를 향한 말이었지만, 2021년 7월 다음과 같이 말했을 때 푸틴은 자신의 비문을 쓴 것이나 다름없었다. "세계 역사가 거듭 이를 증명했듯이, 증오와 분노는 주권을 위태롭게 하는 토대로, 심각한 위험과 끔찍한 결과가 따른다."[68]

레반시즘적인 분노에 사로잡힌 푸틴은 아주 작은 영토를 양보해서 과거 적대적이었던 두 나라 사이의 관계가 어떻게 활짝 꽃을 피웠는지를 잊은 모양이다. 2019년 시진핑 중국 국가주석은 중국-러시아 관계가 "역사상 최고 수준"이라고 선언했다.[69] 러시아와 중국의 무역 규모는 2003년 158억 달러에서 2018년 1,080억 달러로 급증했다.[70]

이와 대조적으로 레반시즘 노선을 택한 러시아는 한때 가장 가까운 동맹국이었던 우크라이나를 잃는 동시에 EU와 단절되었다. 2012년 정점에 달했던 EU-러시아 간의 무역은 코로나19 팬데믹이 시작되기 직전인 2019년에 이전의 3,220억 유로에서 2,320억 유로로 떨어졌다.[71] 2023년 러시아가 EU 무역에서 차지하는 비중은 2퍼센트가 채 되지 않았는데, 이는 2002~2022년 동안 각각 7~10퍼센트와 4~6퍼센트이었던 EU 수입 비중과 수출 비중에 비하면 매우 낮은 수준이다.[72] 러시아와 푸틴에게 이 모든 상황은 한 가지 골치 아픈 질문을 제기한다. 러시아의 세계적인 위상과 입지를 확보하는 과정에 레반시즘은 그에게 얼마나 도움이 되었는가?

수 세기 동안 러시아 제국이 확장한 영토와 비교했을 때 중국에 영토의 몇 쪼가리를 이양하고 일본에도 이와 비슷한 제안을 한다고 해서 대세를 역전시키기는 어렵겠지만, 적어도 잠시 생각할 여유는 생길 수 있다. 이 장에서 밝혔듯이 러시아에는 그저 탐욕스럽게 영토를 확장한 강대국이라는 사실보다 훨씬 더 복잡한 사연이 있으니 말이다. 문제는 러시아의 DNA나 지리적 위치로 말미암은 불가피한 결과에 있는 게 아니다. 독자적인 반대 세력을 단속하는 정치 체계, 비판을 용납하지 않는 정부, 오로지 자신의 부를 축적하기 위해 존재하는 소수의 도둑 정치인들이 문제다. 그것은 무소불위의 권력이 지도자의 영혼을 갉아먹으며, 그런 독재자의 변덕에 나라를 맡기는 체계다.

푸틴의 실용적인 측면이 키이우, 하르키우, 헤르손의 잔해 속에 묻혀 있지만, 러시아가 영원히 레반시즘 노선을 걷지는 않을 것이다. 부동항 신화와 팽창주의 욕구는 오늘날 러시아를 이끄는 지침이 될 수 없다. 또한 러시아가 곧 푸틴인 것도 아니다. 평화, 실용주의, 파트너십이라는 대체 노선이 존재하며, 푸틴도 한때 그 길을 걸었던 적이 있다. 그것이야말로 서방과 러시아가 마침내 함께 나아가야 할 길이다. 그렇지 않으면 푸틴이 사라진 후에도 푸틴주의의 유령과 그 안에 도사린 레반시즘의 망령이 다시금 과거로부터 튀어나올 기회를 노리게 될지도 모른다.[73] 당장은 우크라이나를 '해방시킨다'는 지리적 상상과 러시아 차르의 화려한 복귀라는 꿈에 미혹된 푸틴이 새로운 새벽을 맞이하기보다는 러시아 제국의 긴 그림자 위로 지고 있는 해를 지켜보고 있을지 모르겠다.

7장

중국
신新 실크로드[1], 모든 길이 중국으로 통하지 않는 이유

1997년 한 잠수 탐험대가 필리핀 해안과 접한 남중국해 해저에서 정체를 알 수 없는 물체를 발견했다. 탐험대는 손전등으로 꽃무늬 장식의 테를 두른 약 180미터 높이의 묘비를 비추었고, 그 위에는 서로 엇갈린 두 개의 뼈와 함께 똑같은 두개골 두 개가 조각되어 있었다. 두개골 사이에는 가위, 저울, 깃털, 잉크통, 화물 품목 등 상인의 무역 도구를 둘러싼 화환이 있었다. 아래에는 라틴어와 아르메니아어로 새겨진 비문이 있어서, 이 묘비가 1754년 인도 퐁디셰리Pondicherry에서 사망한 크와자 술탄 데이비드Khwaja Sultan David라는 아르메니아 상인의 것임을 알려주었다. 그런데 오래전에 사망한 상인의 이 묘비는 왜 그

의 무덤으로부터 수천 킬로미터 떨어진 바다의 밑바닥에서 발견된 것일까?²

이 대답은 상업, 갈등, 그리고 재앙을 포함하며, 남중국해가 어떻게 지구상의 모든 방향과 연결되는지를 보여준다. 술탄 데이비드는 아마도 아르메니아 사도교회의 일원으로, 퐁디셰리의 가톨릭 묘지 중 하나에 묻혔을 것으로 추정된다.³ 그러나 영국과 프랑스 간의 7년 전쟁(1756~1763)이 계속되는 동안 그는 한참을 '고이 잠들지' 못했다. 승리한 영국군에 의해 퐁디셰리가 약탈당하고 모든 공공건물을 포함해 도시의 많은 부분이 파괴되었기 때문이다.⁴ 영국 동인도 회사가 상선의 수평을 맞추기 위한 바닥짐이 필요했을 때, 이 묘비는 돛대가 세 개인 동인도 선박 얼템플Earl Temple호에 실렸던 많은 묘비 중 하나였다.⁵

퐁디셰리의 더럽혀진 묘비를 배에 싣는 것을 선원들이 불길한 징조라고 생각했는지는 기록에 남아 있지 않다. 하지만 비운의 얼템플호는 인도양을 항해했고 바타비아Batavia(오늘날 인도네시아 자카르타)에서 철, 주석, 납 등의 화물을 실은 다음 1763년 6월 초 출항해 남중국해를 횡단하는 중이었다. 마닐라로 향하던 얼템플호의 최종 목적지는 지금의 중국 광저우인 광둥이었다. 선원들은 남중국해를 항해하는 동안 산호초와 작은 섬들을 항상 조심했다. 하지만 6월 7일 늦은 저녁 상선이 북동쪽을 향해 지그재그로 항해하던 중에 날씨가 변했고 시계視界가 악화되었다.⁶

선원들이 점점 가까워지는 산호초 위로 부서지는 파도를 발견할 무렵에는 이미 때가 늦어버렸다. 선원들은 먼저 중간 돛대의 돛을 당긴 다음 하중을 줄이기 위해 대포를 바다에 내던졌다. 그리고 마지막으로 돛대를 잘랐지만, 아무 소용이 없었다. 결국 배는 암초에 부딪혔고 선원들은 침몰하는 배를 포기했다. 몇 되지 않은 생존자만 코코넛 나무 한 그루가 있는 근처의 섬에 다다랐다. 폭풍이 잦아들자, 그 가운데 네 명이 다른 생존자를 찾고 난파선에서 식량을 구하러 나섰다. 하지만 이들이 타고 있던 임시 뗏목은 항로를 벗어나 섬에서 점점 멀어졌다. 지칠 대로 지친 그들은 결국 티투섬Thitu Island에 좌초되었다.[7]

이 생존자 가운데 한 명이 섬에 머무는 동안 갈증으로 목숨을 잃었지만, 나머지 세 명은 역시 조난당한 베트남 상인들과 함께 15개월을 버텨냈다. 그 무렵 버려졌던 작은 배 한 척이 떠내려왔다. 그들은 배를 수리한 다음 옷을 만들려고 모아두었던 새의 가죽으로 돛을 만들어 달았다. 세 사람은 상인 두 명과 함께 얼템플호의 생존자를 찾아 나섰다. 그러다 맨 처음에 그들이 상륙했던 섬은 찾지 못했고 대신 지금의 베트남으로 향하게 되었다. 어찌 된 상황인지 확실치는 않지만, 본토에 도착했다는 그들의 안도감은 오래가지 않았다. 그들은 떠나도 좋다는 허락을 받을 때까지 1년 반 동안 포로이자 일꾼으로 지내야 했기 때문이다. 1766년 8월 31일, 비록 3년 이상 늦어졌으나 선원들은 중국식 범선을 타고 광둥으로 향했다. 아직도 런던에 남아 있는 동인도 회사의 기록 보관소에 가면 그들의 놀라운 이야기를 읽을 수 있는데,[8] 읽다 보면 한시도 마음을 놓을 수 없는 바다의 끝도 없는 위험과 먼 나라의 교역과 상품, 부의 매력을 다시금 떠올리게 된다.

수백 개의 작은 무인도, 암초, 여울목, 모래톱, 환초, 해산으로 이루어진 남중국해는 얼템플호의 선원은 물론이고 수 세대에 이르는 뱃사람과 어부들의 무덤이다. 한 해양 고고학자에 따르면 필리핀 주변 해역은 "거대한 수중 박물관 같다."[9] 동남아시아 지역의 해상 교통에 관해 중국 문헌에 최초로 언급된 것은 한나라 시대이며, 필리핀 군도 서부 지역의 수중 고고학 연구에서는 빠르게는 11세기 초에 건조된 다양한 난파선이 발견되었다. 개중에는 도자기가 실린 동남아시아의 배와 중국의 범선이 있었다. 이를테면 판다난 침몰선 유적지 Pandanan Shipwreck Site에서는 15세기 초 명나라 동전과 함께 현대 중국과 베트남, 태국의 도자기, 청동 유물과 철제 도구, 유리구슬, 석기 등 4,722점의 유물이 발견되었다.[10] 이 모든 것이야말로 이 바다가 얼마나 중요했는지를 뒷받침하는 증거다.

현재 필리핀령인 티투섬에는 약 0.37제곱킬로미터의 면적에 소수의 주민이 살고 있다. 그곳에는 경로를 이탈한 선원들에게 주의를 주는 등대가 세워져 있고, 그 작은 공동체에 서비스를 제공하는 학교, 보건소, 경찰서가 있다.[11] 티투섬은 한때 스프래틀리Spratly 군도에서 두 번째로 큰 섬이었고, 말레이시아 북쪽에 위치한 이 군도는 베트남과 필리핀 사이에 산재한 도서島嶼와 암초로 이루어져 있다. 중국, 대만, 필리핀, 베트남, 말레이시아를 포함한 이 지역의 여러 국가가 이 섬의 (전부나 일부) 영유권을 주장한다. 이런 영유권 주장으로 말미암아 특히 중국이 지도를 제작하기 시작한 이후 최근 몇 년 동안 논쟁이 일어났다. 이들 지도에서는 논란의 여지가 있는 U자형 9단선이 중국 남쪽으로 확장되어 남중국해의 대부분과 그 안에 있는 모든 지역을 포함하고 있다.[12] 이 선은 수 세기 전부터 이 바다의 역사적 상호 작용을 근거로 한다는 중국의 주장이 있지만 브루나이, 인도네시아, 미국 외에도 스프래틀리 군도 분쟁에 관련된 국가를 포함해 이 바다의 다른 모든 연안 및 섬 국가들이 이 주장을 반박하고 있다.[13]

신실크로드, 고대 무역로의 부활일까?

남중국해에서 조업하는 어선은 전 세계의 절반이 넘으며, 2016년 유엔은 전 세계 무역선의 21퍼센트 이상이 남중국해를 통과한다고 추정했다. 또한 그 해저에는 막대한 석유와 가스가 매장되어 있다. 근대 들어 중국이 영유권을 주장한 것은 1947년 당시 중화민국 국민당 정부가 11단선이 표시된 지도를 발행했던 때로 거슬러 올라간다. 이후 국민당은 1949년 공산당에 패배해 대만으로 물러났지만, 중국과 대만 모두 남중국해에 대한 영유권 주장에서는 물러나지 않았다.[14]

　1982년 유엔해양법협약UNCLOS이 체결되었고, 이 협약은 해안선으로부터 200해리까지 한 국가의 배타적경제수역을 인정하고 있다. 이는 만조일 때 물에 잠기는 지형이나 인공 구조물은 제외되지만, 아무리 작은 섬이라도 그 섬을 둘러싼 거대한 해양 구역에 대한 영유권을 주장할 수 있다는 뜻이다. 이로 말미암아, 남중국해의 섬들을 점유하는 것이 경제적으로나 전략적으로나 가치가 높아졌지만 막상 섬의

영유권을 주장할 때는 민족주의적인 이미지를 내세웠다.[15]

최근 들어 티투섬은 스프래틀리 군도에서 두 번째로 큰 섬이라는 지위를 잃었다. 불과 몇 킬로미터 떨어진 곳에서, 예전에는 만조일 때 물에 잠겨 있던 수비 암초Subi Reef로부터 거대 섬이 새롭게 솟아올랐기 때문이다. 그러나 그것은 지질 작용, 모래의 이동, 조류의 변화로 만들어진 섬이 아니라 중국 정부가 만든 약 4제곱킬로미터 넓이의 콘크리트 섬이었다.[16] 남중국해에서 최대로 큰 섬을 만들기 위해 중국은 원래 있던 대부분의 산호초를 제거하거나 수백만 톤의 콘크리트로 묻어버렸다. 죽은 산호층은 이제 거의 3킬로미터에 달하는 활주로의 토대가 되어 전투기의 이착륙에 적합한 곳이 되었으며, 심지어 보잉 737 항공기로 민간 용도를 위한 테스트까지 받았다.[17]

티투섬에서 남서쪽으로 약 200킬로미터 떨어진 미스치프Mischief 암초와 남동쪽으로 거의 같은 거리에 있는 피어리크로스Fiery Cross 암초의 개발 상황도 별반 다르지 않다. 현재 이들 인공섬에는 깔끔하게 늘어선 농구장과 연병장을 비롯해 약 400개의 구조물이 있으며, 그 옆으로는 모두 군사 시설과 장비가 있다. 일부 분석가들은 수비, 미스치프, 피어리크로스의 시설에 각각 1개 연대(1,500~2,400명의 중국군)를 수용할 수 있다고 추측한다.[18] 피어리크로스 암초에는 현재 비행장, 격납고, 기타 대형 건물, 레이더가 완전히 가동되고 있는 한편 중국 관영 언론은 남중국해의 섬과 암초에 5,000명이 넘는 장교와 병사가 주둔하고 있다고 보도했다.[19] 태평양 미군 사령관 필립 데이비드슨Philip Davidson 제독은 다음과 같이 말했다. "남중국해에 배치된 병력이라면 남중국해의 다른 영유권 주장 국가들의 군사력을 거뜬히 뛰어넘을 것이다."[20]

위성 사진을 보면 산호초의 맑은 청록빛 바다에 거대한 회색 우주선이 착륙한 것처럼 보인다. 실제로 이 구조물을 건설하는 데 얼마나 많은 양의 콘크리트, 강철, 모래가 쓰였는지 짐작이 가능하다. 산호초의 서식지와 생물 다양성이 얼마나 파괴되었는지 확인하려면 이 기지에 유조선과 호위함을 정박시킬 목적으로 파괴한 산호초의 물길을 보면 된다. 인공 섬 조성 작업은 2013년에 시작되었다. 그 결과 불과 3년 만에 남중국해 전역에 약 13제곱킬로미터의 새로운 땅이 조성되어 중국은 이 지역에서 지배적인 입지를 확보하게 되었다.[21]

2013년 1월 필리핀은 유엔해양법협약 제7부속서에 따라 헤이그 상설중재재판소에 중국을 상대로 소송을 제기했다. 이 중재는 남중국해에서 역사적 권리의 역할, 해양 권리의 원천, 그 해역의 해양 지형 상태, 그리고 중국의 조치가 협약 위반이자 적법하지 않다는 필리핀의 주장을 다루었다. 중국은 이 소송 절차에서 불수용과 불참 입장을 택했지만,[22] 판사 다섯 명으로 구성된 재판단은 필리핀의 열다섯 개 제출안 가운데 거의 모든 사안에 만장일치로 필리핀의 손을 들어주었다.[23] 재판단은 또한 2016년 7월에 발표된 결정문에서 중국의 대규모 매립 프로젝트가 "산호초 환경에 심각한 피해를 주었고 취약한 생태계와 더불어 감소하거나 위협받거나 혹은 멸종 위기에 처한 종의 서식지를 보존하고 보호할 의무를 위반했다"고 지적했다.[24]

중국이 건설한 거대한 콘크리트 섬은 얼템플호의 생존자들을 먹여 살리며 녹지의 상당 부분을 고스란히 간직한 티투섬과 뚜렷하게 대비를 이룬다. 하지만 필리핀 정부는 2018년부터 티투섬의 비포장 활주로를 콘크리트 활주로로 바꾸어 더 확장하는 데 자금을 지원했다. 더 큰 규모의 배를 수용할 수 있는 항만 시설과 해안 경비대 감시 기지가 새롭게 추가되었다. 필리핀 정부는 이 섬의 주요 사업주로서 건설 및 유지 보수 분야의 일자리를 제공하고 2002년에 처음 그곳으로 이주하기 시작한 주민들에게 보조금을 지급한다. 섬에는 2012년에 학교가 지어졌고 이제 와이파이가 설치되어 있으며 초목 사이로 도로가 포장되었다. 이 같은 개발 사례들은 상당 부분 인근 산호초에 세워진 중국의 인공 기지에 맞서는 대응책인데, 밤이면 티투섬에서 수평선 위로 수비 암초의 아른거리는 등대가 보인다.[25]

중국이 만리장성과 똑같이 이런 기반 시설에 막대한 투자를 하는 한 가지 이유는 단순히 외부인들을 막는 것이 아니라 무역로에 대한 접근성을 상시 확보한다는 데 있다. 그 계획은 지구 반대편까지 화물용 철로를 건설하는 목표를 포함한다. 2017년 1월의 어느 상쾌한 아침, 최초의 중국발 영국행 직행 화물 열차 서비스가 남중국해의 숨막히는 더위와 습기를 멀리 뒤로 하고 런던 동부 바킹Barking의 한 창고에 도착했다. 18일 동안 약 1만 2,000킬로미터의 철로를 달린 화물은 중국에서 카자흐스탄의 얼어붙은 대초원을 가로지르고 러시아, 벨라루스, 폴란드, 독일, 벨기에, 프랑스를 거쳐 채널 터널Channel Tunnel을 통과한 후 마침내 바킹의 종착지에 당도했다.[26]

그 겨울날 아침, 런던은 확장일로의 신실크로드 지도에 열다섯 번째로 그려진 유럽 도시가 되었다. 중국에서 철도로 직송되는 상품의 최신 종착지가 된 것이다.[27] 기차는 중국 동해안의 이우Yiwu시에서 출발했으며 의류와 하이스트리트 상품이 담긴 컨테이너 마흔네 개를 싣고 있었다. 도중에 일부 컨테이너가 독일의 뒤스부르크Duisburg시에 내려졌지만, 대부분은 영국의 바킹에 이르렀다. 그 무렵 원래 출발한 기관사와 기관차는 이미 한참 전에 돌아가고 없었다. 고독한 기관사가 동쪽에서 서쪽으로 유라시아의 얼음 지대를 횡단한다는 낭만적인 서사는 이제 존재하지 않는다. 긴 노선을 따라 중국과 유럽 대부분 지역의 표준궤(폭 1,435mm 선로)와 구舊 러시아와 소비에트 제국 시절의 러시아궤(폭 1,560mm 선로)가 서로 달라 철도의 궤가 바뀌면서 여러 기관차와 화물칸이 동원되어 화물을 운송하기 때문이다.[28]

　　카자흐스탄-중국 국경에 세계 최대 규모의 내륙 항구가 생겨나 이 철도 구간에서 컨테이너와 화물을 운송한다. 중국과 영국을 연결하는 이우-런던 철도 구간은 중국이 자금을 지원한 호르고스 관문Khorgos Gateway을 통과했을 것이다. 유라시아 한가운데서 진행되는 이런 활동들은 남중국해의 인공 섬 조성과 관련된 계획의 일부다. 신실크로드로 널리 알려진 이 계획은 중국이 경로를 연결하고 지키기 위해 동시에 진행한 프로젝트다. 그 경로의 이름은 동서양을 잇는 고대 무역로를 연상시키는 동시에 부활을 의미한다.

겉과 속이 다른 일대일로

2013년 가을 인도네시아와 카자흐스탄을 순방하는 동안 시진핑 주석은 일대일로一帶一路, One Belt, One Road를 발표했는데, 훗날 영문 명칭을 'Belt and Road InitiativeBRI'로 변경했다.[29] 어떤 이름으로 부르든 간에 신실크로드는 중국을 전 세계 국가 및 지역과 연결하는 메가톤급 프로젝트다. 시진핑 주석의 발표 이후 2년 동안 아시아 전역의 프로젝트에 거의 1조 달러가 투입되면서 이 구상의 규모와 야심이 곧바로 드러났다.[30] 신실크로드 프로젝트는 러시아의 송유관, 방글라데시의 교량, 아프리카의 광산 사업뿐만 아니라 파키스탄의 과다르Gwadar, 그리스의 피레우스Piraeus, 스리랑카 함반토타Hambantota 등 남중국해에서 멀리 떨어진 지역의 항만 기반 시설과 세계 여러 지역의 교통 기반 시설에 대한 투자와 최신화를 총망라한다.

일대일로 공식 웹사이트에는 중국과 협정이나 다른 형태의 협약을 체결한 라틴아메리카와 태평양 지역의 여러 국가는 물론이고 아프리카 국가 수십 개국이 열거되어 있다.[31] 2021년까지 중국은 외교 관계를 수립한 태평양 도서국 10개국과 모두 실크로드 협력 문서에 합의했다.[32] 볼리비아에서 버뮤다까지, 이 새로운 실크로드는 과거의 유라시아 경로를 훌쩍 넘어 확장되었다.[33]

종합해보면, 신실크로드는 지금까지 구상된 가장 야심찬 기반 시설의 총집합으로 손꼽히며, 의심할 여지없이 세계지리를 재편하고 있다. 이 프로젝트를 둘러싼 불안뿐만 아니라 기대는 대부분 중국이 세계에서 담당하는 역할의 변화가 무엇을 의미하는지를 파악하는 과정에서 발생한다. 남중국해에 등장한 불길하고 방대한 신규 군사 기지는 뒤스부르크와 바킹으로 미끄러져 들어오는, 옷가지를 잔뜩 실은 기차와 극명한 대조를 보이지만 이들은 같은 동전의 양면일 뿐이다. 이는 신실크로드가 단순히 세계 지배를 위한 지정학적 연극이라는 신화 이상의 의미를 담고 있음을 암시한다.

신실크로드는 중국과 해외의 지리적 상상을 확실히 사로잡았다. 학술 논문, 싱크탱크와 정부의 보고서, TV 방송, 다큐멘터리, 뉴스 방송, 잡지, 라디오 프로그램, 블로그, 웹사이트, 전시회 등에서 기사와 분석이 쏟아졌다. 이런 전문가들 가운데 다수는 세계 무대에서 중국의 지정학적 입지를 강조하는 국가 지원 캠페인이라는 성격에 초점을 맞추는 경향이 있었다.[34] 이 해석에 따르면 신실크로드는 중국의 세계적 야망의 상징이며,[35] 심지어 '중국 주도의 지역 개발과 군사적 확장을 위한 트로이의 목마'다.[36] 혹은 다른 전문가가 제안하듯이 "대서양 양편에 있는 자유 민주주의 국가 간의 경제적 연계를 약화시키려는" 의도일 수 있다.[37] 이런 관점들은 모두 신실크로드가 중국 지도부가 추진하는 지정학적인 '유라시아를 위한 원대한 전략'의 일환이라는 데 뜻을 모은다.[38]

그런 해석을 보면 영국의 지리학자이자 제국주의자인 해퍼드 매킨더의 생각을 다시 떠올리게 된다. 20세기 초 매킨더는 대륙 철도 시스템이 상품과 자원, 병력을 수송할 때 더 효율적이라는 점이 영국의 해상 패권에 즉각적인 위협이 될 수 있다고 보았다. 그는 철도에서 해상으로, 그리고 다시 철도에서 해상으로 물자와 사람을 이동시키는 과정에서 발생하는 비효율성을 강조하면서, 철도가 독일, 러시아, 심지어 중국을 통제하는 제국주의 일본과 같은 국가들에게 광대한 대륙 자원에 대한 접근을 열어줄 것을 우려했다.[39] 매킨더는 또 대륙을 횡단하는 철도망으로 연결되어 있고 자원이 풍부한 유라시아 내륙을 통제하는 강대국이 유라시아 '심장부'의 발전과 확장을 감독하게 될 것이며, 이를 통해 결국 세계의 지배자가 될 것으로 내다보았다.[40]

이는 오늘날 신실크로드를 해석할 때에도 여전히 통용되는 매우 단순한 지정학적 은유다. 매킨더는 심지어 '오늘날의 권력 정치를 미리 꿰뚫어 보는 통찰력'으로 찬사까지 받았다.[41] 그의 연구는 지금껏 '지리와 역사의 관계에 대한 탁월한 이해'와 짐작건대 '오늘날의 전략가들이 중국의 일대일로 이니셔티브, 러시아와의 협력, 아프리카를 향한 외교적·경제적 진출, 해양 세력의 확대에 내포된 전략적 의미를 파악할 수 있게' 한다는 점에서 자주 인용되었다.[42] 《차이나 데일리》 신문 같은 중국의 공식 매체조차도 신실크로드(그리고 지역을 초월한 육상-해상 연결체의 탄생)가 "매킨더의 획기적인 연구에 이어 인류 역사상 두 번째로 중대한 지리적 발견"이라고 단언했다.[43]

매킨더 시대에 그랬듯이, 철도는 신실크로드의 지정학적 비전에서 중심적인 역할을 담당한다. 중국은 이란 철도망의 현대화와 동서를 연결하는 카자흐스탄 철도의 개발뿐만 아니라 우즈베키스탄의 타슈켄트Tashkent와 페르가나Fergana 분지[44]를 연결하는 철도에 이미 자금을 지원했다.[45] 아울러 유라시아를 넘어 중국은 아프리카 철도에 자금을 지원하고 철도를 건설했는데, 에티오피아 철도 공사의 새로운 총아인 아디스아바바-지부티 철도 구간[46]과 케냐가 독립한 이후 그 나라의 최대 기반 시설 프로젝트인 몸바사-나이로비 표준궤 철도 등이 포함된다.[47] 아울러 2010~2018년에 운송량이 100배 증가함으로써 EU-중국 철도에서 가장 큰 증가세를 보였던 시베리아 횡단 철도 구간에도 투자를 진행했다. 이러한 경로를 따라 무역이 성장세를 보인 것은 상당 부분 중국의 국가 및 지방 정부가 보조금을 제공한 결과였다.[48] 그러나 코로나19 팬데믹과 우크라이나 침공 이후 서방이 러시아에 제재를 가함에 따라 실크로드의 해당 구간은 그 미래가 불투명해졌다.

한 세기 전 매킨더가 제시한 지정학적 논리는 중국의 신실크로드를 단순하고 이해하기 쉽게 해석함으로써 여전히 큰 호소력을 발휘한다. 하지만, 그 논리는 현실을 마주했을 때 살아남기 어려울 수 있다. 매킨더는 철도 및 선박을 오가며 화물을 하역하는 과정의 비효율성에 초점을 맞춘 나머지 해운업의 혁신과 물류 비용이 철도보다 훨씬 저렴한 컨테이너 수송을 예상하지 못했다. 그는 또 세계적인 제국이 아닌 민족국가의 세계가 출현할 가능성을 내다보지 못했다. 부활한 그의 예언은 유라시아 지정학을 이해하는 열쇠를 제공하기는커녕, 오히려 유라시아 지정학의 복잡성을 은근슬쩍 가리는 데 도움을 줬다. 매킨더의 분석은 신실크로드가 오로지 중국의 경제력과 군사력이 주도하는 지정학적 책략이라는 데만 초점을 맞추다 보니 이 전략이 중국 경제의 핵심적인 약점들에 대한 대응책일 수도 있다는 가능성을 놓치고 있다.

매킨더의 분석에 반론을 제기하자면 중국이 신실크로드와 관련된 메가톤급 프로젝트를 구축하는 것은 중국 경제의 둔화를 시급하게 해결하기 위한 대응책이다. 경제 성장이 둔화함에 따라 지난 수십 년 동안 철강, 시멘트, 알루미늄, 유리, 석탄, 조선, 태양 전지판을 포함해 산업과 자본 그리고 노동의 수요가 감소하고 재정 흑자의 폭이 줄어들었다.[49] 한 주장에 따르면, 중국은 신실크로드를 건설함으로써 그들의 시장, 자원, 기업이 있는 새로운 지역들에 대한 접근성을 높여 그 과잉 생산을 활용할 수 있다.[50] 이런 의미에서 신실크로드는 지난 50년간 전개된 한 전략의 연장선에 지나지 않는다. 바로 중국이 동부 해안의 거대 도시들의 도시화와 성장, 그 뒤를 이어 내륙 개발을 위해 채택한 전략이다.[51]

이런 식으로 이해하면 신실크로드는 확연한 경기 침체에 대한 해독제가 된다. 1992년부터 2011년까지 중국의 연간 GDP 성장률은 해마다 변동은 있었어도 평균 10퍼센트를 웃돌았다. 그러나 2010년부터 2021년 코로나로 인한 경제 반등이 있을 때까지 성장률은 매년 하락했다. 2022년과 2023년의 성장률은 각각 3퍼센트와 5.2퍼센트였다.[52] 다른 주요 경제국에 비하면 그래도 인상적이지만, 1990~2000년대의 한창때에 비하면 상당히 둔화한 수치다. 이처럼 경기 둔화가 가시화되던 바로 그 무렵인 2013년 방대하고 새로운 지역으로 경제 활동을 확장하고 시장을 개방하겠다는 약속과 함께 신실크로드 이니셔티브가 발표되었다. 그 전략이 중국 내·외수 시장에서 중국산 제품의 수요가 감소한 영향을 완화하는 한편으로 고용을 유지하고 자국 내 부동산 거품이 터질 때 닥칠 최악의 상황을 피하는 데 도움이 되리라는 기대가 있었다.[53]

그러나 중국은 이 전략으로도 일부 대형 부동산 개발업체의 채무 불이행을 막지 못했고, 2023년 중국 부동산 시장에서는 2015년 이후 신규 주택 가격이 가장 큰 폭으로 하락했다. 한때 세계 2위 경제 대국의 주요 성장 동력이자 중국 경제의 약 4분의 1을 차지했던 부동산 시장의 둔화를 보완하기 위해, 신실크로드는 산업과 노동 부문의 잉여를 흡수하는 데 중요한 역할을 맡고 있다.[54] 이런 의미에서 신실크로드는 오랫동안 지속돼 온 문제를 해결하기 위한 대규모 처방이자, 둔화하는 경제에 활력을 불어넣기 위한 경제 계획인 동시에 지정학적 패권을 노리는 전략이기도 하다.

중국은 또한 신실크로드의 건설과 과잉 생산 자원의 활용 과정에 자금을 조달할 목적으로, 막대한 외환보유고를 동원해 개발도상국에 저금리 대출을 제공함으로써 신규 기반 시설에 자금을 지원했다. 이 같은 지원에는 대규모 기반 시설과 건설 프로젝트에 중국 국영 기업과 다른 중국 기업을 참여시키라는 요구나 권장 사항이 따른다. 따라서 이런 프로젝트에 자금을 지원하는 대출은 중국산 자재, 장비, 노동력을 사용한다는 조건부이기 때문에 중국 경제 문제의 해결을 기대할 수 있다.[55]

이는 중국이 자국 내 과잉 생산력과 노동력을 활용하고자 외국 정부가 발주한 인프라 프로젝트를 통해 자국 산업을 보조하며 중국

외환보유고로부터 대출을 받아 자금을 조달하는 사이클이다.[56] 신실크로드와 국경을 넘나드는 도로, 철도, 에너지 파이프라인, 통신 인프라의 네트워크는 이 전략이 낳은 구체적인 결과물이다. 남중국해에서도 중국 경제 문제의 해결을 기대할 수 있지만, 정치-군사적 논리로 말미암아 정치-경제적 논리는 퇴색된다. 이렇게 프로젝트에 내포된 모든 긴장과 더불어 세계 구석구석에 신실크로드의 손길이 닿아 있으며, 2014년 무렵 중국은 이미 자본의 순 수출국이 되었다.[57]

이 해석에 따르면 중국의 책략은 유라시아를 지배하려는 원대한 지정학적 전략이라기보다는 중국 상품과 자본이 진출할 개방 시장과 새로운 지역을 선점하기 위한 것처럼 보인다. 그러나 이 프로젝트의 경제적 논리와 전략적 요소를 분리하기란 쉽지 않다. 중국 공무원들조차 실크로드 프로젝트에 대한 투자가 파키스탄에서 최대 80퍼센트, 미얀마에서 50퍼센트, 중앙아시아에서 30퍼센트의 손실을 볼 것으로 예상했듯이 실크로드를 통한 세계지리의 개편은 복잡하고도 모순적이다.[58] 인도양의 항만 프로젝트 또한 재정적으로 성공할 가능성이 거의 없다고 평가되었다.[59] 이런 손실 규모로 판단하건대 단순히 투자의 수익을 넘어서는 더 중요한 이해관계가 걸려 있는 것 같다.

서로 얽혀 있는 진정한 투자 기회와 정치적 과제를 어떻게 풀어낼 것인가의 문제는 더욱 혼란스럽다. 왜냐하면 '중국의 투자'에는 중앙 국유기업과 중국 수출입은행과 중국 개발은행을 포함한 정책은행부터 지역 국유기업과 다양한 규모의 민간 기업, 그리고 기업가적 성격을 띤 개인과 가족 경영 기업까지 모두 포함되기 때문이다.[60] 이처럼 다양한 주체에서 국가적·전략적·수익적 이해관계를 요구하는, 다채롭고 경쟁적인 투자 목표가 파생한다.[61] 지역과 사람에 따라 그 의미가 달라지므로 신실크로드와 그 프로젝트를 범주화하기는 어렵다. 이뿐만 아니라 신실크로드를 관통하는 포괄적인 조직 원칙이나 기원, 또는 종착점을 찾기란 사실상 불가능하다.[62]

다시 세상의 중심을 꿈꾸는 중국

신실크로드에 대한 세 번째 해석이 존재함에 따라 상황은 더 복잡해진다. 공식적인 동시에 비공식적인 이 해석에서는 중국과 개발도상국에 "남남南南 협력과 신실크로드는 '윈-윈'하는 경제 협력과 공동 발전의 추구"라는 개념을 강조한다. 이 개발 모델은 미국 주도의 세계화 및 개발 방식이 조장하는 불평등과 자유주의에 반대되는 개념이다.[63] 이러한 서사는 중국 공산당이 개발도상국의 파트너들을 포섭하고자 할 때 선호하는 내러티브가 되었으며, 동시에 중국의 지정학적 동기나 자국 내 경제의 약점으로부터 관심을 돌리려는 목적도 갖고 있다.

이 공식적인 서사의 이면에는 자국민에게 호소하려는 의도가 숨어 있다. 일대일로라는 개념은 표준 중국어로 말할 때 성조가 풍부해서 자국민에게 '고전적이고 심지어 서사적인 울림'을 전달한다.《더 이코노미스트》의 한 기사에서 강조했듯이, 이 단어는 "중국이 육상과 해상으로 세계를 아우르며, 세계를 향해 문호를 개방하는 동시에 균형 잡히고 조화로운 방식으로 세계를 중국에 더 가깝게 결속하는" 이미지를 연상시킨다.[64] 이 단어를 통해 신실크로드는 2013년 3월 17일 시진핑이 국가주석으로서 첫 국정 연설을 통해 제시한 개념, 즉 '중국몽' 안에 확고하게 자리를 잡는다. 이 연설에서 그는 "중화민족의 위대한 부흥이라는 중국의 꿈을 이루고자 한다"는 자신의 소망을 피력했다.[65] 이런 의미에서 신실크로드는 단순히 도로, 철도, 항만이 아니라 '공통된 이익과 운명, 책임의 공동체'에서 중국이 중심에 자리 잡는 발상의 일부가 된다.[66]

이 서사에서 옛 실크로드에 담긴 역사적 의미는 대단히 중요한

2023년 10월 18일, 중국 베이징 인민대회당에서 제3회 일대일로 국제협력 정상포럼이 열렸고 시진핑 국가주석과 블라디미르 푸틴 러시아 대통령 등 26개국 정상 및 정상급 인사들이 참석했다. 중국이 일대일로 정상포럼을 계기로 개발도상국과의 파트너십을 구축하고 있다.

데 그 재건과 부활이 중국은 물론이고 세계를 위한 황금기의 귀환을 예고하기 때문이다. 시진핑이 2013년 카자흐스탄에서 신실크로드를 공개할 때 마음속에 그린 것은 바로 이 매혹적인 상상 속의 지리였다. "오늘 제가 이곳에 서서 그 역사의 한 장면을 되돌아보니 산속에서 울리는 낙타의 종소리가 들리고 사막에서 피어오르는 연기가 보이는 듯합니다."[67] 이 낭만적인 과거를 환기하면 글로벌 트렌드의 중심에 있는 중국의 연속성과 역사적 규범으로의 회귀라는 개념이 더욱 힘을 얻는 한편, 신실크로드가 상징하는 세계지리의 급진적인 재구성으로부터 시선을 다른 곳으로 돌릴 수 있다.[68] 신실크로드에 대한 공식적인 수사修辭에서는 대부분 이 과거로의 회귀를 축하한다. 중국은 그리스, 케냐, 스리랑카에서 박물관과 고고학의 협업에 자금을 지원했는데, 이 협업에는 과거 중국과 이들 국가가 연결되어 있었다는 증거를 찾는 탐사 작업이 포함되었다.[69]

경제, 정치, 문화 분야를 아우르는 계획을 통해 유럽과 아시아의 옛 질서로부터 새로운 공간이 나타나고 있다고 말할 수 있을까? 일부 평론가는 이미 유라시아 초대륙Supercontinent이 "아프리카를 넘어 북극까지 이어지고 있으며 …… 분석과 논의의 단위"가 되고 있다고 말했다. 그리고 이 초대륙의 중심에서 중국은 "세계 역사와 현대 국제 정세의 '중원The Middle Kingdom'으로서 제 자리를 되찾고 있다."[70]

중국과 미국 정부가 선호하는 이 거창한 수사에는 궁극적으로 이 이니셔티브의 성패를 판가름할 중요한 세부 사항이 빠져 있다. 신실크로드의 미래는 중국 지도층의 의도뿐만 아니라, 지역 현장에서 그것이 어떻게 전개되는지에 따라 결정될 것이라는 사실이 그것이다.[71] 예컨대 아프리카의 중국 광산과 건설 복합 단지에서는 일부 현지인들이 중국의 의도에 의혹을 품기 시작했다. 잠비아에서는 이런 복합 단지에 고용된 중국인 관리자와 행정관, 근로자들의 생활이 엄격한 규제를 받고 있다. 이들은 복합 단지에 고립된 채 지역사회와 접촉이 대부분 차단된 상태에서 살고 있다.[72]

현지 잠비아인들은 대부분의 중국인 근로자가 가족을 데려오지 않으며, 여성과 어린이와 함께 살지 않는다는 사실에 단순한 문화적 호기심이 아니라 '피부로 느껴지는 공포와 불안감'을 품게 된다. 이로 말미암아 기업에서 중국인 죄수를 노동력으로 이용한다는 확인되지 않은 소문이 떠돌았다.[73] 또한, 현지 협력업체들은 중국 거래업체의 의도에 대한 의심을 숨기지 않았다. 그것은 중국 거래업체가 거래 대금을 받으면 대부분 본국으로 송금하고 임금은 쥐꼬리만큼 돌려주기 때문이었다.[74]

이러한 의구심은 중국과의 협력을 추진하는 현직 정치 지도자들은 물론이고 권력을 탈취하려는 야권에 의해서도 이용된다. 잠비아의 현 대통령 하카인데 히칠레마 Hakainde Hichilema는 2016년 대선에서 패배했던 당시 선거운동에서는 반중反中 메시지를 담았다. 야당 시절인 2018년 11월에는 정부가 국영 목재회사인 잠비아 임업 및 산림산업공사 ZAFFICO를 중국에 매각했다는 근거 없는 주장을 하기도 했다.[75] 그러나 대통령에 취임한 이후 히칠레마는 전임 정부의 노선을 따르기 시작했고, 2023년 9월에는 중국을 방문했다. 이 방문을 통해 중국-잠비아 양국 관계는 '포괄적 전략 및 협력 동반자 관계'로 격상되었고, 잠비아의 제8차 국가개발계획과 일대일로 간의 시너지 효과를 강조하는 공동 성명서가 발표되었다. 이 발표에는 8억 달러 규모의 풍력 및 태양광 하이브리드 발전 프로젝트를 구축하겠다는 약속과 리튬 배터리 제조 공장에 대한 2억 9,000만 달러 규모의 투자뿐만 아니라 스마트폰 조립 공장의 건설과 정보 통신 기술의 인프라 개선에 관한 양해각서가 곁들여졌다.[76]

그러나 최근 몇 년 동안 중국이 아프리카에서 최대 투자국이자 양자 차관 제공국bilateral creditor(특정 기간에 부채를 갚도록 요청하지 않기로 합의한 채권국 — 옮긴이)이 되었음에도[77] 중국 프로젝트에 대한 지역사회의 '반발'은 수그러들지 않고 있다.[78] 마다가스카르와 카메룬의 광산 활동과 항만 건설을 둘러싸고 시위가 일어났을 뿐만 아니라 나이지리아의 라고스-이바단Lagos-Ibadan 철도 구간의 건설 현장과 탄자니아의 바가모요Bagamoyo 항구와 산업 지대에서도 시위가 일어났다.[79] 2016년 가을 케냐에서는 지역적으로 일어난 시위들로 말미암아, 나이로비 국립공원을 가로지르는 몸바사-나이로비 표준궤 철도의 한 구간의 운행이 지연되었다.[80] 중국인과 케냐인 근로자들을 분리하고 차별했다고 비난을 받은 이 구간은 운영 첫해에 1억 달러의 적자를 기록했다. 케냐인 기관사가 철도를 운전할 수 없었으며 중국인 기관사보다 수적으로 적었고 임금 또한 같은 구간에서 일하는 중국인 기관사에 비해 3분의 1도 채 되지 않았다. 한편 차량 기지 및 철도 차량 부서 직원들 중 케냐인은 중국인의 4분의 1 수준에도 미치지 못했다.

케냐 몸바사-나이로비를 잇는 철도 개통식. 철도는 신실크로드의 지정학적 비전에서 중요한 비중을 차지한다. 해당 철도는 케냐 경제 발전을 상징하면서도 케냐인 근로자를 차별했다고 비난을 받았다.

이 구간에서 사자와 버팔로가 여러 마리 목숨을 잃은 사고 또한 보고되었다. 2019년 케냐의 《선데이 스탠더드》는 이런 주장을 여러 건 게재하면서 "납세자가 하루 3,000만 실링을 부담하면서 신식민주의, 인종차별, 노골적인 차별 대우를 경험하고 있다"는 케냐 근로자들의 말을 인용해 보도했다.[81] 보도에 따르면 2023년 이 구간은 주요 경제적 근거가 되는 화물 운송에 제대로 활용되지 못하고 있으며, 심지어 수입이 증가하더라도 중국에 진 채무를 갚는 데 필요한 금액에 훨씬 미치지 못했다.[82]

신新 표준궤 철도 노선과 나란히 이어지는 곳곳에는, 과거 막대한 인적·경제적 희생 끝에 완공된 대규모 프로젝트의 씁쓸한 흔적이 남아 있다. 에어컨이 설치된 쾌적한 신규 구간의 실내에 앉은 승객들은 열차가 달리는 창밖으로, 잡초에 뒤덮인 채 간간히 모습을 드러내는 미터궤 철도인 '루나틱 라인Lunatic Line'을 보게 된다. 1901년에 완공된 루나틱 라인은 사자가 선로를 건설하는 근로자들을 잡아먹고 영국 정부가 비용 초과 때문에 노심초사하는 등 큰 대가를 치른 위험한 건설 과정으로 악명이 높았고, 2017년 결국 폐쇄될 때까지 수십 년 동안 투자 부족, 연착, 사고 등에 시달렸다.[83]

또한 2015년 발표되어 중국이 주도한 컨소시엄의 지원을 받던 라무섬Lamu Island 석탄 발전소의 건설 공사는 그 지역에서 시위가 일어난 후에 환경과 경제적 실행 가능성을 이유로 중단되었다.[84] 2018년 중국은 케냐의 양자 차관 가운데 70퍼센트 이상을 소유한 것으로 알려졌으며, 2021년 케냐는 다른 아프리카 12개국과 함께 중국으로부터 채무 상환 유예를 받아야 했다.[85] 일부 아프리카 국가에서 자국의 부채 수준을 낮추기 위해 (정부가 보증하는 이 공기업 부채의 채권자는 상당 부분 중국 수출입은행이다) 일대일로 프로젝트를 취소하거나 연기하는 사례가 증가하고 있는 한편 안전과 환경을 이유로 중단되거나 폐지되는 프로젝트도 있다.[86]

이 지역이 신실크로드의 핵심 동력으로 여겨지는 한편, 일부 중국 관리의 말처럼, 그 '주축'을 이루는 것은 남아시아와 동남아시아 지역이다.[87] 그러나 이들 지역에서 중국이 기대한 정치적 이익을 항상 실현할 수 있었던 것은 아니다. 예를 들어 몰디브에서는 2020년 노골적으로 일대일로에 반대하는 플랫폼을 내세운 몰디브 민주당에 밀려 친중 성향의 진보당이 의석을 잃었다. 몰디브의 새 대통령은 심지어 이 프로젝트를 '대형 사기극'이자 '부채 함정'이라고까지 표현하면서 중단하거나 재협상해야 한다고 말했다. 말레이시아에서는 2018~2020년 총리를 지낸 마하티르 모하맛Mahathir Mohamad은 일대일로 프로젝트를, 거부해야 마땅한 '신식민주의'의 한 형태라고 묘사하기도 했다.88

그 밖의 지역에서도, 함반토타 항만 개발에 투자한 중국 차관을 상환할 수 없는 상황에 놓인 스리랑카 정부는 2016년 말과 2017년 어쩔 수 없이 중국에 99년간 그 항구를 임대하는 방안을 협의할 수밖에 없었다.89 이 협상을 계기로 노조와 반대 단체의 시위가 일어났다. 2017년 초에는 중국에 자치권을 상실했다는 인식이 확대되고 약 60제곱킬로미터 규모의 산업 지역을 건설하기 위해 토지를 수탈한다는 소문이 돌면서 함반토타에서 폭력 시위가 발생했다.90 2018년 방글라데시는 도로 프로젝트에서 유리한 조건을 따내기 위해 정부 관리에게 뇌물을 주려 했다는 이유로 국영 중국 통신건설회사CCCC의 자회사인 중국 항만엔지니어링회사에 금지령을 내렸다. 같은 해 말레이시아 정부는 또한 부패와 과다 청구에 대한 조사가 진행되는 동안 CCCC의 한 철도 프로젝트를 중단했다.91 동남아시아 전역에서 환경 파괴에 대한 두려움과 '외국인에게 매각하는' 토지를 둘러싼 분노에 이르기까지 우려와 항의가 다양한 형태로 나타났다.92

중국부터 국경 너머의 다른 지역까지 환경 오염을 유발하는 산업이 개발되고 이전되는 사실에 불안감이 점점 고조됨에 따라 신실크로드의 모든 경로에서 환경에 대한 우려가 제기되고 있다. 2016년 후반 중국 은행과 기업이 일대일로 참여국에서 진행한 석탄 프로젝트만 해도 240건에 달했다.[93] 2017년 세계자연기금 WWF 보고서는 신실크로드 프로젝트와 취약한 환경 지역이 상당 부분 겹친다고 지적했다. 즉 1,700개 이상의 주요 조류 지역과 생물 다양성 지역이 위험에 처해 있고 265종 이상의 멸종위기종이 악영향을 받을 가능성에 놓여 있다. 인도네시아 수마트라섬에 중국이 건설한 댐 또한 바탕 토루Batang Toru 정글 생태계에서 살아가는 오랑우탄에게 위협이 되고 있다.[94]

또한 새로운 실크로드의 건설에 타설되는 콘크리트의 양 때문에 이산화탄소 배출량도 대폭 늘어났다. 2018년 영국 왕립국제문제연구소의 보고서에 따르면 매년 세계에서 생산되는 시멘트가 40억 톤이 넘어 세계 탄소 배출량의 약 8퍼센트를 차지하며,[95] 이는 다시 지구 온난화와 해수면 상승에 영향을 끼친다. 2021년 중국 주변의 해수면 상승은 사상 최고치를 기록했는데, 중국 국립해양환경감시센터는 연례 회보에서 2021년 연안 해수면이 1993~2011년의 평균보다 약 7.6센티미터 더 높았다고 밝혔다. 중국의 연안 해수면은 같은 기간 동안 세계 평균보다 더 높은 속도로 상승했다.[96]

중국 환경부는 향후 30년 동안 연안 해수면이 약 5.3~17센티미터 더 상승할 것으로 예측한다. 이 해안선을 보호하려면 콘크리트를 더 많이 쏟아부어야 하고, 그에 따라 이산화탄소가 더 많이 배출될 것이다. 해수면이 상승하면 갯벌이 사라질뿐더러 해안 생태계가 침식에 취약해진다. 유엔정부간기후변화협의체IPCC는 해수면 상승이 "중국 연안 도시와 인구에 심각한 위협"이라고 인정했다.[97] 이런 관점에서 볼 때 일대일로 프로젝트를 위해 타설되는 콘크리트가 중국 자국 내의 환경 재앙에 한몫하고 있는 셈이다.

신실크로드 사업의 풀리지 않는 모순

몸바사에서 몰디브에 이르기까지 '실크로드 정신'[98]에 호소하는 중국의 책략은 현지에서 위협감과 불안감, 그리고 환경 파괴에 대한 인식을 불러일으킴으로써 금세 힘을 잃을 수 있다. 이를 중국 정부는 흔히 종종 간과하지만, 지역사회가 시위와 정치적 동원을 통해 신실크로드의 욕망에 맞서고 있다. 중국의 계획과 세계지리의 재구성을 이해하려면 다양한 관점과 의견을 더 폭넓게 포용하는 분석이 필요하다. 그래야만 이 전략에 관련된 질문의 해답을 찾을 수 있을 것이다. 신실크로드 전략은 중국의 경제 및 정치 모델에 더 많은 지역을 결속시키고 있을까, 아니면 그저 이에 대한 반대를 키우고 있는 것일까? 실크로드 네트워크가 확장됨에 따라 새로운 프로젝트가 늘어날까, 아니면 인프라 프로젝트가 제대로 활용되지 못하거나 심지어 난관에 부딪히는 바람에 제힘을 이기지 못하고 붕괴할까?

중국의 신실크로드 서사는 여러 경로를 통해 전개될 것이며 그 가운데 어떤 것은 성공하고 또 어떤 것은 실패할 것이다. 그것은 원대한 지정학적 전략이기도 하지만 그에 못지않게 일관성이 없고 다급하며 기회주의적인 계획이다. 또한 갈수록 확대되는 긴장 상태로 말미암아 신실크로드 이니셔티브가 약화되고 있다. 이는 무엇보다 중국의 급격한 경제 성장이 해외 투자와 자원 수입, 그리고 중국의 지정학적 라이벌이 된 국가(미국, 일본, 대만, 호주, 유럽연합 등)와 지역으로의 제조품 수출에 기반하고 있다는 모순 때문이다.[99] 수출 지향적인 중국 경제의 특성은 중국이 스스로 주장하는 정치-군사적 우위와 어울리지 않는다.[100] 1970년대 말과 1980년대 초에 공산주의 중국이 자본주의 세계 경제와 '파우스트식 흥정'을 했던 것이, 반세기가 지난 지금 신실크로드 사업에서 여전히 풀리지 않는 모순으로 곳곳에 남아 있다.[101]

이런 관점에서 볼 때 신실크로드는 단순히 한 국가의 한 지도자가 구상한 비전으로 보기 어렵다. 하지만 중국에 대해 거의 아는 바가 없는 서방 국가는 신실크로드의 이면에 있는 이유와 근거를 아직도 제대로 이해하지 못하고 있다. 이를테면 영국의 전 총리, 토니 블레어Tony Blair는 자서전에서 1997년 총리 자격으로 홍콩의 중국 반환을 감독하고자 홍콩을 방문했을 때 당시 중국 국가주석이던 장쩌민과 영국과 중국 간의 역사에 대한 주제로 대화를 나누는 내내 애를 먹었다고 회고했다. 그의 표현을 빌리자면, 그는 "그것이 어떤 과거였는지를 그저 상당히 막연하게 개략적으로 이해하는 수준이었다." 그때 논의의 주제는 아편전쟁이었고, 그것이야말로 애초 홍콩이 영국에 양도된 결정적인 이유였다.[102]

신실크로드 이면의 역사는 단순히 도로와 철도를 확정하는 것보다 훨씬 더 심오하다. 이 프로젝트는 중국의 유라시아 지배나 중국 경제에 대한 해결책, 또는 새로운 개발 모델이라는 단순한 서사를 넘어서는 분기점이자 새로운 미래가 담긴 계획이다. 이 세 서사는 모두 이 프로젝트에 나타나는 당혹스러운 비일관성과 불균형, 모순을 설명하지 못하는 환원주의적 신화다. 일대일로를 둘러싼 신화를 맹목적으로 반복하기보다는 신실크로드의 상충하는 상상 속의 지리가, 설령 작은 규모라 해도 어떤 식으로 세계를 개편하는지 이해해야 한다.[103]

거대 프로젝트와 남중국해에서 구축하는 인공섬에만 집중하다 보면 점점 더 커져만 가는 위협을 간과할 가능성이 있다. 머지않아 남중국해의 파도가 삼킬 것은 한 아르메니아 상인의 묘비만이 아니다. 국가 부흥과 '남남' 협력의 '윈윈' 전략에 대한 주장도, 인간이 초래한 기후변화라는 파도 아래로 이 섬과 산호초들이 가라앉는 순간 공허한 울림이 되기 시작할 것이다. 결국 중국 그리고 우리 모두가 가라앉지 않도록 받쳐줄 것은, 갈등이나 경쟁이 아닌 협력이다.

8장

아프리카
영화로운 제국의 사라진 역사

곤다르Gonder(에티오피아 서북부의 고원 도시 — 옮긴이)에 있는 성의 포탑과 둥근 지붕이 방문객 머리 너머로 어렴풋이 보인다. 그곳의 탑과 흙벽은 하늘을 액자처럼 두른다. 우아함과 단호함을 동시에 보여주는 이 구조물은 난공불락의 성벽이 둘러쳐진 경내에 위치하며 교회, 궁전, 공회당, 온천, 도서관, 심지어 사자 우리의 잔해를 에워싸고 있다.[1] 이 방대하고 웅장한 요새 단지는 마치《반지의 제왕》에 나오는 가상의 곤도르 왕국kingdom of Gondor에서 그대로 튀어나온 것같다. 그러나 곤다르 성은 실재하며 1648년 그곳을 방문한 예멘의 한 사절단은 그곳을 "돌과 석회로 지은 찬란한 기적 가운데 가장 아름다운 곳"이라

에티오피아, 곤다르의 파실 게비 Fasil Ghebbi는 16~17세기 에티오피아의 황제와 그의 후계자들이 거주했던 곳으로, 공공과 개인 건물이 나눠져 있다는 점이 독특하다. 교회 내부 벽에 아름답게 채색된 종교 역사의 장면을 통해 아프리카 고유의 예술성을 엿볼 수 있다.

고 묘사했다.[2] 1636~1855년 에티오피아 제국의 수도였던 그곳은 오늘날 관광 가이드들로부터 '아프리카의 카멜롯'이라는 호칭을 얻었으며, 아프리카의 오랜 신화가 시작되는 곳이기도 하다.

매혹적인 채색 종교 필사본을 포함해 곤다르에서 제작된 보물 가운데 대다수가 이제는 이 도시에 남아 있지 않다. 런던 대영도서관의 소장품으로 에티오피아 필사본을 볼 수 있는데, 곤다르와 에티오피아의 다른 지역에서 생산된 회화와 서예의 예술성이 잘 드러난다.[3] 이 필사본들은 금관, 직물, 석판, 행렬용 십자가, 황금 성배, 보석류, 전설적인 계약의 궤 Ark of the Covenant(구약성서에 나오는 장막이나 솔로몬 성전의 지성소에 안치되어 있던 거룩한 상자 — 옮긴이)를 상징하는 성스러운 종교적 언약궤 등의 다른 귀중품과 함께 런던으로 옮겨졌다. 이것들은 1868년 막달라Maqdala 전투에서 에티오피아 황제 테워드로스 2세Tewodros II가 패배한 후 영국군이 약탈한 물품이었다. 에티오피아가 거듭 반환을 요청했지만, 이 유물의 대부분은 아직도 대영도서관을 비롯한 몇몇 영국 박물관과 도서관에 소장되어 있다.[4] 2019년 영국을 방문해 반환을 요청했던 에티오피아 문화부 장관 히루트 카소Hirut Kassaw에 따르면 이 유물들은 "에티오피아와 국민의 실존적인 구조를 이루는 근본 요소"다. 대부분의 영국인들이 막달라 보물이 존재한다는 사실조차 모르는 상황에서, 많은 보물이 대중의 눈에 보이지 않는 수장고에 보관되어 있으며 영구적으로 반환해달라는 에티오피아의 요청은 번번이 거부되었다.[5]

여전히 살아있는 '제국주의'

영국 제2의 도시인 버밍엄의 중앙 도서관에서 최근 제국의 유산에 대해 지금까지와는 다른 새로운 시각이 등장했다. 2022년 여름, 이 도서관은 '제국의 도시에서 다양성의 도시로: 시각적인 여정'이라는 제목의 전시회를 개최했다. 총, 도끼, 괭이, 소 방울부터 노예용 사슬과 철제 목걸이에 이르는 이 전시회에서 관람객들은 한때 세계 제국의 운영에 필요한 물자를 공급했던 도시의 역사를 살펴보았다.[6] 전시회의 도입부에 걸린 한 장의 사진에 인상적인 장면이 담겨 있다. 그것은 이 도시의 최고 유명 인사로 손꼽히는 조지프 체임벌린Joseph Chamberlain의 사진이었는데, 그는 버밍엄대학교의 설립자이자 버밍엄 시장, 버밍엄 하원 의원, 식민지 국무장관을 역임한 인물로, 장차 총리로 부임하는 네빌 체임벌린의 아버지다. 1903년 2월 3일에 촬영한 이 사진 속의 체임벌린은 남아프리카의 한 등반 캠프의 외곽에서 자신의 트레이드마크인 외눈 안경을 낀 채 꼿꼿하게 앉아 있다. 역시 탐험대의 일원이었던 체임벌린의 아내가 그의 옆에 자리 잡고 있다. 그들의 주변에는 제국 시대의 피스 헬멧pith helmets(또는 솔라 토피sola topis)를 쓴 백인 남성 십여 명이 서 있다. 사진 속에는 보이스카우트 운동의 창시자인 로버트 베이든 파월Robert Baden-Powell도 보인다.

이 모든 사람의 앞에 영국의 미래 세대를 위한 제국의 무한한 가능성이 펼쳐져 있는 듯이 보인다. 체임벌린이 버밍엄으로 돌아갈 때 가지고 간 것은 바로 이 가능성이었다. 원정을 마치고 불과 몇 주가 지났을 때 그는 버밍엄에서 행한 연설에서 다음과 같이 선언했다. "하지만 제국은 낡지 않았습니다. 제국은 새롭습니다. 이제 걸음마 단계일 뿐입니다. 지금이야말로 우리가 제국의 기틀을 마련하고 우리와 더불어 사는 사람들이 장차 제국의 운명을 결정할 수 있는 시기입니다."7 당대의 수많은 사람과 마찬가지로 체임벌린은 제국이 자연스럽고 영원한 세계 질서의 방식이라고 생각했다. 그는 제1차 세계대전이 발발하기 며칠 전에 세상을 떠났다. 이 세계대전으로 1919년 대영제국은 베르사유에서 독일의 동-서 아프리카 식민지를 점령하게 되었고 최고 전성기를 누렸다.[8] 그러나 불과 50년이 지난 후 대영제국은 거의 자취도 없이 사라졌다.

버밍엄 같은 도시에서 제국의 역사는 절대 끝나지 않는다. 도서관 전시회의 후반부는 현지 인물사진 작가들이 촬영한 이미지를 통해 도시의 모습을 보여준다. 이 도시는 1950년대부터 대영제국의 각지로부터 건너온 이주민들의 물결이 도착한 목적지였는데, 이들은 전쟁으로 황폐해지고 피로에 절은 영국과 버밍엄의 재건에 큰 힘을 보탰다. 이 새로운 주민의 모습을 담은 인물사진들은 관람객을 지극히 개인적인 세계로 안내한다. 카리브해 출신의 한 신혼부부가 미소 짓고 있는 모습 옆에는 교회에서 신랑 들러리 두 명이 크리켓 배트로 아치를 만들고 있다. 한 젊은 시크교도 남성은 초조하게 앉아 사진을 찍으려고 기다리는 듯이 보이는데, 그의 윗도리 주머니에는 펜 두 자루가 삐죽이 나와 있다. 그리고 카리브해 출신으로 보이는 한 간호사가 영국 전역의 다른 여러 간호사와 마찬가지로 NHS 유니폼 차림으로 도도하게 포즈를 취하고 있다. 이 사진들 속의 세계는 불과 수십 년 전 체임벌린의 사진에서 포착된 위계질서와 특권으로 이루어진 단색적인 제국과는 사뭇 달라 보인다.

도시로 이주한 이주민의 자녀와 손자가 배제와 소외의 극복담을 전하고 있다는 점에서 그 전시회는 제국의 망령을 외면하지는 않았다. 하지만 모든 사람이 큐레이터의 의도에 공감하지는 않았다. 전시회를 홍보하는 유튜브 영상에는 다음과 같은 익명의 댓글이 달려 있었다. "누군가 내게 이 도시가 '다양해'지기를 바라냐고 물어본 적이 없다."⁹ 마치 이 댓글의 아이러니를 예상하기라도 한 듯이 전시회에는 사회학자이자 지식인인 스튜어트 홀Stuart Hall의 인용문이 포함되어 있었다. "노예제도, 식민지, 식민주의는 우리 모두, 즉 그들(당신들)과 우리(그들)를 공통적이고, 불평등하고, 불균등한 역사 속에 가두었다."¹⁰ 댓글을 남긴 익명의 인물은, 유럽인들을 처음 마주한 민족과 사회가 노예제도나 제국주의를 원했는지는 한 번도 생각해본 적이 없을 것이다. 게다가 공식적인 식민 통치는 사라졌을지 몰라도 제국의 인종적 편견과 차별은 그만큼 빨리 사라지지 않았다.

 2016년 어떤 전직 언론인이 버밍엄에서 한 연설에는 영국이 세계를 지배했던 시절에 대한 그리움이 언뜻언뜻 비쳤다. 그 연설은 "로마 제국보다 일곱 배나 넓었던 트라야누스 황제 치하의 체국"에 대한 추억에 잠겼다. 그리고 영국 군함이 "19세기 선조들의 용기와 결단력으로" 아덴만을 위협하는 해적과 맞서 싸우고 있다면서 영국 해군의 소말리아 개입을 찬양했다.¹¹ 연설은 계속해서 "지구상의 모든 대륙의 샛강과 어귀를 따라 영국 소프트파워의 부드럽고 친절한 포함砲艦이 전진하는" 우호적인 영국을 예고했다.¹²

 이 전직 언론인이자, 외무부 장관이며 장차 총리로 부임하는 보리스 존슨은 제국주의를 향한 향수의 안개 속에 휩싸인 나머지 눈 감아줄 수 없는 말실수를 저질렀다. 아프리카에 권위주의가 증가한다고 우려를 표현하면서 아프리카 대륙을 "저 나라that country"라고 표현한 것이다. 케냐의 작가이자 저널리스트인 비야방가 와이나이나Binyavanga Wainaina가 쓴 《아프리카에 대해 쓰는 방법How to Write About Africa》이라는 풍자적인 책의 문구에나 나올 법한 의미심장한 실수였다. 작가는 이 책에서 다음과 같이 제안했다. "여러분의 글에서는 아프리카를 마치 하나의 국가인 것처럼 취급하라. …… 정확한 묘사에 얽매이지 마라. …… 전체적으로 넓은 붓놀림이 좋다."[13] 대표적으로는 곤다르처럼, 과거와 현재의 아프리카가 풍부하고 다양하고 역동적인 문화와 역사를 가지고 있음에도, 아프리카의 개별 국가들은 무시되며 그저 '아프리카'라는 단일한 실체로 간주된다.

존슨은 외무장관으로서 외무부(1966년까지의 명칭은 식민성)[14]에 있는 파머스턴경Lord Palmerston의 지도地圖실을 즐겨 방문하곤 했는데, 그가 제국의 유산을 이해하려고 얼마나 애를 썼는지는 그가 총리로 있던 2021년 여름에 더욱 확연하게 드러났다. 당시 브리스톨에서 인종차별 반대 운동가들이 무역 상인이자 노예 상인, 자선가이자 하원의원이었던 에드워드 콜스턴Edward Colston의 동상을 넘어뜨린 사건이 일어났다. 이에 대해 존슨은 미국에서 경찰이 흑인 조지 플로이드를 체포하는 과정에서 무릎으로 목을 눌러 숨지게 한 사건으로 촉발된 '정당한 분노의 감정'을 인정했다. 그러면서도 한편으로는 동상을 공격하지 말라고 따끔하게 말했다. "이제와서 우리는 과거를 편집하거나 검열하려고 애쓰지 말아야 합니다. 우리가 전혀 다른 역사를 가졌던 척 가장할 수는 없습니다."[15] 그것은 과거를 통제하는 사람들의 핵심을 꿰뚫는 발언이었다. 그렇다면 이전 세대가 편집하고 검열한 역사를 현재에 그대로 방치해야 한다는 말인가? 그리고 존슨이 몸소 구현하는 특권 엘리트 정치인들의 손에 이 과정을 맡겨도 될까? 아니면 지역 주민, 이민자, 활동가, 소수집단, 젊은이 등의 다른 목소리들이 영국의 과거를 해석하는 과정에 참여할 권리를 가져야 할까?

이런 질문들로 판단하건대 유럽과 그 밖의 지역에서 제국에 대한 논쟁은 아직 끝나지 않았다. 2020년 3월 여론조사 기관 유고브 YouGov는 설문조사를 통해 과거 제국이었던 여러 국가의 국민을 대상으로 그런 과거에 대해 어떻게 생각하느냐고 질문했다. 네덜란드 응답자들이 가장 수치심을 느끼지 않는 것으로 나타났는데, 응답자의 절반이 옛 제국을 부끄러워하기보다는 자랑스러워해야 한다고 답했다. 영국에서 이렇게 답한 사람은 3분의 1 수준이었다. 또 다른 3분의 1은 제국이 식민지에 해가 되기보다는 득이 되었다고 답했다. 이는 프랑스와 일본을 포함한 다른 과거의 식민 강대국보다 높은 비율이다. 조사에 참여한 8개국 가운데 자국이 여전히 제국을 유지하기를 바란다고 답한 사람의 비율이 가장 높은 나라도 영국(27%)이었다.[16]

이런 견해는 본질적으로 제국이라는 지리적 상상력과 관계가 있으며, 이를 바탕으로 과거 제국이었던 국가들이 어떤 식으로 아프리카라를 "저 나라"로 대하는지가 결정된다. 아프리카는 획일적이고 미개한 지역이라는 오랜 신화가 존재한다. 이 신화는 민족언어학적 집단이 1,000개가 넘고 인구가 13억 명이 넘으며 54개국으로 구성된 거대한 땅덩어리를 깔끔하게 하나의 지리적 단위로 압축한다.[17] 이 거대한 영토의 풍부함, 다원성, 다양성을 단일 실체로 축소시키면 그것은 마치 함정과 같아서 그런 시각에서 아무리 노력해도 쉽게 빠져나올 수 없다. 카메룬 출신의 작가 엘리자 안양웨 Eliza Anyangwe가 지적했듯이, 이런 복잡성을 압축해버리면 아프리카에 부정적인 고정관념을 갖다 붙이기가 쉽다. "아프리카에는 예외적인 것이 존재한다. 다른 대륙과 민족은 이미 부유해졌거나 부유해지는 중인데, 아프리카인들은, 우리가 생각은 하지만 이제는 점잖은 자리에서 예의상 입에 올리지 않는 그런 이유로 계속 가난 속에 머물기로 선택했다"는 식으로 말이다.[18]

백인 구세주 콤플렉스

자선 모금이라는, 겉보기에는 선량한 렌즈를 통해 아프리카를 바라보고 참여하는 방식이 여전히 팽배하다. 디포 팔로인Dipo Faloyin은 자신의 저서인《아프리카는 국가가 아니다 Africa Is Not a Country》에서 "아프리카가 기능적으로 무력해서 자신들의 문제에 맞서 싸우지 못한다고 묘사하려는 서구의 욕구" 때문에 많은 사람이 느끼는 좌절감을 설명한다. 그는 백인 구세주 콤플렉스와 자선 캠페인에서 유포되는 이미지가 아프리카로부터 "우아함, 품위, 미묘한 차이"를 빼앗는다고 비난한다. 마을 공동체의 삶을 담은 사진을 소셜 미디어에 게시하며 기금을 모금하는 사람들에게 그는 다음과 같이 조언한다. "아무리 귀엽든 얼마나 가난하든 상관없이 …… 모르는 아이를 무작위로 선택해 사진을 찍고, 명확하게 동의를 표하지 않았는데도 사진을 게재하는 일은 피하라. 세상의 다른 어떤 곳에서 누군가 습관적으로 이런 행동을 하는 건 상상할 수 없다."[19]

이런 백인 구세주 콤플렉스의 서사는 이 지역의 풍부함을 가려 버리는 오랜 전통의 최신판이다. 일찍이 1964~1979년 로디지아로 알려진 지역의 백인 통치자들은 고대 도시 그레이트 짐바브웨의 유적에 대한 역사를 꾸며대기 위해 엄청난 노력과 멋대로인 창의력을 쏟아부었다.[20] 거대한 성벽이 둘러쳐진 이 복합 단지는 11세기에서 16세기 초반까지 사람들이 거주하던 곳으로 당시 유럽에서 발견된 어떤 건축물에도 뒤지지 않을 만큼 인상적이었다. 대*옹벽의 외벽은 약 11미터에 이르는 높이로, 지금까지도 눈에 보일 만큼 100만 개가 넘는 화강암들이 기하학적으로 정밀하게 배열되어 있다. 명나라 찻주전자, 페르시아 도자기, 시리아 유리, 인도양의 소라 껍데기 등의 유물이 뒷받침하듯이, 이 유적지는 문명의 중추로서 무역과 지식이 교류되는 지역 네트워크의 중심이며, 세계 나머지 지역과도 연결되어 있었음을 보여준다.[21]

그러나 그레이트 짐바브웨가 존재했다는 사실은 인종차별적 이데올로기에 더 적합하게 과거를 바꾸려는 백인 정착민 사회의 주장에 위협이 되었다. 로디지아에서 발행된 교과서에서는 그 유적지를 아랍 상인, 이미 멸족한 초기 민족, 혹은 심지어 신화 속 인물, 그리고 잃어버린 '백인 문명'에 속한 것이라고 기술했다.[22] 실제로 위대한 왕국의 수도를 건설한 사람들이 오늘날의 흑인 짐바브웨인의 조상만 아니라면 누구든 괜찮았다.

아프리카의 역사를 해석할 때 특정한 의견이 지나치게 많이 반영되는 현상은 오늘날에도 여전히 존재한다. 1997~2020년 저명한 역사 저널에 게재된 학술 논문 네 개 가운데 아프리카에 관한 것은 고작 3퍼센트였다. 이 중에서 아프리카에 거주하는 저자가 쓴 논문은 10퍼센트에 불과한 한편, 미국과 유럽, 그리고 아시아와 오세아니아에 거주하는 저자의 논문은 각각 86퍼센트, 76퍼센트, 40퍼센트에 이르렀다. 참고로 공동 저작 논문이 많아서 백분율의 총합이 100이 넘는다.[23]

그레이트 짐바브웨에서 멀리 떨어진 옥스퍼드대학교 로즈 하우스Rhodes House의 구리copper로 덮힌 돔에는 짐바브웨 버드Zimbabwe Bird라는 거대한 새 모양의 청동 조각상이 자리 잡고 있는데, 그것은 19세기 후반 그레이트 짐바브웨에서 도난당한 11세기 조각상의 복제품이다. 광산 거물이자 정치가, 제국주의자로, 로디지아와 로즈 하우스라는 이름의 원천이 된 세실 로즈Cecil Rhodes는 이 조각상이 매우 정교해서 아프리카 문화권에서 만들어졌을 리가 없다고 생각하고는 엉뚱하게도 그것을 지중해 문명의 유물이라고 판단했다.[24] 불과 수백 미터 떨어진 곳에 있는 옥스퍼드대학교 부속 오리엘칼리지Oriel College의 파사드 위로 로즈의 동상이 보인다. 최근 몇 년 동안 학생들은 그의 그림자를 그 대학교와 그가 내려다보는 옥스퍼드 하이스트리트에서 몰아내고자 캠페인을 벌였다.[25]

로즈와 그의 추종자들이 아프리카 문명의 업적을 숨기려고 시도했음에도 남쪽의 그레이트 짐바브웨부터 북쪽의 기자Giza 피라미드에 이르기까지의 지역은 고대 세계의 몇몇 경이로운 유적지를 간직하고 있다. 하르툼Khartoum에서 북동쪽으로 약 200킬로미터 떨어진, 현재 수단의 메로에Meroë에는 '이집트 최고와 견줄 만한' 기념물이 있으며, 누비아(나일강 유역의 고대 왕국 — 옮긴이)의 케르마Kerma 발굴지에서는 적어도 기원전 3000년 전까지 거슬러 올라가는 도시가 모습을 드러냈다.[26]

그리고 유네스코 세계문화유산으로 지정된 수단 북부의 게벨 바르칼Gebel Barkal은 4장에서 소개한 비르 타윌에서 남동쪽으로 약 400킬로미터 떨어진 곳에 위치한다. 이 유적지는 이집트의 신왕국 시대(기원전 1500년경)부터 신성시되던 산이다. 고대 이집트인은 자신들의 신 아몬Amon이 이 홀리 마운틴Holy Mountain에 산다고 믿었다.[27] 게벨 바르칼의 절벽 기슭에 가면 아몬 신전의 파편을 아직도 볼 수 있으며, 수천 년 동안 그 유적지는 이집트 파라오 왕국의 외곽 한계선, 누비아 자치 왕국의 중심지, 오스만 제국의 속국 등 다양한 역할을 맡았다.[28] 게벨 바르칼과 그 주변 지역의 피라미드, 사원, 묘실, 장례 예배당에는 정교하게 그려진 장면과 글을 포함해 2,000년의 시간을 이어온 창조적 천재성이 보존되어 있다.[29] 그것의 그림자 속에서 현대 국가, 국경, 주권이라는 개념은 규칙보다는 일탈처럼 보인다.

에티오피아 북부 고지대에서 기원후 1세기에 발생한 악숨Aksum 왕국은 금화, 단일석 오벨리스크, 거대 석비, 왕릉, 대형 궁전을 건설한 문명국가였다.[30] 악숨의 유명한 자랑거리는 높이가 약 28미터, 무게가 약 152톤이며 기원후 4세기에 제작된 오벨리스크로, 1937년 이탈리아 파시스트 정권에 약탈당했다가 2005년에야 비로소 반환받았다.³¹ 유네스코 유적지로 지정된 악숨은, 한때 동로마 제국과 페르시아 사이의 최대 강국이었던 이 고대 문명의 부와 중요성을 훌륭하게 보존하고 있다.³²

현재 탄자니아 남부 해안에 위치한 킬와 키시와니Kilwa Kisiwani는 또 다른 유네스코 세계문화유산이다.³³ 그곳은 여러 해안 무역 도시들 가운데 주요 항구이며, 최초 사원은 기원후 800년경에 세워진 것으로 추정된다. 동아프리카의 부와 금 무역이 이 섬을 통해 이루어졌으며, 여기서 시작된 무역로는 멀리 중국까지 이어졌다.³⁴ 이웃한 케냐에 있는 로타감 노스 필러 유적지Lothagam North Pillar Site는 거석 기둥과 석환(돌로 만든 원형 구조물), 무덤들로 이루어진 거대한 공동묘지로, 그 밑에는 약 5,000년 전부터 4,300년 전 사이에 살았던 사람들이 매장되어 있다.³⁵ 흥미롭게도, 이 유적지에서 이루어진 고고학적 조사에서는 매장된 사람들 사이에 사회적 위계가 발견되지 않았는데, 이는 기념비적인 건축물을 세우려면 농업 사회나 정착 사회가 먼저 형성되고, 그 위에 엘리트 계층이 존재해야 한다는 전통적 서사와 상반된다.³⁶

고도로 발달한 다른 사회로는 기원전 500년경 니제르강의 내륙 삼각주 주변에서 발달하기 시작한 서아프리카의 수준 높은 도시 문명들을 꼽을 수 있다.³⁷ 기원후 700~1600년 동안 서아프리카 전역에서 고대 가나를 포함해 베냉Benin, 말리Mali, 송하이Songhai, 아산테Asante 왕국 등 위대한 제국들이 등장했다.³⁸ '황금의 땅'이라는 중세 가나 제국의 명성은 일찍이 8세기 초반에 멀리 바그다드까지 퍼졌다. 게다가

1324년 말리 제국(약 1230~1670)의 9대 왕 만사 무사Mansa Musa가 카이로를 방문했을 때, 그가 금을 너무 많이 가져오는 바람에 금값이 폭락했고 폭락세를 회복하기까지 10년이 걸렸다는 말이 전해진다.[39]

기원후 900년부터 베냉 왕국은 상아와 금속으로 세련되고 정교한 예술 작품을 생산한 장인들의 길드를 통해 부유한 국가로 발전했다.[40] 이 나라는 '베냉 브론즈Benin Bronzes'라고 알려진 걸작들로 최고 전성기를 맞이했다. 베냉 브론즈란 16세기부터 베닌 시티의 왕실을 위해 일하는 전문 길드에서 생산한 것으로, 청동과 황동으로 만들어진 화려하고 정교한 장식의 주조 장식판, 동상, 장식품, 인형 등을 일컫는 말이다. 나이지리아 정부와 베냉 왕궁 대표들이 반환을 요청했음에도 900여 점의 베냉 브론즈 작품은 런던의 대영박물관에 소장되어 있는데, 이들은 대부분 1897년 영국군이 베닌 시티를 점령했을 때 약탈당한 것이다. 이 점령기에 베냉 왕궁에 화재가 일어나 군데군데 파괴되었다. 조상을 모신 사당과 부속 단지에서는 전 오바Obas, 즉 왕의 상징인 황동 두상, 주요 역사적 관습과 전통을 묘사한 현판 등 의식과 의례의 면에서 가치 있는 수천 점의 물건이 약탈당했다. 막달라 전투에서 에티오피아의 보물이 맞이한 운명처럼, 총구의 섬광 속에서 수 세기 동안 이어진 세련되고 풍부한 문화가 약탈을 당하고 뿔뿔이 흩어졌다. 이 참혹한 식민 시대의 사건으로 베냉 왕국은 사실상 종말을 맞았다.[41]

이들 사회는 식민 지배 이전에 기념비적인 정교함을 자랑하던 중세 아프리카 제국들 가운데 일부일 뿐이다.[42] 그들은 아프리카를

베냉 브론즈는 베냉 왕국의 금속 명판과 조각품으로 당시 최고 전성기를 맞았던 베냉 왕국의 유산이다. 그러나 유물의 대부분이 1879년 영국군에 의해 약탈당해 현재는 대영박물관에 소장되어 있다.

낭만적인 영광의 땅으로 바라보는 시각과 고도로 발달한 업적에 보내는 찬사의 한 부분을 형성하며, 케냐의 정치 사상가 알리 마즈루이Ali Mazrui가 표현했듯이 "이집트의 피라미드, 악숨의 드높은 건축물, 에티오피아 랄리벨라Lalibela의 암굴 교회들, 그레이트 짐바브웨의 웅장함, 곤다르의 성에 경의를 표한다." 아프리카의 제국과 왕국을 향한 이 같은 찬사는, 시인이자 세네갈의 초대 대통령으로, '성을 쌓는 사람보다는 소를 치는 사람'을 높이 평가했던 레오폴 세다르 상고르Léopold Sédar Senghor 같은 인물들이 택한 낭만적인 원시주의romantic Primitivism나 이 지역의 단순함에 보내는 찬사와는 대비를 이룬다.43 이는 또 다른 아프리카, 어쩌면 더 큰 아프리카였다. 제국주의 국가들과 나란히 존재하면서도 그 중요성이나 관심도 면에서 크게 밀리지 않았고 그 지역의 신흥 국가들보다 다소 느슨해도 무수한 연결고리와 관계로 결속된 아프리카 말이다.[44]

좌절된, 아프리카의 가능성

마즈루이에 따르면, 아프리카라는 문화적 향수를 지탱하는 두 가지 기둥인 위대한 토착 제국의 고향으로서의 아프리카와 자연의 단순함이 존재하는 현장으로서의 아프리카 모두 '부분적으로 재창조된 것'이다.[45] 그는 아프리카가 몇몇 단계에 걸쳐 재창조되었다고 말한다. 첫 번째 단계는 현재의 북아프리카가 고전적인 지중해 세계의 일부로 이해되고 남유럽의 확장으로 생각되었던 시기였다. 오늘날 튀니지와 알제리 동부에 있는 고대 로마의 식민지 속주를 로마인들은 '아프리카'라고 일컬었지만, 그것은 오늘날 우리가 생각하는 아프리카의 모양과 전혀 닮지 않은 그저 지리적 개념이었다. 그 시기는 지도 제작자들이 대륙의 경계를 구분하기 전이었고 대신 '지중해 문명'이라는 개념이 지배적이었다.[46]

두 번째 단계에서는 아랍인, 페니키아인, 히브리인, 암하라인, 티그라얀인 등 셈어를 사용하는 사람들과 더불어 그리스와 로마의 고전 세계와 더 깊이 교류하는 더 많은 아프리카 민족들이 포함되었다. 이후 기독교는 1세기부터 북아프리카 전역으로 퍼져나갔고, 훗날 4세기에는 나일강 계곡을 따라 에티오피아로 전파되었다.[47] 에티오피아 북부 티그라얀 지역의 아바 가리마Abba Garima 수도원에는 염소 가죽에다 밝은 색의 그림을 곁들여서 쓴 가리마 복음서가 있으며, 이는 현존하는 기독교 복음서 가운데 가장 오래된 사본으로 손꼽는다. 최근 탄소 연대 측정법으로 평가한 결과 그것은 기원후 330~650년에 쓰인 것으로 밝혀졌다.[48]

마즈루이가 생각하는 아프리카 발전의 세 번째 단계는 7세기 초 이슬람이 탄생해 사하라 사막의 북쪽과 남쪽으로 확장된 시기다. 예언자 모하메드를 따른다는 이유로 박해를 받던 초기 무슬림들은 메카에서 홍해를 건너 에티오피아로 도망쳐 피난처를 제공받았다. 이후 이슬람은 송가이Songhai 제국(1325~1591)과 말리 제국의 유산을 꽃피우는 데 중요한 역할을 했다. 이들 제국은 13세기부터 16세기까지 번성했으며, 중세 문명의 기적이라 할 수 있는 팀북투Timbuktu 같은 학문의 중심지이자 세계에서 가장 오래된 대학들 중 하나가 있는 도시를 탄생시켰다.[49]

네 번째 단계는 유럽과의 만남과 무역, 그리고 식민지화의 영향과 함께 시작되었다. 대륙의 윤곽선들이 아프리카인의 의사와 상관없이 강제로 정해짐에 따라 '아프리카인에게 그들이 아프리카인이라는 사실'을 주지시킨 것은 무엇보다 이런 상호 작용이었다. 마즈루이는 이 시기에 아프리카는 유럽이 세계를 발명하는 과정의 일부였으며, 유럽인들이 '세계의 모든 거대한 대륙, 모든 거대한 바다, 수많은 강과 호수, 대부분의 국가'의 이름을 명명하는 과정의 일부라고 생각했다. 여기서 가장 중요한 사실은 이 새로운 세계 질서에서 유럽이 아프리카의 상위에 배치되었다는 점이다.[50]

마지막 단계는 우리가 모두 아프리카에 그 뿌리를 두고 있다는 고고학적 발견으로, 이는 '전 인류가 아프리카의 거대한 디아스포라이며, 모든 인간은 아프리카의 후손'이라는 사실이다. 이 발견을 통해 아프리카는 전 인류와 번성하는 인류 문명의 토대가 되었다. 우리의 정체성과 인류의 궁극적인 기원으로 이동하는 과정을 추적한다 해도 이제 경계로 구분된 민족 공동체나 민족국가의 본질에 닿지 못한다. 대신 아프리카와 아프리카의 역사에 이르게 되며, 이 역사는 아프리카의 해안에서 끝나지 않고 아프리카 자체를 세계화한다.[51] 이는 가나의 초대 대통령 콰메 은크루마 Kwame Nkrumah 같은 사람들이 제시한 것으로, 탈식민화의 순간에 아프리카의 의미를 되찾고자 하는 새로운 개념과 일맥상통하는 관점이었다. 은크루마는 범아프리카주의, 그리고 아프리카와 아프리카의 세계를 향한 디아스포라가 "모든 분열을 허물고 번영이라는 공동의 목적 아래 통합해야 한다"는 신념의 열렬한 지지자였다.[52] 그것은 국민 국가의 미래를 넘어 대륙의 미래에 대한 공통적인 비전이었다.

'아프리카'에 대한 이런 다양한 개념은 수 세기에 걸쳐 형성되었으며 세월이 흐르면서 각 개념의 요소들이 서로 결합했다. 하지만 문화 발전의 이 풍부한 역사는 유럽 제국의 시대와 그들의 이른바 '문명화' 사명과 쉽사리 조화를 이루지 못했다. 1940년대 나이지리아에서 영국 식민 질서에 따라 교육을 받은 작가 치누아 아체베Chinua Achebe는 제국이 아프리카의 실제 역사를 편집하고 검열하는 과정을 직접 목격했다. 그것은 "대륙 민족의 역사를 말살하려는, 폭력적이고 …… 사실에 반하는 노력"이었다.[53] 유럽인들은 아프리카 국가와 왕국의 정복은 물론이고 토착 사회의 분열과 부패, 그들의 부와 자원, 인재를 도둑질하는 행위를 정당화하기 위해 과거를 왜곡해야 했다. 이런 역사를 지워야만 아프리카를 "'저개발' 상태라고 단정할 수 있는 곳"[54] 그리고 외부의 간섭과 외부인의 착취가 필요한 곳으로 만들 수 있었기 때문이다.

반복되는 쿠데타와 군사 정부의 배경

식민지 이전 시대의 풍요로움은 식민지 개척자들의 기록에서 제외되었다. 대서양 노예무역 그리고 이후의 식민 지배, 자원 추출, 억압, 착취가 시작되기 전에 아프리카에는 이미 복잡한 참여 정부 체계를 개발한 사회가 존재했으며, 이런 체계들이 지역, 권역, 세계의 무역 네트워크 안에 고도로 통합되어 있었다.[55] 비록 아랍과 포르투갈 상인들이 노예를 수출하기 전부터 아프리카에 노예제도가 존재했고 심지어 널리 보급되어 있었지만, 노예들은 아메리카 대륙으로 실어나른 대서양 횡단 거래의 규모에 비하면 무색할 정도다.[56] 추정치에 따르면 아메리카 대륙과 서인도 제도에서 노예로 부리기 위해 아프리카에서 끌

려간 사람은 약 1,300만 명이었으며, 이 가운데 10~20퍼센트가 악명 높은 중간 항로 즉, 아프리카 서해안과 서인도 제도의 바다 위에서 목숨을 잃었다.[57] 첫 번째 항로에서는 칼, 총, 탄약, 면포, 도구 등의 상품을 유럽에서 아프리카로 운송하고, 마지막 항로는 주로 아메리카 대륙의 농장에서 생산된 설탕, 쌀, 담배, 인디고, 럼주, 목화 등 원자재를 유럽으로 운송하는 것이었다.[58]

대서양 횡단 무역이 시작되면서 정당화할 수 없는 것을 정당화해야 할 필요가 생겼다. 1730년대에 영국이 세계 최대의 노예 무역국이 되었던 18세기 이전에는 아프리카인이 일반적으로 '피에 굶주리고, 미신에 사로잡히며, 전제적 정부 형태에 쉽게 굴복하는 존재'로 묘사되지 않았다.[59] 그러나 그 지역과 주민에 대한 상상 속의 지리가 바뀐 이후의 결과는 가히 집단 학살 수준이었다. 1600년 사하라 사막 이남이나 열대 아프리카의 인구는 약 5,000만 명으로 신대륙, 유럽, 중동, 아프리카의 인구를 합친 인구의 30퍼센트였다. 1900년 무렵 열대 아프리카의 인구는 약 7,000만 명으로 증가했지만, 신대륙, 유럽, 중동, 아프리카를 합친 인구의 10퍼센트를 넘지 않았다. 이 수치를 바탕으로 역사학자 패트릭 매닝은 노예제도와 노예무역이 없었다면 1850년대 열대 아프리카의 인구는 실제 인구의 두 배에 달했을 것이라고 주장했다.[60]

1640~1807년 동안 영국 선박을 통해 대서양을 건너 수송된 아프리카인은 약 340만 명이었는데, 이 가운데 약 45만 명이 횡단 도중에 사망했다.[61] 처음에는 1807년 노예제도가 폐지되고, 그다음

1834년 노예의 매입과 소유가 불법화되면서 영국의 노예무역이 종지부를 찍었을 때 보상을 받은 사람은 노예가 아니라, 어이없게도, 영국인 노예 소유주였다. 이득을 본 가문의 후손 중에는 영국의 전 총리인 데이비드 캐머런도 포함되어 있으며,[62] 2015년에야 비로소 영국 정부가 노예 소유주들의 인적 재산에 보상을 제공한 결과 발생한 막대한 부채를 영국 납세자들이 '다 갚았다.' 이런 사실은 2015년 영국 재무부의 트위터(현 X)에 폭로되어 세상에 알려졌다. 황급히 삭제되기는 했으나, 납세자들은 거의 200년 동안 역사상 가장 큰 금액의 부도덕한 대출을 자신들이 어떻게 상환했는지를 알게 되었다.[63]

유럽, 아프리카, 아메리카를 잇는 삼각 무역로는 수익성이 높았지만, 노예를 공급하는 공동체에는 치명적이었다. 생산 가능 인구를 잃는다는 점을 접어두고라도 이 무역의 영향을 받은 사회는 다른 방식으로 산산조각났다. 현지 중개자들은 노예를 획득하고 거래하는 데 참여했는데, 노예들은 대체로 전쟁 포로, 노예 사냥에서 납치된 이들, 그리고 범죄자, 부양가족, 또는 대출을 대가로 넘겨진 사람들처럼 공동체 내부에서 팔려 나온 이들로 이루어졌다.[64] 노예제도는 마을들이 서로를 공격해 더 많은 노예를 사로잡도록 유인했고, 이는 정치적 불안정, 기존 국가 및 신흥 국가들 간의 협력 약화, 사법 제도의 부패를 초래했다. 범죄에 대한 처벌이 수익성 높은 사업으로 변질된 것이다.[65] 이전에는 마을 단위의 집단이 돈독하게 협력해 더 큰 규모의 연방, 민족, 궁극적으로는 국가로 발전할 수 있었지만, 포획한 인간을 매매하는 관행에 따를 수밖에 없는 부패와 불신으로 말미암아 마을 간

의 관계가 적대적으로 변했다.[66]

　기존의 정부 형태는 무너졌고 이런 혼란은 노예를 유럽의 무기와 교환하는 '총-노예 순환gun-slave cycle'으로 인해 더욱 악화되었다.[67] 한 공동체가 노예무역 사업에 뛰어들면 전쟁과 습격을 감행할 역량이 증가했으니 이는 그야말로 악순환이었다.[68] 수많은 사람이 날로 확대되는 유혈과 공포, 혼란을 피해 도망쳤지만, 정작 이들이 도착한 곳은 흔히 정착 농업에 적합한 곳이 아니었다.[69] 그 결과가 미친 영향은 어마어마했는데, 이를테면 최근의 열악한 경제 상황은 노예무역의 규모와 무관하지 않았고[70] 17~18세기 엘리트와 국민 사이의 불화는 21세기에 이르러 국가 지도자를 불신하는 원인이 되었다.[71]

　노예무역이 붕괴한 후 유럽 열강은 19세기 말과 20세기 초 이른바 '아프리카 쟁탈전Scramble for Africa'에 뛰어들어 직접 식민지 개척에 나섰다. 19세기 중후반 대부분 해안 지역이었던 아프리카 가운데 유럽이 지배한 곳은 약 10퍼센트였으나 제1차 세계대전이 발발할 무렵 유럽의 통제를 받지 않은 나라는 에티오피아와 라이베리아뿐이었다.[72] 그러나 식민지 지배 세력은 다양하고 복잡하며 광활한 공간을 관리하기보다는 차라리 정복하는 편이 더 쉽다는 사실을 깨달았다. 결국 식민 정부는 '통치하는 사람들에 대한 지식이 거의 없었고' 현지인들에게 대중 교육을 실행하려는 노력도 보잘것없는 수준이었다. 그 결과 사회를 하나로 모으기보다는 식민지 관리자들이 인정하는 고학력의 소수 지역 엘리트층을 형성하는 과정에서 내부분열의 씨앗을 심게 되었다.[73]

식민 통치의 실정失政과 그 유산을 가장 생생하게 포착한 것은 아마도 아체베Achebe의 걸작인 《모든 것이 산산이 부서진다Things Fall Apart》일 것이다. 소설의 마지막 대목에 영국 백인 치안판사인 한 인물이 등장한다. 영국의 명문 사립 학교 애쉬다운, 이튼, 옥스퍼드 출신으로 추정되는 이 치안판사는 학식과 지혜가 아주 뛰어나 "아무것도 모르면서" 재판하는 법정을 세우고 아직 "우리말 한마디 못하면서" 이 나라를 통치한다.[74] 아체베는 이 소설의 주인공 오콩코의 자살이 일으킨 여파를 바라보는 그 치안판사를 묘사한다. 오콩코는 식민 체제와 맞닥뜨리면서 자신의 신, 신념, 가족, 공동체, 세계가 파괴되어 망가진 삶을 마감한다. 치안판사가 자살 현장을 떠나면서 떠올린 것은 식민 정부에서 근무한 시절을 담은 자신의 회고록인 《니제르강 하류 원시 종족의 평정The Pacification of the Primitive Tribes of the Lower Niger》에서 이 사건이 적어도 한 단락은 차지할 수 있을 것이라는 생각뿐이었다.[75] 아체베는 소설에서 식민지가 되기 전 이그보Igbo족 사회의 폭력과 불평등을 숨기지 않지만, 솔라 토피를 쓴 파괴자 집단의 손에 그 사회가 완전히 파괴된 사실을 몹시 한탄한다.

식민 행정부가 점령지를 개발하기 위해 한 일은 거의 없었다. 그들의 관심은 식민지보다는 본국(내지)의 부를 축적하는 일에만 맞춰져 있었다. 그들이 구축한 인프라는 피지배자의 필요와 이익에 부응하기보다는 우선 천연자원을 착취하고 시장을 개척하기 위한 것이었다. 아프리카의 철도는 유럽이나, 심지어 인도까지 하나로 묶는 네트워크와는 달랐다. 그것은 '복잡한 그물망'으로, 자원 채취가 가능한 내륙과 해안 항구를 연결하는 단선, 협궤 노선이 대부분이었다.[76] 그러는 동안 식민국가의 유럽 통치자들은 자신들이 지배하는 사회를 자신의 이미지에 맞게 효과적으로 재구성하지 못했고, 심지어 새로운 영토를 효율적으로 개발하지도 못했다. 대신 그들은 왕, 추장, 장로 같은 원주민 지도자에게 의존해 세금을 징수하고 노동력을 동원했다. 그러다 보니 정치적 발전은 종종 미미한 수준에 그쳤다.[77]

이처럼 현지 엘리트층에 의존한 결과, '새로운' 식민지 질서는 식민 이전의 낡은 질서를 토대로 세워졌는데, 이는 상당 부분이 비참한 노예무역의 영향을 받아 형성되고 조직된 질서였다.[78] 유럽의 '지배' 세력은 결국 '애초에 유럽의 식민지화에 빌미를 주었던 후진적이거나 폭압적인 그 엘리트층'과의 공생 관계에서 벗어날 수 없게 되었다.[79] 훗날 식민 정부가 물러난 국가를 물려받았을 때 독립 아프리카의 지도자들은 제대로 작동하는 국가 구조, 대중 교육 시스템, 강력한 지역 사법부를 양도받지 못했다. 게다가 그들에게는 국가 전체로 권위와 통제력을 확대할 수 있는 전문성, 인프라, 정당성도 없었다. 최종적으로 유럽 열강이 떠날 때 남긴 것은 거의 없었다.

놀랍게도 오늘날 과거 식민 강대국들의 제국에 대한 기억 속에서, 유럽이 통치했던 지역을 사회적·경제적으로 발전시키지 못했다는 실패의 흔적은 찾아보기 어렵다. 제국들이 패배하고, 좌절하고, 지칠 대로 지쳐 떠날 때 그들은 흔히 자신들이 남긴 혼란을 수습할 책임을 새로운 정부가 즉각적으로 떠맡아야 한다고 요구했다.[80] 외부 지원이 급격히 줄어듦에 따라 신생 독립 정부는 식민 정부의 거래 상대였던 지방의 왕, 족장, 친족 원로와 관계를 형성해야만 했다. 이제 더 이상 식민 시대의 재정과 군사력에 의지할 수 없는 신생 정부는, 국가의 자원에 대해 나름대로 다른 설계를 할 수 있었던 지역 실세들에 비해 열세에 몰리게 되었다. '식민 열강의 아프리카 탈주'로 이 지역에서 쿠데타와 군사 정부가 반복될 수밖에 없는 상황이 조성되었고, 이후에 이러한 반복적인 쿠데타와 군사 정부는 아프리카의 한 특징으로 자리 잡게 된다.[81]

탈식민지화 이후 등장한 40여 개국의 민족국가는 국가가 마땅히 소유해야 하는 이상적이고 환상적인 형태의 주권을 행사할 능력이 없었다. 일부 독립 국가의 지도자들은 이런 상황을 인식했다. 제2차 세계대전 이후 프랑스로부터 독립한 세네갈의 상고르Senghor 같은 일부 정치인과 미래의 지도자들은 인도나 알제리와 달리 자국의 영토가 너무 좁고 너무 가난해서 민족국가로 살아남기 어렵다고 생각하고 초기에는 연방 형태의 대안을 모색했다.[82] 가나의 은크루마는 범아프리카주의Pan-Africanism와 "우리의 독립은 아프리카의 완전한 해방이 이루어지지 않는 한 의미가 없다"라는 신념을 견지했다.[83] 두 사람 모두 민족국가를 초월하는 비전을 제시했으나 결국 실현되지 못했다. 대안적인 연방정치 조직 체계가 등장하지는 않았지만, 민족국가에서 성질이 다른 조직의 공생체 같은 주권 역시 신기루처럼 손에 잡기 어렵다는 사실이 확인되었다.

절대 공정해질 수 없는 문제

식민 지배가 과연 끝난 것인가라는 의문도 제기되었다. 차드, 지부티, 가봉, 코트디부아르, 세네갈에는 지금도 수천 명의 프랑스 군대가 주둔하고 있으며84 프랑스 기업들은 장기간의 광산 채굴권을 이용해 이익을 챙기고 있다.85 프랑스의 강력한 대통령제를 모델로 삼은 프랑스어권 아프리카의 정치 체계는 지역 전체의 민주주의를 퇴보시켰다는 비난을 받았다.86 또한 사하라 사막 이남 아프리카 14개국은 아프리카 금융 공동체CFA, Communauté Financière Africaine를 결성해 프랑을 통화로 삼는데, 이 제도에 따르면 서아프리카 및 중앙아프리카 회원국들은 외환보유고의 절반을 프랑스 국고에 예치해야 한다.87

이들 민족국가의 신화 뒤에는, 기름야자나무, 코코아, 땅콩, 사탕수수, 차 등 식민 통치하에 형성된 단일 작물의 수출에 의존하는 현실이 자리한다. 열악한 인프라, 부족한 물적 자원, 그리고 지배 엘리트층의 '자원이 분배되는 네트워크를 통제해야 하는 절실한 필요성'이 존재하며, 이는 지금까지도 여전히 개선되지 않고 있다.88 아프리카의 여러 탈식민 국가의 취약성은 부패와 독재 정치가 만연하기에 적합한 조건이었는데, 그것은 국가를 장악하는 것 외에는 부나 권력을 얻을 수 있는 대안이 거의 없었기 때문이다.89

식민 체계에서 벗어나는 순간, 제국을 통해 형성된 세계의 특정한 측면은 확실히 사라졌으나 다른 것들은, 비록 형태는 달라졌어도 그대로 남았다.90 2023년 8월 니제르에서 군사 쿠데타가 발생한 후에마뉘엘 마크롱 프랑스 대통령은 프랑스 대사와 군대를 철수한다고 발표했다. 니제르의 신흥 정권은 "제국주의와 신식민주의 세력은 더 이상 우리 영토에서 환영받지 못한다"고 선언하면서 이 결정을 역사적인 진전이라고 흔쾌히 받아들였다.[91] 그러나 그럴싸한 그 말은 곧 공허한 메아리로 바뀌었다. 이웃 나라 말리의 쿠데타 세력이 러시아의 지원을 받는 용병 부대인 바그너 그룹에 도움을 요청했다는 소식이 보도되었기 때문이다. 니제르의 한 해설가는 이런 현실을 다음과 같이 안타까워했다. "이건 전부 사기입니다. …… 그들은 헌법 질서와 합법성을 회복하겠다면서 외국의 간섭에 반대합니다. 하지만 그러면서도 바그너 그룹이나 러시아와 협정을 맺어 헌법 질서를 훼손하는 데는 거리낌이 없습니다."[92]

2015년 중앙아프리카공화국CAR의 지도층 역시 러시아로 눈을 돌렸다. 이 분쟁 기간에 바그너 그룹은 목재, 금, 다이아몬드를 수출하여 이익을 챙겼고, 현지 저항을 잔혹하게 진압한 용병들에게 거액을 지급했다. 말리에서는 2020년 군사 정권이 들어선 이후 폭력이 급증했는데, 2021년 이후 말리에서 활동한 바그너 용병이 1,000명이 넘는다는 보도가 있었다.[93] 러시아는 2023년 여름에 일어난 국내 쿠데타 시도의 여파로 바그너가 해체된 후에 수십억 달러 규모의 지역 내 작전을 더 직접적으로 통제했고 현재는 대부분 러시아 '원정 군단'이라는 이름으로 운영된다. 새로운 이름을 얻은 이 용병 조직의 지도부는 2023년 9월에 그 지역을 순회하며 리비아, 부르키나파소, CAR, 말리, 이후 니제르의 단체나 정부와 회담을 가졌다. 그들은 아프리카 각국 정부에 '정권 유지를 위한 생존 패키지'를 제공하고 있으며, 용병 배치와 보안에 필요한 비용은 주로 광산 채굴권 같은 병행 사업 활동으로 벌충한다고 알려졌다.[94] 분석가들의 집계에 따르면 바그너가 배치된 지역에서는 한결같이 폭력이 급증했다. 말리에서 잔혹 행위가 증가하면서 폭력과 지하드 단체로의 포섭, 공격 증가 등 악순환이 가속화되었다.[95]

작금의 사태를 통해 이들 국가의 취약성과 식민주의가 남긴 잔재, 식민 '질서'의 토대가 되었던 노예제도의 혼란과 무질서가 고스란히 드러난다.[96] 그리고 신식민주의의 새로운 주체들은 자기 잇속을 챙기기 위해 이런 취약성을 이용한다. 그러나 이런 현실들은 과거 식민 강대국들이 느끼는 제국에 대한 아련한 향수, 다시 말해 제국의 복잡한 역사에 대한 올바른 인식이 부족한 탓에 새록새록 피어나는 향수를 막지 못했다. 예컨대 영국에서는 내무부가 공무원들에게 제국의 유산과 영국의 식민 과거에 대해 교육하기 위한 모듈형 교육과정을 개발하라고 지시했다.[97] 2022년 2월 영국 교육부가 제국과 제국주의와 관련된 여러 주제를 포함해 '학생들이 반대 견해의 균형 잡힌 표현을 수용하도록 만들기 위한' 학교의 법적 의무 지침을 발표함에 따라 이 교육과정의 수요는 계속 증가할 것이다.[98] 인도와 나이지리아 출신의 부모를 둔 수엘라 브레이버만Suella Braverman 의원(2022~2023년 내무장관)과 케미 바데노크Kemi Badenoch 의원(2022~2024년 여성 평등부 장관) 등 신세대 보수당 정치인들은 영국 제국이 "선善을 위한 힘이었다"[99]고 주장하며 역사의 "양면"을 알려야 한다고 촉구했다.[100]

이 지침이 발표될 당시 교육부 장관(2021~2022)이었던 나딤 자하위Nadhim Zahawi 의원은 2022년 3월 학교에서 긍정적이라고 생각되는 측면을 포함해 대영제국의 "모든 측면"을 가르쳐야 한다고 말했다.101 그는 "실제로 수십 년 동안 나라에 훌륭하게 봉사했고 아이들이 배워야 할 종류의 것"이라며 자신의 고국인 이라크를 영국 공무원 제도의 유산을 보여주는 좋은 예로 들었다.102 의심할 여지가 없는 진심에서 우러난 감정이지만 제국에 관한 이런 경험은 대부분의 식민지 피지배층의 경험과는 달랐다.

교육, 정의, 평등을 담당하는 정치인들이 제국에 대한 '균형 잡힌' 접근법을 옹호하는 상황에서 런던의 교사 나딘 아스발리Nadeine Asbali는 2022년 3월 한 일간지의 기사에서 어떤 것들은 절대 평등하지 않다며 이렇게 대응했다. "기찻길이 만들어졌다는 이유로 유색인종 아이들의 조상들에 대한 지배와 고문, 살인을 정당화한다면 그 학생들에게 어떤 메시지를 전할 것인가? …… 식민주의를 양면적인 문제라고 표현하는 것은 공정하지 않다."103

제국은 결코 균형 잡히거나 공정하지 않았는데, 왜 지금 와서 그랬다고 가르쳐야 하는가? 훗날 사담 후세인을 위해 열심히 일했던 대단한 이라크 공무원 조직을 설명하면서 제국의 학대와 불평등을 정당화할 수 있을까? 이는 제국에 대한 영국의 오랜 공개 토론을 단적으로 보여주는 문제로, 지금껏 흔히 '대차대조표' 접근방식으로 축소되었다.104 이 논쟁에서는 식민지의 관점이 대부분 배제되고 식민지 지배자의 행위만 주목받는다. 많은 사람의 지배적인 논지는 "'균형 잡힌 시각에서 볼 때' 대영제국은 '선한 것'이었고 탈식민지화는 대체로 우호적이거나 심지어 자비로운 과정이었다."[105] 이런 논쟁이 영국에서만 일어난 것은 아니었다. 2005년 프랑스의 신규 법안 제4조는 학교 교과과정에서 "프랑스의 해외 진출이 담당한 긍정적인 역할"과 프랑스의 식민지 역사를 강조하라고 명시해 논란이 일었다. 이 조항은 엄청난 반발을 불러일으켰고 결국 당시 대통령인 자크 시라크는 이를 철회해야 했다.[106]

박물관을 통해 제국과 아프리카를 가르치는 문제 또한 똑같은 논쟁에 휩싸였다. 지난 몇 년 동안 브뤼셀 외곽에 위치하며 세계 최대로 손꼽히는 아프리카 전문 박물관인 왕립 중앙아프리카 박물관은 현대적 재구성 계획을 놓고 갈등에 휩싸였다. 식민 지배의 참상을 고발한 작가 애덤 호크실드Adam Hochschild가 "옛 식민" 세력이라고 일컫는 이들(1960년 콩고가 독립하기 전에 콩고에 거주하며 일했던 사람들과 그 후손)은 벨기에의 식민 지배를 가감 없이 보여주는 것에 반대했다. 그들은 1885년~1908년에 콩고가 레오폴드 2세 국왕King Leopold II의 개인 영지였던 시절을 포함해 벨기에의 악명 높은 콩고 식민 지배 역사와 정면으로 마주하는 것을 오랫동안 거부했다. 콩고가 너무나도 무자비하게 잔혹하고 야만적인 지배를 받은 탓에 인구학자들은 콩고의 인구가 살인, 기아, 질병으로 인해 약 1,000만 명이 감소했다고 추정했다. 최근까지 박물관에 전시된 작품들에서는 이 공포의 통치기에 벌어진 잔혹 행위와 소장품의 사연 뒤에 감추어진 수많은 희생자의 잃어버린 삶과 기억에서 사라진 삶에 대한 인식을 거의 찾아볼 수 없다.[107]

왕립 중앙아프리카 박물관은 전 세계 박물관의 실정을 알 수 있는 한 단편일 뿐이다. 박물관에 소장된 사하라 사막 이남 아프리카 유물 중에서 이 지역의 외부, 즉 브뤼셀, 뉴욕, 런던과 같은 도시에 소장된 것이 90퍼센트가 넘는다.[108] 이 보물들을 감춰두고 있는 여러 국가의 정치인과 큐레이터들은 자신들이 유물의 안전한 관리인이라고 주장하며 전 세계 관람객에게 소장품을 공개한다. 하지만 2023년 대영박물관에서 약 2,000점의 미등록 유물이 손상되거나 분실되었고, 또 이 가운데 최대 1,500점이 도난당했다고 밝혔을 때 이 주장은 공허한 소리처럼 들렸다. 한 독립 조사에 따르면 이 박물관은 현재 분류 중인 전체 소장품을 제대로 파악하지 못했고 현재 보유한 보물은 대부분 대중의 눈에 띄지 않도록 창고와 지하실에 감추어져 있다.[109]

이 유물들에 담긴 이야기는 제대로 전달되지 않았고, 따라서 제국의 지리, 서사, 역사는 상당 부분 여전히 베일에 싸여 있다. 그래서 우리는 지난 100년간의 세계에서 가장 중요했던 여러 사실들을 아직도 놓치고 있다.[110] 에티오피아, 콩고, 아프리카 박물관의 텅 빈 수장고와 전시 공간이 증명하듯이 제국은 단순히 '지나간 역사'가 아니라 지금까지도 살아 숨 쉰다.[111] 탈식민화는 제국이 그 중요성을 잃게 되는 종착점이 아니다. 주권 국가가 제국의 지배에서 깔끔하게 벗어나는 순간도 아니다. 오히려 탈식민화는 혼란스럽고, 우연적이고, 균등하지 않고, 마무리되지 않은 변화의 과정으로, 이 과정에서는 과거에 일어난 일을 우리가 얼마나 이해하는지에 따라 미래의 가능성이 실현되거나 아니면 제한받을 수 있다.[112]

그러나 우리는 해결되지 않은 식민 시대의 과거를 직시하기보다는 여전히 불편함과 수치심을 극복하기 위한 망각에 중점을 둔다. 영국 내 학교에서 14세 이상의 학생들에게 역사는 필수 과목이 아니며 제국, 식민지, 노예제도의 역사를 가르치는 경우는 거의 없다. 중등학교에서 이런 역사를 배울지는 각 학교가 선택한 교과목이나 주제 또는 텍스트에 따라 결정된다.[113] 정치적 분위기와 이른바 '워커리wokery (인종차별과 불평등 같은 사회 문제를 특히 잘 아는 사람들의 행동과 의견을 특히 부정적인 의미로 지칭하는 용어 — 옮긴이)'를 경계하는 타블로이드 언론의 태도를 고려해서 많은 학교가 제국주의 교육의 실험과 논란을 피하는 경향이 있다. 이로 말미암아 식민 시대의 기록물이 대량 삭제되거나 공개되지 않음으로써 집단적 기억상실증을 일으킨다.[114]

탈식민지화 과정에서 대영제국의 많은 기록과 문서가 체계적으로 파기되거나 은폐되었다. 대영제국의 영사관과 고등판무관 사무실에서 수많은 문서가 소각되었고, 보존된 문서 가운데 상당량이 버킹엄셔의 핸슬로프 공원Hanslope Park에 있는 폐쇄된 기록 보관소에 있다. 비록 이전에는 영국 공무원들이 이 사실을 부인했지만, 식민 시대 케냐의 고문 피해자들이 영국 정부를 상대로 소송을 제기한 이후 2011년 마침내 이 문서 보관소의 존재가 인정되었다. 이 재판에 하버드대학교 역사학자 캐롤라인 엘킨스Caroline Elkins가 전문가 증인으로 출석했다. 《영국의 강제노동수용소Britain's Gulag》를 쓴 그는 이 책에서 1950년대 마우마우Mau Mau 봉기의 진압 과정에서 일어난 조직적인 폭력과 고위급이 자행한 은폐에 대해 이야기했다.[115] 엘킨스의 하버드대학교 동료인 마야 자사노프Maya Jasanoff는 식민 시대 기록물 문제와 관련해 영국 공무원들이 "미래 세대가 써내려갈 역사를 적극적으로 조작하려 했다"고 단적으로 표현한다. 그것은 과거뿐만 아니라 미래를 통제하려는 프로젝트였으며, 핸슬로프 공원의 기록 보관소에서는 조직적이고 광범위하며 충격적인 학대의 기록이 발견되었다. 비록 일부분에 지나지 않지만, 이 기록들은 제국에서 영연방으로의 전환이 질서정연했다는 주장이 거짓임을 폭로한다.[116]

이러한 발견은 단순히 기록물과 분실된 서류에 대한 사소한 세부 사항만을 의미하지는 않는다. 그것은 역사학자 리처드 드레이튼Richard Drayton이 지적했듯이 "불완전한 제국의 역사는 제국의 현실에 대해 부정확할 뿐만 아니라, 심지어 망상에 가까울 수 있다. 미래에 등장할 모종의 폭정과 불평등, 구조적 폭력과 연루될 수 있기 때문이다"라는 점에서 훨씬 더 중대한 의미가 있다.[117] 제국을 미화한다면 과거뿐만 아니라 현재의 부당함을 계속해서 막지 못할뿐더러, 인정받지 못한 역사적 트라우마가 미래를 괴롭히고 혼란에 빠트릴 수 있다. 이른바 선량한 제국이 잃어버린 영토에 대해 느끼는 환상통은 절대 치유될 수 없다.[118] 국가 역사의 고통스러운 장을 마주하지 않는 한, 과거 식민 세력의 정치인과 대중은 아프리카의 제국 시대, 혹은 암리차르Amritsar나 아덴에 이르는 곳에서 무슨 일이 일어났는지를 좀처럼 기억하지 못할 것이다.[119] 아프리카라는 '나라'가 보리스 존슨을 혼란스럽게 했고, 수많은 노예들을 소유한 역사적 사실이 데이비드 캐머런을 어리석게 만들었듯이 제국의 사건과 역사 또한 교육과정이나 예

하버드대학교 역사학자 캐롤라인 엘킨스가 쓴 책에는 영국의 식민 지배에 저항한 케냐의 독립단체 마우마우의 이야기가 담겨 있다. 당시 즉위한 여왕이 독립운동 진압에 나서면서 수많은 케냐인이 각종 고문을 받았다.

전 식민지의 집단 기억에 그대로 남아 있다. 그리고 바로 그곳에서 옛 식민 강대국의 이미지가 계속해서 형성된다.[120]

이 두 세계는 서로 쉽게 분리할 수 없다. 영국과 프랑스에서 민주주의, 평등, 인간 존엄성, 관용, 정의, 자유를 포함하는 '국가의' 부와 문화적 가치는 식민 지배자와 노예 상인들뿐만 아니라 식민지와 노예의 노동과 저항, 비폭력 운동에 의해서도 만들어졌다.[121] 이처럼 이 두 세계를 연결하려면 지도만큼이나 정신의 탈식민화가 요구된다. 그렇지 않으면 아프리카의 풍요로움, 역동성, 다양성을 부정하는 교활한 서사가 끝도 없이 되풀이될 것이다. 제국에 대한 '균형 잡힌' 접근법을 고집한다면, 이는 아프리카 신화의 오랜 속임수를 또 다른 방식으로 회피하는 것일 뿐이며, 아울러 과거 식민 강대국들이 자국의 정체성과 역사에 깊은 불안을 느낀다는 사실을 드러내는 것이다.[122]

제국이라는 단색 렌즈나 온정적인 개입과 자선이 절실히 필요한 빈곤에 시달리는 땅으로 볼 것이 아니라 아프리카는 생생하고 활기찬 총천연색으로 살아 숨 쉬는 복잡한 곳이라고 보아야 마땅하다. 아프리카는 매우 위대한 몇몇 경이로운 세계 문명의 발상지이자 인류의 궁극적인 기원이다. 탈식민 시대에 나타난 탈국가 주권 형태에 대담한 혁신이 일어난 지역이다. 피카소나 마티스 같은 예술가들에게 영감을 선사한, 생동감 넘치고 유동적이며 정교하게 만들어진 우아한 조각품과 가면 또한 이 지역 예술의 다양성이 낳은 결과물이다. 이 숭고한 전통 작품들은 수천 년 동안 존재했고, 결국 훗날 유럽 예술의 '모더니즘적인' 전환에 영감을 불어넣었다.[123] 이런 작품에는 시대를 앞서간 사람들이 구현되어 있는데, 안타깝게도 이들의 이야기는 너무나 오랫동안 식민지 시대의 세계관에 종속되어 있었다. 언약궤처럼, 막달라 전투에서 영국이 에티오피아로부터 약탈한 계약의 궤 등 도난당한 보물을 원래 장소로 복원한다면 이 같은 굴욕을 더 늦지 않게 바로잡을 수 있을 것이다. 이는 정의와 평화, 평등을 향하는 인류 운명의 궤를 변화시키는, 작지만 의미 있는 한 걸음이 될 것이다.[124]

맺음말

신화를 넘어
새로운 세계지리

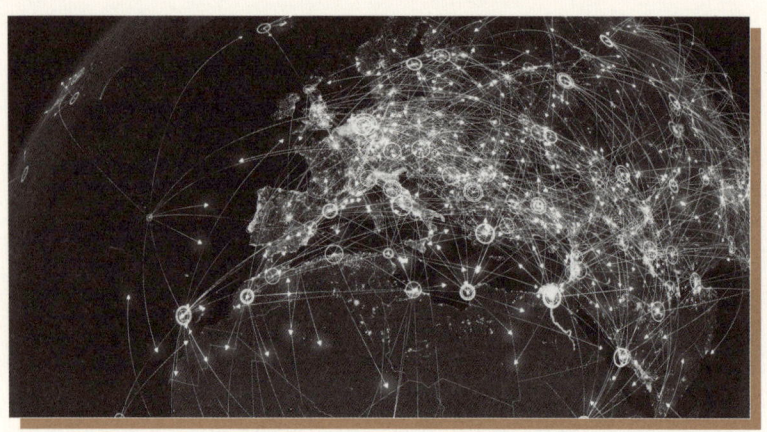

우리의 세계는 언제나 신화에 대한 깊은 믿음에 의해 형성되었다. 평평한 지구, 세상 끝자락의 괴물, 신의 후손으로서 신성하게 영토를 다스리는 왕과 여왕에 대한 굳은 믿음은 오늘날 대륙, 국경, 국가, 주권, 경제 성장을 향한 불꽃같은 믿음으로 대체되었다. 이런 신화들이 현대 세계의 구성 요소가 되면서 놀라운 힘과 매력을 소유하게 되었다.

이런 신화는 우리의 이해 범위를 넘어서는 복잡한 세계에 대처할 수 있게 한다.[1] 이런 의미에서 지리에 대한 신화는 우리 시대의 혼돈에서 질서를 창조하는 한 가지 방법이 된다.[2] 신화가 없었다면 지금 우리가 인식하는 세계를 구성하지도 못했을 것이다. 하지만 아무리 매력적이라 해도 신화가 자연스럽거나 원래부터 존재했던 것은 아니다. 신화가 존재하는 건 우리가 그것이 사실이라고 동의했기 때문이다. 이 가운데 어떤 것이라도 부정한다면 그 여파는 엄청날 것이다. 하지만 그것은 어쩌면 우리의 세계와 우리 서로 간의 관계를 더 나은 방향으로 재구성할 수도 있다.

우리가 신화의 세계에 살고 있다고 말한다 해서 신화에 아무런 의미나 효력이 없다고 주장하는 것은 아니다. 오히려 신화엔 확실히 특별한 힘이 있다. 하지만 대륙이나 주권 같이 만들어낸 개념에는 거의 의문을 제기하지 않는다. 그러면서 일부 사람들이나 세계가 직면한 매우 현실적인 몇몇 비상사태를 '근거 없는 신화' 같다고 적극적으로 표현하는 건 심각한 아이러니이다. 만일 손을 쓰지 않고 방치한다면 인간이 유발한 기후변화의 가속화와 동식물의 멸종이 우리 문명과 자연계를 벼랑 끝까지 몰고 갈 거라는 증거가 차고 넘쳐나는 가운데, 여전히 이를 부정하는 목소리도 있다.[3]

우리는 이미 대량 멸종의 시대에 살고 있다.[4] 2020년에 확인된 멸종 생물 가운데 하나는 중국 주걱철갑상어로, 세계 최대★로 손꼽히던 민물 어류다. 그것은 2억 년 동안 생존했고 공룡을 멸종시킨 대사건을 겪고도 살아남았다. 그러나 인간이 설계한 환경은 끝내 견디지

맺음말

못했다. 입이 축 처지고 주둥이가 길쭉하며 세상에 지친 듯한 모습의 이 아름다운 유선형의 주걱철갑상어는 남획의 희생양이 되었고, 양쯔강에 댐이 건설되어 산란지로 가는 길이 막혀버리자 결국 지구상에서 사라졌다.[5] 다른 여러 멸종 사례와 마찬가지로, 이로써 수백만 년의 적응, 그리고 종과 환경 사이의 상호 작용이 마침표를 찍었고, 생태계가 붕괴할 위험이 커졌다.[6]

냉엄한 현실은 오늘날의 신화를 돌아보게 만든다. 코로나19 팬데믹의 재앙은 지리적 신화의 오류를 드러냈다. 즉 가장 민족주의적이고 주권을 강조하며 국경을 강화하는 지도자들이 실상 가장 무능한 관리자였다는 사실이 드러난 것이다. 코로나19 팬데믹이 발생하자 시진핑은 의사와 의료진의 입을 막음으로써 은폐하기에 급급했고, 보리스 존슨과 도널드 트럼프의 초기 대응은 엉망진창이었다. 그들이 '통제권을 되찾자'와 '미국을 다시 위대하게'라는 풍차를 향해 달려가느라 정신이 팔린 사이 수백만 명이 바이러스에 감염되었고 수십만 명이 사망했다.[7] 자신들만의 고립과 예외를 강조하는 현란한 신화나 GDP가 떨어질지 모른다는 두려움에 사로잡혀 우리가 스스로 만든 암울한 현실을 보지 못하는 근시안적인 실패나 다름없다.

이처럼 주권주의 환상을 좇다 보면 지리에 대한 우리의 신화가 결코 무해하거나, 단순한 호기심 거리가 아니라는 사실을 확인하게 된다. '중국몽', '러시아의 세계', '미국 우선주의' 나아가 '알바니아 우선주의'나 '짐바브웨 우선주의'라는 개념은 핵무기 및 팬데믹에서 자연계의 붕괴까지 이르는 실존적 위협에 직면했을 때 아무런 도움이 되지 않는다. 세계 문제를 먼저 해결하려면 우리가 지금껏 상상했던 지리적 감옥에서 벗어나야 한다.

우리는 거짓된 신을 숭배하지 않겠다고 선택할 수 있지만 아무리 거짓된 신이라도 더 이상 신을 믿지 않으려면 상상력을 비약적으로 도약시켜야 한다. 일단 하나의 신화를 버리고 나면, 다른 신화들도 도미노처럼 줄줄이 무너질 것이다. 이 같이 우리를 가두었던 지리적 상상력으로부터 자유로워질 때 우리는 범세계적인 규모로 상승하고 스스로에게 설정한 경계를 넘어 우리가 서로 연결되어 있다는 사실을 인식할 수 있다. 결국 인간은 육체적으로나 정신적으로 경계를 인식하지 않는 대기와 생물권에 깊이 연결된 존재이기 때문이다.[8]

이처럼 지리를 다시 생각하는 일은 이제 단순한 사고 실험에 그치지 않는다. 우리가 상상하는 주권적 세계는 문제를 완전히 완화하거나 새로운 현실에 적응할 수단을 제공할 수 없기 때문이다.[9] 범세계적인 그림으로 보면 지각판, 해양, 빙하, 강뿐만 아니라 식물, 동물, 인간 등 세계의 멈출 수 없는 흐름과 무한한 움직임, 변화를 보여준다. 이는 우리가 계속 스스로 주입하는 정적이고 분할된 세계라는 인위적인 서사에, 반박할 수 없는 도전을 제시한다.[10] 비록 이런 신화가 지리의 기본 요소처럼 보이지만 결국 영토보다 선행하는 것은 인위적인 세계지도다. 짧고 단순하며 자주 반복되는 이야기이긴 해도 신화는 저마다 거창한 이야기로, 이미 우리의 세계와 삶을 구성하는 초석이 되었다.[11]

그 무엇보다 영원할 것처럼 보이는 지리의 신화조차도 잠깐 머무는 것이며 한 세대만 지나도 이해받기 어려울 것이다. 고대 그리스에서 유래한 대륙 개념이 이런 신화 가운데 가장 오래 지속된 것이라면, 지질학적 시간으로 볼 때 우리가 오늘날 익숙하다고 인식하는 것은 그저 무상할 뿐이다. 우리네 대륙을 구성하는 땅덩어리들은 최초의 초대륙(판게아)이 분리된 시점부터 약 2억 5,000만 년 만에 다음번 충돌, 그리고 새로운 초대륙(판게아 울티마)이 생성되는 과정을 향해 움직이고 있다.[12] 이는 우리가 가늠할 수 없는 시간의 규모이지만, 세계를 재구성한다면 판게아의 정신과 그것이 의미하는 '온 지구 all the Earth'를 파악하는 데 한 걸음 가까워질 수 있다.[13] 지리의 신화에 따라 세계의 풍부함, 다양성, 연결성을 나누고 쪼개는 것보다는 세계의 질서를 세울 수 있는 더 좋은 방법이 있을 것이다.

인류 역사를 통틀어 신화는 언제나 이성과 합리성을 초월했다. 그리고 대륙을 구분하는 산이 실재한다고 상상하고, 꾸며낸 전통을 내세워 온 국가를 동원하고, 대륙과 국가에 대한 매혹적인 이야기를 만들 수 있다면 세상을 상상하는 새로운 방법이 무한하게 존재할 수 있다. 우리 앞에는 우리가 무엇과 누구에게 얽매일 것인지, 그리고 어떤 운명에 스스로를 묶을 것인지에 대한 중대한 선택들이 놓여 있다. '지리가 곧 운명'이라는 상투적인 생각을 초월하려면 이런 신화에서 벗어나야 한다. 어떤 것이든 간에 신화를 부정하려면 확실한 근거에 따라 익숙한 모든 것에 매몰차게 등을 돌려야 한다. 그 순간 우리가 알고 있던 세상은 끝나고 새로운 세계가 다시 시작한다.

여기서 피할 수 없는 질문이 떠오른다. 새로운 시작은 어떤 모습일까? 국가와 여권이 여전히 존재할까? 몰타 주권 기사단에는 여권은 있지만 영토는 없다. 일부 윈드러시 세대에게는 영국에서 주택을 소유할 권리와 강한 소속감이 있었는데도 여권은 없었다. 우리의 신화는 그런 것일까? 우리가 어떤 사람인지, 혹은 어떤 사람이 아닌지를 알려주는 얄팍한 종이 조각과 같은 것일까? 혹은 우리가 남극의 황제펭귄에게서 영감을 얻을 수 있을까? 그들은 환경의 극심한 위협에 맞서 공공의 이익을 위해 무리를 짓는다. 이 무리는 한곳에 머물지 않고 한 몸이 되어 주기적으로 파도처럼 움직이면서 어떤 펭귄에게든 추운 바깥쪽에서 따뜻한 안쪽으로 이동할 수 있는 기회를 제공한다. 이처럼 우리도 우주를 소유하는 다른 (그리고 이타적인) 방식에 적응할 수 있을까?[14] 남극을 방문하는 수만 명의 과학자, 탐험가, 관광객을 비롯하여 어느 한 세력이 지배하지 않는 곳에서 신중하게 협의한 규칙과 규정에 따라 보호와 관리를 받는 편이 더 낫지 않을까? 하지만 이런 규칙을 누가 만드는가? 그리고 어떻게 하면 전 세계와 지역의 경제, 정치, 환경 문제를 민주적으로 관리할 책임을 유엔이나 유럽연합 같은 초국가적 조직에 맡길 수 있을까? 요컨대, 어떻게 하면 미묘한 차이와 다양성 그리고 민주주의를 존중하면서 우리 행성에 공유가능한 미래를 구축할 수 있을 것인가?[15]

 우선 어떤 신화를 삶의 기준으로 삼으면 인간과 지구에 더 유리할지 결정하는 일부터 시작할 수 있다. 현재 환경 상태와 끊이지 않는 분쟁을 고려할 때, 그간 인류를 사로잡았던 지배적인 신화는 갈수록 해로워 보인다. 노선을 바꾸기 위해서는 지도, 국경, 주권, GDP 수치에 가려져서 미묘한 차이와 풍요로움이 드러나지 않는, '가상 현실' 같은 세계를 비판적으로 바라보아야 한다. 지도가 만들어내는 국가라는 공간의 깔끔한 구획으로는 인류 역사의 깊이와 우리 행성을 정의하는 역동적인 변화를 포착할 수 없다. 역사학자 데이비드 루덴David Ludden이 주장했듯이, 우리는 이 지도를 통해 "이동성이란 국경을 넘는 것이라고 상상한다. 마치 국경이 먼저이고 이동성이 그다음인 것처럼 말이다. 오히려 진실은 그 반대 순서다."[16]

언뜻 보는 것과는 달리 히어포드 대성당의 마파 문디가 매우 상세한 현대 지도보다 더 믿을 만한 안내서일지 모른다. 적어도 그것은 지리와 역사가 함께 만들어졌다는 사실을 떠올리게 한다. 이 이미지에는 갈라지는 홍해부터 알렉산드리아 등대의 깜박이는 불꽃에 이르기까지 움직임이 가득하다. 비록 불완전하고 환상적이지만, 마파 문디는 인상적일 만큼 다차원적이며 그 영역 안의 시간과 공간, 움직임을 포착한다.[17] 그에 반해 오늘날의 정치적 지도는 세계의 종착점에 도달했다는 사실을 암시하는 듯하다. 정체와 폐쇄, 완벽하게 구분되어진 선으로 둘러싸인 국가 공간으로 구성된 세계 말이다.

아니면 해리 벡Harry Beck이 상상력과 단순미를 담아 1933년에 처음 제작한 런던 지하철 노선도처럼 우리의 세계지도를 만들어야 할까?[18] 도식적이고 정확하지 않다고 알려진 이 노선도는 물리적 지리를 어느 정도 인정하지만, 정확한 위치보다는 지도상의 위치들이 서로 맺고 있는 관계와 연결성에 중점을 둔다. 이는 지리적 공간에 대한 우리의 사고방식을 재구성하는 놀랍도록 뛰어난 기술이자 예술적 혁

자신이 만든 런던 지하철 노선도를 손에 들고 있는 해리 벡. 거리와 위치의 정확도보다 연결성에 둔 획기적인 디자인으로 오늘날 서울, 도쿄, 뉴욕 등 대도시 지하철 노선도에 활용되고 있다.

신이다. 항공로 지도나 야간에 발산하는 조명의 분포도에서도 이와 유사한 강조점을 포착할 수 있다. 그런 지도들은 국제적인 경계와 대륙 경계의 안팎에서 일어나는 활동과 이동, 변화를 나타낸다.

오늘날에는 종이가 아닌 스마트폰과 컴퓨터 화면에서 지도를 이용하는 경우가 점점 증가한다. 인터넷이라는 거의 통제되지 않는 공간과 마찬가지로 지도는 새로운 기회와 도전 과제를 제시한다. 이를테면 구글 지도의 경계선은 세계 어느 지역에서 보느냐에 따라 다르게 그려진다.[19] 러시아와 중국은 자국의 온라인 공간을 폐쇄하려고 애쓸 뿐만 아니라 세계 다른 지역의 더 개방적인 온라인 지형에도 간섭한다. 한때 신문, 라디오, TV가 세계관을 재구성했듯이, 우리는 지금 한창 인간 커뮤니케이션의 혁명을 겪는 과정에 있고, 인터넷과 소셜 미디어가 재구성하는 세계관에 여전히 익숙해져가는 중이다.

어쩌면 현재의 신화가 퇴색하고 그 의미가 변화함에 따라 이런 신구新舊의 세계관 속에 세계 질서를 세울 방법에 관한 실마리가 있을지도 모른다. 경제, 환경, 공동체에 관한 결정은 현지인에게 더 많이 맡겨야 한다는, 마을, 도시, 지역의 요구가 갈수록 커질까? 이런 요구가 민족국가에서 소수의 손에 너무 많은 권력이 집중된다는 인식과 나란히 존속할 수 있을까? '짐이 곧 국가'라고 혼동하는 지도자가 등장할 위험을 피할 수 있을까?[20] 남극조약 체제에서 교훈을 얻어서 자기 멋대로, 또 일방적으로 아무런 견제를 받지 않고 권력을 행사하려는 특정 국가와 주체들의 시도에 맞설 수 있을까?[21] 온 지구가 갈수록 더 허술하고 취약해지는 상황에서 세계의 질서를 세울 다른 방법을 찾을 수 있는지에 따라 우리의 생존 여부가 결정되는 것일까?

분명한 것은 우리네 삶과 죽음의 기준이 되는 현재의 신화가 우리 시대에 명백히 적합하지 않다는 사실이다. 지구의 생태계와 지정학이 재앙에 직면한 지금, 한때 근대 세계를 형성하는 데 주효했던 우리의 지배적인 지리적 신화가 새로운 위기를 맞아 전복되고 있다. 포스트모던 세계에 적합한 대체 신화라면 지구의 힘, 그리고 우리와 그 힘 사이의 관계를 더 근본적으로 이해하고 좀 더 경건한 자세로 그 힘에 대해 생각할 기회를 다시금 제공해야 할 것이다.[22] 기후변화와 자연계에 대한 위협을 해결하기 위한 초국가적인 캠페인과 계획을 통해 주권 국가를 초월한 새롭고 강력한 연합이 이미 등장하고 있다. 고루한 개념을 초월하는 이런 일에는 희망적이고 흥미로운 요소가 담겨 있다. 무소불위의 민족국가, GDP 목표, 주권이라는 망상의 무게에 눌려 세계의 상호 연결성이 파괴되는 대신 점차 선명해지는 깨달음, 즉 오래된 신화가 우리 시대의 생동감과 잠재력을 발휘하지 못하도록 가로막고 있다는 사실을 인정할 수 있을까?

우리는 시간 속에 갇혀 변화하지 못하고 고형화된 공동체의 산물이 아니라 변화와 이동성의 산물이다. 그러니 이 사실을 명심하고 '국가'라는 경계의 안팎에 존재하는 풍요로운 문화, 가지각색의 관습과 관계를 존중해야 한다. 독특하면서도 서로 중복되는 문화와 전통의 혼합체로 구성된 세계를 위협하는 것이 있다면, 그것은 우리가 현재 공간을 조직하는 방식 때문이다. 현재의 지리적 신화를 초월한 미래는 무정부 상태를 의미하는 게 아니며, 오히려 그것의 예방책이 될 수 있다. 인류가 공유하는 경험의 특징인 세계적인 이동이나 연결성과 지역의 고유성 그리고 다양성이 균형을 맞출 때 우리는 여태껏 놓쳤던 조화가 가능하다는 것을 발견할 수 있을 것이다. 이 같은 변화가 가진 힘을 활용하려면 우선 우리의 관점이 아닌 다른 관점으로 세상을 바라보는 상상력이 필요하다. 그리고 그것이야말로 이 시대의 과제다.

주

서문. 상상으로 그린 세계지도_5대양 6대주의 진실을 찾아서

1   https://www.smithsonianmag.com/science-nature/the-enchanting-sea-monsters-on-medieval-maps-1805646/
2   Ibid.
3   M. Eliade, The Quest of Origins, cited in Paul Claval, 'The geographical study of myths', *Norsk Geografisk Tidsskrift-Norwegian Journal of Geography*, 55, no. 3, p.139.
4   Claval, 'The geographical study of myths', pp.150-51.
5   Maja Essebo, 'A mythical place: A conversation on the earthly aspects of myth', *Progress in Human Geography*, 43, no. 3, p.527.
6   Edward W. Said, *Orientalism*.
7   https://www.scientificamerican.com/article/the-ugly-history-of-climatedeterminism-is-still-evident-today/
8   Ibid.
9   John Agnew, 'Taking back control?', *Territory, Politics, Governance*, 8, no. 2, p.260.
10 https://www.chinadaily.com.cn/china/2008-10/15/content_7105825.htm
11 Dipo Faloyin, *Africa Is Not a Country*, pp.79, 98, 106.
12 Mike Crang, *Cultural Geography*, pp.39-40.

1장. 대륙_몇 개의 대륙이 존재하는가?

1 https://whc.unesco.org/en/list/1152
2 https://www.insider.com/iceland-swim-between-touch-continents-2017-8; https://www.bbc.com/travel/article/20140617-swim-between-two-tectonic-plates
3 Martin Lewis and Kären Wigen, *The Myth of Continents*, p.16.
4 Arnold J. Toynbee, *A Study of History*, vol. 8, pp.711-12, cited in Lewis and Wigen, p.21.
5 Denis de Rougemont, *The Idea of Europe*, pp.36-7, cited in Lewis and Wigen, p.22.
6 See Henry F. Tozer, *A History of Ancient Geography*, p.69, cited in Lewis and Wigen, p.22.
7 See Aristotle, *Politics*, pp.565-7, cited in Lewis and Wigen, p.22.
8 Lewis and Wigen, *The Myth of Continents*, p.21.
9 Herodotus, *The Histories*, pp.134-5 cited in Lewis and Wigen, p.22.
10 Ibid., p.285, cited in Lewis and Wigen, p.22.
11 de Rougemont, *The Idea of Europe*, p.19, cited in Lewis and Wigen. p.23.
12 Mark Bassin, *Russia between Europe and Asia*, pp.2-3.
13 Michael Wintle, 'Renaissance maps and the construction of the idea of Europe', pp.139, 159.
14 https://www.themappamundi.co.uk/index.php
15 Lewis and Wigen, *The Myth of Continents*, p.24.
16 https://www.themappamundi.co.uk/mappa-mundi/
17 Ibid.; https://www.herefordcathedral.org/mappa-mundi; Meryl Jancey, *Mappa Mundi*, pp.11, 15, 17, 19.
18 Jancey, *Mappa Mundi*, pp.9, 28-9.
19 https://www.themappamundi.co.uk/mappa-mundi/; https://www.joh.cam.ac.uk/library/library_exhibitions/schoolresources/exploration/mappa_mundi
20 S. Maqbul Ahmad, 'Cartography of al-Sharif al-Idrisi', in *The History of Cartography Vol. 2*, Book 1, p.156; https://www.loc.gov/item/2021667394/
21 https://blogs.loc.gov/maps/2017/08/new-worlds-to-explore/?loclr=blogmap
22 Ahmad, 'Cartography of al-Sharif al-Idrisi', p.156-57
23 https://blogs.loc.gov/maps/2022/01/al-Idrisis-masterpiece-of-medieval-geography/
24 Ibid.
25 Ibid.
26 Wintle, 'Renaissance maps and the construction of the idea of Europe' pp.139-140.
27 See Peter Burke, 'Did Europe Exist before 1700?', p.23, cited in Lewis and Wigen, pp.23-4.
28 Eviatar Zerubavel, *Terra Cognita*, p.69, cited in Lewis and Wigen, p.25.

29	Lewis and Wigen, *The Myth of Continents*, p.25.; https://www.theatlantic.com/international/archive/2013/12/12-maps-that-changed-the-world/282666/
30	https://www.loc.gov/item/prn-03-110/library-completesof-waldseemuller-map/2003-06-18/; https://www.loc.gov/item/prn-01-093/
31	https://www.theatlantic.com/international/archive/2013/12/12-maps-that-changed-the-world/282666/
32	https://www.loc.gov/item/prn-03-110/library-completes-purchase-of-waldseemuller-map/2003-06-18/
33	See, for example, Nicolas Sanson, *Mappe-Monde*, cited in Lewis and Wigen, p.26.
34	Bassin, *Russia between Europe and Asia*, p.3.
35	Ibid., p.2.
36	Ibid.
37	Ibid, p.2-3.
38	Lewis and Wigen, *The Myth of Continents*, p.23.
39	W. H. Parker, 'Europe: How Far?', *The Geographical Journal*, 26, no. 3, pp.281-3, cited in Bassin, p.3.
40	Bassin, 'Russia between Europe and Asia', pp.6-7; https://altaica.ru/LIBRARY/Strahlenberg.pdf; https://upload.wikimedia.org/wikipedia/commons/a/a5/1730_map_of_Russia_and_Siberia_by_Strahlenberg.jpg
41	Bassin, 'Russia between Europe and Asia', p.6.
42	Ahmad Ibn Fadlan, *Ibn Fadlan and the Land of Darkness*, pp.209-10.
43	Bassin, 'Russia between Europe and Asia', p.7.
44	Ibid., pp.6-7.
45	Sergei G. Pushkarev, Dictionary of Russian Historical Terms, p.31; 'Rossiia', *Sovetskaia Istoricheskaia Entsiklopediia*, 16 vols., 12, p.210; Ladis K. D. Kristof, 'The Russian Image of Russia', in *Essays in Political Geography*, pp.349-353, cited in Bassin, 'Russia between Europe and Asia', p.5.
46	See Parker, p.286, cited in Lewis and Wigen, p.27.
47	W. Bruce Lincoln, *The Conquest of a Continent*, p.40, cited in Lewis and Wigen, p.35.
48	Bassin, 'Russia between Europe and Asia', pp.6-7.
49	Ibid., p.7.
50	https://ruj.uj.edu.pl/xmlui/bitstream/handle/item/247721/diec_russian_pan-slavism_and_its_concept_of_europe_2020.pdf
51	Ibid.
52	Bassin, 'Russia between Europe and Asia', p.9.

53 Nikolai Danilevsky, *Rossiia i Evropa*, pp.56-7, cited in Bassin, 'Russia between Europe and Asia', p.10.

54 Vladimir I. Lamanskii, *Tri mira Aziiskogo-Evropeiskogo materika*, p 9; V. Pyotr Semenov-Tian-Shanskii, 'Lamanskii kak antropogeograf', *Zhivaia Starina*, pp.11-15, cited in Basssin, *Russia between Europe and Asia*, p.12.

55 P. N. Savitsky, 'Geograficheskii obzor Rossii-Evrazii', *Rossiia. Osobyi geograficheskii mir*, p.52.; Bassin, *Russia between Europe and Asia*, p.15.

56 Bassin, 'Russia between Europe and Asia', p.14.

57 Halford J. Mackinder, 'The Geographical Pivot of History', *The Geographical Journal*, 23, no. 4, pp.428-9, cited in Lewis and Wigen, *The Myth of Continents*, p.28.

58 https://sites.utexas.edu/culturescontexts/page/2/

59 https://www.britannica.com/place/Mediterranean-Sea

60 https://earthobservatory.nasa.gov/images/147238/when-rivers-areborders; Laurence C. Smith, *Rivers of Power: How a Natural Force Raised Kingdoms, Destroyed Civilizations, and Shapes Our World*.

61 Lewis and Wigen, *The Myth of Continents*, pp.24, 27.

62 See Hammond's *Ambassador World Atlas* of 1954, cited in Lewis and Wigen, *The Myth of Continents*, pp.31-2.

63 Lewis and Wigen, *The Myth of Continents*, p.38.

64 Ibid., p.40.

65 Ibid., p.34; https://www.sciencedirect.com/topics/earth-and-planetary-sciences/palearctic- region

66 https://earthobservatory.nasa.gov/images/4073/panama-isthmusthat-changed-the-world; https://www.si.edu/newsdesk/releases/recent-connection-between-north-and-south-america-reaffirmed

67 Lewis and Wigen, *The Myth of Continents*, pp.34-35.

68 Wilfred Neill, *The Geography of Life*, p.99; Lewis and Wigen, *The Myth of Continents*, p.34.

69 https://www.geolsoc.org.uk/Education-and-Careers/Ask-a-Geologist/Continents-Supercontinents-and-the-Earths-Crust/Is-the-Continental-Crust-Granitic

70 Lewis and Wigen, *The Myth of Continents*, p.34; Derrick Hasterok, Jacqueline A. Halpin, Alan S. Collins, Martin Hand, Corné Kreemer, Matthew G. Gard and Stijn Glorie, 'New Maps of Global Geological Provinces and Tectonic Plates', *Earth-Science Reviews*, 231, 104069

71 See David G. Howell, *Tectonics of Suspect Terranes*, p.106, cited in Lewis and Wigen, *The Myth of Continents*, p.34.

72 Lewis and Wigen, *The Myth of Continents*, p.34.
73 https://www.britannica.com/place/Pangea
74 Ibid.
75 Naomi Oreskes, 'The Rejection of Continental Drift', *Historical Studies in the Physical and Biological Sciences*, 18, no. 2, pp.312, 318.
76 https://www.britannica.com/place/Gondwana-supercontinent
77 Wintle, 'Renaissance maps and the construction of the idea of Europe', pp.143, 161.
78 https://www.gutenberg.org/cache/epub/35473/pg35473-images.html#ar87
79 See *Encyclopaedia Britannica* (1992), Vol. 18, p.522, cited in Lewis and Wigen, p.36.
80 Lewis and Wigen, *The Myth of Continents*, p.36.
81 Wintle, 'Renaissance maps and the construction of the idea of Europe', pp.153, 150, 159.
82 Lewis and Wigen, *The Myth of Continents*, pp.4-5.
83 Said, *Orientalism*.
84 Lewis and Wigen, p.41.
85 Said, *Orientalism*.
86 https://www.newstatesman.com/2018/12/new-silk-roads-present-futurworld-peter-frankopan-review; https://valdaiclub.com/a/highlights/greater-eurasia-what-is-yet-to-be-done/

2장. 경계_장벽은 왜 무용지물인가?

1 This subtitle is taken from Michael Dear's thought-provoking analysis *Why Walls Won't Work*.
2 https://www.achp.gov/preserve-america/community/nogalesarizona#:~:text=Thousands%20of%20years%20ago%2C%20before,Spanish%20still%20can%20be%20se.
3 https://www.jstor.org/stable/41697262
4 https://time.com/6324599/bidens-trump-history-border-wall/
5 https://www.theguardian.com/us-news/2021/aug/23/trump-border-wall-reportedly-severe-disrepair-Arizona
6 See Henry F. Tozer, *A History of Ancient Geography*, p.69, cited in Lewis and Wigen, p.22.
7 https://www.reuters.com/world/us/trump-heads-us-mexico-borderfresh-attacks-biden-policies-2021-06-30/
8 https://www.theguardian.com/us-news/2021/jan/16/my-neighbourhood-is-being-

destroyed-to-pacify-his-supporters-therace-to-complete-trumps-wall

9   https://www.theguardian.com/us-news/2021/aug/23/trump-border-wall-reportedly-severe-disrepair-arizona; https://www.theatlantic.com/politics/archive/2021/12/steel-trump-border-wall-rusting-desert/621005/

10 https://www.bbc.co.uk/news/world-europe-17632399

11 https://news.stanford.edu/2019/03/08/partition-1947-continues-haunt-india-pakistan-stanford-scholar-says/

12 https://www.nationalgeographic.com/news/2013/8/130805-korean-war-dmz-armistice-38-parallel-geography/

13 https://www.nationalgeographic.com/news/2013/8/130805-korean-war-dmz-armistice-38-parallel-geography/; https://nationalinterest.org/blog/the-buzz/how-2-colonels-national-geographic-map-dividedkorea-24734l

14 Jean Baudrillard, 'Simulacra and simulations', *Selected Writings*, p.166.

15 https://www.nationalgeographic.com/news/2013/8/130805-korean-war-dmz-armistice-38-parallel-geography/; https://nationalinterest.org/blog/the-buzz/how-2-colonels-national-geographic-map-divided-korea-24734

16 https://somatosphere.com/forumpost/containment/; https://www.omroepbrabant.nl/nieuws/3177572/belgische-grens-dwars-doorzeeman-in-baarle-nassau-ik-kon-geen-herenshirts-meer-kopen

17 Philip E. Steinberg, 'Of other seas: metaphors and materialities in maritime regions', *Atlantic Studies*, 10, no. 2.

18 Norman J. Thrower, *Maps and Civilization: Cartography in Culture and Society*; David Woodward, *The History of Cartography, Vol. 3: Cartography in the European Renaissance*; Jordan Branch, '"Colonial reflection" and territoriality: The peripheral origins of sovereign statehood', *European Journal of International Relations*, 18, no. 2, p.284.

19 Robert D. Sack, *Human Territoriality: Its Theory and History*, p.132, cited in Branch, '"Colonial reflection" and territoriality: The peripheral origins of sovereign statehood', *European Journal of International Relations*, 18, no. 2, p.284.

20 Branch, '"Colonial reflection" and territoriality: The peripheral origins of sovereign statehood', *European Journal of International Relations*, 18, no. 2, p.285.

21 Ibid., p.282.

22 Paul W. Schroeder, *The Transformation of European Politics: 1763-1848*, p.391, cited in ibid., pp. 289-90.

23 Branch, '"Colonial reflection" and territoriality: The peripheral origins of sovereign

statehood', *European Journal of International Relations*, 18, no. 2, pp.290, 292.

24 https://www.english- heritage.org.uk/visit/places/hadrians-wall/hadrians-wall-history-and-stories/history/

25 Ibid.; https://www.chroniclelive.co.uk/news/history/hadrians-wall-19-things-you-11294698

26 http://news.bbc.co.uk/1/hi/england/2931730.stm; Richard Hingley, *Hadrian's Wall: A Life*, p.16.

27 Divya Tolia- Kelly, 'Narrating the postcolonial landscape: archaeologies of race at Hadrian's Wall', *Transactions of the Institute of British Geographers*, 36, no. 1, p.72.

28 Ibid., pp.76, 79.

29 https://www.antoninewall.org/about-the-wall/the-romans-in-scotland

30 Hingley, *Hadrian's Wall: A Life*, p.339.

31 Procopius, *History of the Wars*, 8.20.42-8 cited in https://conferences.ncl.ac.uk/readingthewall/conferenceinformation/callforpapers/

32 https://ahrc.ukri.org/research/readwatchlisten/features/hadrianswallalife/

33 Hingley, *Hadrian's Wall: A Life*, p.37.

34 Ibid., pp.42, 46.

35 Ibid., p.37.

36 Ibid., p.296.

37 Robin Birley, *The Building of Hadrian's Wall*, p.11.

38 https://www.smithsonianmag.com/history/fears-fueled-ancient-border-wall-180963025/

39 Matthew Longo, *The Politics of Borders*, p.32.

40 Birley, *The Building of Hadrian's Wall*, p.12.

41 Ibid.

42 Longo, *The Politics of Borders*, pp.32-3.

43 https://www.smithsonianmag.com/history/fears-fueled-ancientborder-wall-180963025/; Birley, *The Building of Hadrian's Wall*, p.34.

44 https://www.english-heritage.org.uk/visit/places/hadrians-wall/hadrians-wall-history-and-stories/history/

45 Ibid.; https://www.english-heritage.org.uk/visit/places/birdoswald-roman-fort-hadrians-wall/history-and-stories/the-secrets-of-birdoswald/

46 Hingley, *Hadrian's Wall: A Life*, pp.23, 25; https://www.english-heritage.org.uk/visit/places/hadrians-wall/hadrians-wall-history-andstories/history/; https://www.english-heritage.org.uk/visit/places/birdoswald-roman-fort-hadrians-wall/history-and-stories/the-secretsof-birdoswald/; Andrew Gardner, 'Hadrian's Wall and Border Studies:

Problems and Prospects', *Britannia* 53, p.165.
47 Hingley, *Hadrian's Wall: A Life*, p.30.
48 Longo, *The Politics of Borders*, p.31.
49 https://ahrc.ukri.org/research/readwatchlisten/features/hadrianswallalife/
50 https://www.migrationmuseum.org/tag/hadrians-wall/
51 Mike Crang, 'World Heritage and world heritages', p.1, cited in Hingley, *Hadrian's Wall: A Life*, pp.317-18.
52 https://www.english-heritage.org.uk/visit/places/birdoswald-romanfort-hadrians-wall/history-and-stories/the-people-of-birdsowald/
53 https://www.museumoflondon.org.uk/families/black-londoners-through-time/african-romans
54 Tolia-Kelly, 'Narrating the postcolonial landscape', p.81.
55 Ibid., p.84.
56 https://www.independent.co.uk/news/uk/this-britain/hadrians-wall-a-horde-of-ancient-treasures-make-for-a-compellingnew-cumbrian-exhibition-2301329.html
57 http://wasleys.org.uk/eleanor/churches/england/north/northumberland/northumberland_one/chollerton/index.html
58 https://www.english-heritage.org.uk/visit/places/birdoswald-roman-fort-hadrians-wall/history-and-stories/the-secrets-of-birdoswald/
59 https://whc.unesco.org/en/list/430/
60 Carlos Rojas, *The Great Wall: A Cultural History*, p.23.
61 Ibid. pp.24-27; Lili Jiang, Qizhang Liang, Qingwen Qi, Yanjun Ye and Xun Liang, 'The heritage and cultural values of ancient Chinese maps', *Journal of Geographical Sciences*, 27, no. 12, p.1527.
62 Rojas, *The Great Wall: A Cultural History*, p.42.
63 Ibid., pp.68-9.
64 Ibid., pp.95, 97.
65 Ibid., pp.97, 121.
66 https://www.nationalgeographic.com/history/magazine/2016/03-04/the-great-wall-of-china/
67 Ibid.
68 Rojas, *The Great Wall: A Cultural History*, p.118.
69 Lei Luo, Nabil Bachagha, Ya Yao, Chuansheng Liu, Pilong Shi, Lanwei Zhu, Jie Shao, and Xinyuan Wang, 'Identifying Linear Traces of the Han Dynasty Great Wall in Dunhuang Using Gaofen-1 Satellite Remote Sensing Imagery and the Hough Transform',

Remote Sensing, 11, no. 22: 2711.

70 https://www.theguardian.com/news/2018/jun/29/the-great-firewall-of-china-xi-jinpings-internet-shutdown
71 Ibid.
72 Ibid.
73 https://www.ft.com/content/ea9c3d83-a8ab-48ad-bcb8-01a5bed3ec2f; https://www.fbi.gov/news/pressrel/press-releases/peoples-republic-ofchina-prc-targeting-of-Covid-19-research-organizations
74 https://www.theguardian.com/world/2020/jul/08/china-great-firewall-descends-hong-kong-internet-users
75 Ibid.
76 https://www.rfa.org/english/news/china/border-07092021122326.html
77 https://www.tni.org/en/walledworld
78 https://www.theguardian.com/world/commentisfree/2023/feb/15/eu-far-right-migration-fortress-Europe
79 https://www.europarl.europa.eu/RegData/etudes/BRIE/2022/733692/EPRS_BRI(2022)733692_EN.pdf
80 James D. Sidaway, 'Iraq/Yugoslavia: Banal Geopolitics', *Antipode*, 35, no.4, pp.601-9.
81 https://www.politico.com/story/2018/11/01/trump-immigration-953569
82 https://www.theguardian.com/us- news/2018/jun/18/donaldtrump-us-migrant-campborder-separation; https://www.ft.com/content/12ed8f9e-de27-11e8-9f04-38d397e6661c
83 https://www.splcenter.org/news/2022/03/23/family-separationtimeline#2022; https://www.whitehouse.gov/briefing-room/presidential-actions/2021/02/02/executive-order-the-establishment-ofinteragency-task-force-on-the-reunification-of-families/
84 https://migrationdataportal.org/themes/migrant-deaths-and-disappearances
85 https://www.iom.int/news/us-mexico-border-worlds-deadliest-migration-land-route
86 https://www.texastribune.org/2022/02/25/texas-border-wall-biden/
87 https://www.texastribune.org/2020/07/02/texas-border-wall-private/
88 https://www.biologicaldiversity.org/campaigns/border_wall/pdfs/Border-Wall-Construction-Defies-Biden-Executive-Order-090722.pdf
89 https://www.texastribune.org/2023/10/05/biden-border-wall-texas-starr-county/
90 https://www.tni.org/en/walledworld
91 https://www.theguardian.com/us-news/2021/jan/16/my-neighbourhood-is-being-destroyed-to-pacify-his-supporters-therace-to-complete-trumps-wall

92 Abby C. Wheatley and Oren Kroll- Zeldin, 'Impermeable Borders and the Futility of Walls', *Peace Review*, 32, no. 2, p.191.
93 Ibid., p.190.
94 https://www.tni.org/en/walledworld
95 Reece Jones, Corey Johnson, Wendy Brown, Gabriel Popescu, Polly Pallister-Wilkins, Alison Mountz and Emily Gilbert, 'Interventions on the state of sovereignty at the border', *Political Geography*, 59, pp.1-10; http://www.sandiegouniontribune.com/opinion/commentary/sd-oeborder-wall-immigration-drugs-20180215-story.html
96 Wheatley and Kroll-Zeldin, 'Impermeable Borders and the Futility of Walls', p.191.
97 https://www.theguardian.com/world/2018/jan/14/legal-marijuanamedical-use-crime-rate-plummets-us-study; https://academic.oup.com/ej/article/129/617/375/5237193
98 *The Economist*, 'Disorder on the Border', 24 December 2022, p.29.
99 https://www.theguardian.com/us-news/2021/jan/16/my-neighbourhood-is-being-destroyed-to-pacify-his-supporters-therace-to-complete-trumps-wall
100 Wheatley and Kroll-Zeldin, 'Impermeable Borders and the Futility of Walls', pp.192-3.
101 Ibid., p.193.
102 https://www.theguardian.com/us-news/2021/jan/16/my-neighbourhood-is-being-destroyed-to-pacify-his-supporters-therace-to-complete-trumps-wall
103 https://theweek.com/immigration/1023983/is-trumps-wall-working
104 Ibid.; https://www.cbp.gov/newsroom/stats/sw-border-migration-fy2020
105 https://www.nytimes.com/2018/03/22/us/politics/border-patrol-wallimmigration-trump-senate-democrats.html
106 https://www.pbs.org/newshour/world/newest-nato-member-finland-starts-building-fence-on-russian-border
107 https://english.elpais.com/international/2023-04-10/europes-new-wall-finland-is-building-a-124-mile-long-border-fence-toprotect-itself-from-russia.html#
108 Wheatley and Kroll-Zeldin, 'Impermeable Borders and the Futility of Walls', p.190.
109 Wendy Brown, *Walled States, Waning Sovereignty*.
110 Wheatley and Kroll-Zeldin, 'Impermeable Borders and the Futility of Walls', p.192.
111 https://www.theguardian.com/us-news/2019/jul/30/pink-seesawsreach-across-divide-us-mexico-border; https://www.instagram.com/p/B0fY2R6hfKr/?utm_source=ig_embed; https://www.bbc.co.uk/news/world-us-canada-55718478
112 Ibid.
113 https://www.tni.org/en/walledworld
114 Longo, *The Politics of Borders*, p.41.

115 https://www.texastribune.org/2021/01/12/trump-texas-border-wall/
116 Ibid.

3장. 국가_국가란 무엇인가?

1 https://www.nts.org.uk/stories/conservation-grazing-in-action-at-culloden-battlefield
2 https://cullodenbattlefield.wordpress.com/page/5/
3 Ibid.
4 https://theconversation.com/how-a-battle-300-years-ago-nearlywrecked-the-new-union-of-england-and-scotland-50670
5 https://www.telegraph.co.uk/politics/2021/03/31/nicola-sturgeon-launches-election-campaign-indy-ref-two-pledge/
6 https://www.whatscotlandthinks.org/questions/how-would-you-vote-in-the-in-a-scottish-independence-referendum-ifheld-now-ask/?removed
7 Eric Hobsbawm, 'Introduction: Inventing Traditions', in Eric Hobsbawm and Terence Ranger (eds.), *The Invention of Tradition*.
8 Ibid.
9 https://discovery.ucl.ac.uk/id/eprint/13015/1/13015.pdf, pp.421, 424-5.
10 https://www.bloomberg.com/news/features/2022-03-26/viktor-orban-sconstruction-in-the- heart-of-budapest?embedded-checkout=true; https://nemzetihauszmannprogram.hu/nhp-strategy-2021.pdf
11 https://thefederalist.com/2021/04/26/what-happened-when-hungaryrevived-classical-architecture-in-budapest/
12 https://www.opendemocracy.net/en/robert-bevan-traditionalist-modernist-beauty-architecture-tufton-street/; https://abouthungary.hu/speeches-and-remarks/viktor-orbans-laudation-address-at-thepresentation-of-the-order-of-merit-to-sir-roger-scruton
13 https://www.bloomberg.com/news/articles/2020-12-24/trump-sbeautiful-building-order-is-here-to-stay?embedded-checkout=true
14 https://thefederalist.com/2021/04/26/what-happened-when-hungaryrevived-classical-architecture-in-budapest/
15 https://www.dezeen.com/2023/05/04/king-charles-coronation-architecture-far-right-opinion/
16 Exhibit in Caernarfon Castle Museum, September 2023.
17 Ibid.

18	https://www.townandcountrymag.com/society/tradition/a26576659/prince-charles-prince-wales-investiture-1969-true-story/
19	https://www.historyextra.com/period/20th-century/charles-princewales-investiture-caernarfon-castle-50-years-welsh-nationalism-whathappened/
20	https://en.wikipedia.org/wiki/House_of_Windsor
21	https://www.youtube.com/watch?v=bo7KldU9kAo
22	Yuri Teper, 'Nationalism and Political Culture in Symbols and Myths in Putin's Russia: 1999-2010', research seminar, University of Manchester, 17 November 2014.
23	Martin J. Daughtry, 'Russia's New Anthem and the Negotiation of National Identity', *Ethnomusicology* 47, no. 1, pp.51-52.
24	https://theconversation.com/the-christmas-tree-is-a-tradition-older-than-christmas-195636
25	https://inews.co.uk/inews-lifestyle/christmas/history-turkey-eat-christmas-day-106736; https://merl.reading.ac.uk/blog/2022/12/why-do-we-eat-turkey-at-christmas/
26	https://history.state.gov/countries/issues/german-unification
27	Ibid.
28	https://history.state.gov/countries/issues/italian-unification
29	Ibid.
30	Benedict Anderson, *Imagined Communities*, p.81.
31	https://nationalismstudies.wordpress.com/2013/10/09/ernestgellner-2/
32	Anderson, *Imagined Communities*, p.7.
33	https://gellnerpage.tripod.com/gellner12.html
34	https://www.prospectmagazine.co.uk/magazine/gellneronnationalism
35	Ernest Gellner, *Nations and Nationalism*, p.36.
36	https://www.parliament.uk/about/living-heritage/transformingsociety/livinglearning/school/overview/1870educationact/
37	Gellner, *Nations and Nationalism*, p.55.
38	Anderson, *Imagined Communities*, p.6.
39	https://public.oed.com/blog/early-modern-english-an-overview/
40	https://www.oxfordreference.com/view/10.1093/acref/9780199661282.001.0001/acref-9780199661282-e-240
41	https://courses.nus.edu.sg/course/elltankw/history/Standardisation/C.htm
42	https://www.cambridge.org/core/books/cambridge-companion-toenglish-dictionaries/samuel-johnson-and-the-first-english-dictionary/D3999C74ED1D776735E1C3F682E43F9B
43	Anderson, *Imagined Communities*, p.35.

44 Michael Billig, *Banal Nationalism*.
45 Anthony D. Smith, *The Ethnic Origins of Nations*, p.213.
46 Simon John, 'A Crusader Duel at the Crystal Palace: The Statues of Godfrey of Bouillon and Richard the Lionheart at the Great Exhibition', *Journal of Victorian Culture*, 26, no. 3, pp.463-63.
47 https://www.rct.uk/collection/44114/richard-i-coeur-de-lion
48 https://www.historic-uk.com/HistoryUK/HistoryofEngland/Richard-Lionheart/; https://www.bbc.co.uk/history/historic_figures/richard_i_king.shtml
49 https://www.rct.uk/collection/44114/richard-i-coeur-de-lion
50 https://www.theguardian.com/commentisfree/2020/jun/10/britain-imperial-past-culture-war-toxic-crimes-empire
51 Craig Calhoun, *Nationalism*, p.6.
52 Michael Ignatieff, *Blood and Belonging*.
53 https://abouthungary.hu/speeches-and-remarks/speech-by-prime-minister-viktor-orban-at-the-31-st-balvanyossummer-free-university-and-student-camp
54 Ibid.
55 https://news.yale.edu/2021/07/30/trumps-muslim-ban-harmed-health-muslim-americans-study-finds
56 https://www.washingtonpost.com/news/the-fix/wp/2017/06/16/theyre-rapists-presidents-trump-campaign-launch-speech-two-yearslater-annotated/
57 https://www.jcwi.org.uk/windrush-scandal-explained
58 https://www.aaihs.org/windrush-and-britains-long-history-of-racialized-belonging/
59 https://talkinghumanities.blogs.sas.ac.uk/2020/12/01/more-britishthan-the-british-windrush-nationality-identity-and-belonging/
60 Ibid.; https://www.theguardian.com/uk-news/2018/apr/17/home-office-destroyed-windrush-landing-cards-says-ex-staffer
61 https://www.aaihs.org/windrush-and-britains-long-history-of-racialized-belonging/
62 https://talkinghumanities.blogs.sas.ac.uk/2020/12/01/more-britishthan-the-british-windrush-nationality-identity-and-belonging/
63 https://www.aaihs.org/windrush-and-britains-long-history-of-racialized-belonging/
64 https://blogs.hud.ac.uk/academics/2018/april/windrushgenerationthehistoryofunbelonging/
65 Ibn Fadlan, *Ibn Fadlan and the Land of Darkness*, pp. xv, xxix, 206.
66 Ibid., p. xv.; https://www.britannica.com/topic/Russian-Orthodox-Church
67 https://ospreypublishing.com/blog/Kulikovo_1380/

68 https://www.jstor.org/stable/368437#metadata_info_tab_contents
69 https://link.springer.com/chapter/10.1007/978-1-349-02307-3_2
70 David Brandenberger, *National Bolshevism*.
71 Walker Connor, 'When Is a Nation?' *Ethnic and Racial Studies*, 13, no. 1, pp.92-103.
72 https://www.washingtonpost.com/news/monkey-cage/wp/2014/03/19/vladimir-putin-ethnic-russian-nationalist/
73 Yuri Teper, 'Official Russian Identity Discourse in Light of the Annexation of Crimea: National or Imperial?' *Post-Soviet Affairs*, 32, no. 4.
74 https://tass.com/society/1086307
75 https://www.rferl.org/a/kremlin-critic-kara-murza-verdicttreason-trial-/32366209.html; https://www.rferl.org/a/russia-vladimir-kurza-profile/32367146.html
76 Vladimir Putin, 'On the Historical Unity of Russians and Ukrainians', https://www.legal-tools.org/doc/tt382m/
77 https://www.bbc.co.uk/news/world-europe-68255302
78 Anderson, *Imagined Communities*, pp.6-7.
79 Frederick Cooper, 'Africa in World History', in *The Cambridge World History*, p.580.
80 https://www.rmg.co.uk/stories/topics/size-british-empire
81 https://blogs.bodleian.ox.ac.uk/archivesandmanuscripts/tag/wilfred-owen/; https://www.irishtimes.com/culture/last-poetand-chorus-wilfred-owen-s-cruelly-timed-death-100-years-ago-1.3684400; https://www.poetryfoundation.org/poems/46560/dulce-et-decorum-est
82 Faloyin, *Africa Is Not a Country*, p.334.

4장. 주권_실체를 알 수 없는 모호한 주장

1 https://www.law.cornell.edu/wex/terra_nullius
2 https://sahara-overland.com/tag/bir-tawil/
3 https://sawanandsawan.com/places-on-earth-with-no-laws/
4 https://www.theguardian.com/world/2016/mar/03/welcome-to-the-land-that-no-country-wants-bir-tawil
5 https://sahara-overland.com/tag/bir-tawil/
6 Ibid.
7 http://www.intonomansland.org/photographic-content/last-stop-bir-tawil/
8 https://www.slow-journalism.com/from-the-archive/the-battle-of-bir-tawil

9   https://christoph.today/sudan-bir-tawil/
10 https://www.theguardian.com/world/2016/mar/03/welcome-to-the-land-that-no-country-wants-bir-tawil
11 https://timesofindia.indiatimes.com/travel/things-to-do/anindian-claims-kingship-of-bir-tawil-declares-it-kingdom-of-dixit/articleshow/61655752.cms
12 https://twitter.com/dwain_the_first?lang=en
13 https://www.theguardian.com/world/2016/mar/03/welcome-to-the-land-that-no-country-wants-bir-tawil
14 https://www.targheitaliane.it/index.html?/smom/smom.html
15 https://www.orderofmalta.int/diplomatic-activities/bilateral-relations/
16 https://www.orderofmalta.int/press-release/sovereign-order-malta-clarifies-press-reported-figure-passports-issuecurrently-500-passports-circulation/
17 https://theculturetrip.com/europe/malta/articles/this-is-the-only-country-in-the-world-that-is-recognised-by-the-un-but-hasno-land/
18 https://www.orderofmalta.int/government/governance/
19 Claval, 'The geographical study of myths', p.144.
20 Ibid., p.148.
21 https://www.antarctica.gov.au/about-antarctica/law-and-treaty/australia-and-antarctic-treaty-system/; https://www.uq.edu.au/news/article/2014/06/antarctic-biodiversity-risk
22 https://www.bas.ac.uk/about/antarctica/the-antarctic-treaty/the-antarctic-treaty-1959/
23 https://theconversation.com/antarctica-notes-on-the-fate-of-sovereignty-28292
24 Ibid.
25 Ibid.
26 Ibid.
27 https://committees.parliament.uk/writtenevidence/124548/pdf/
28 https://theconversation.com/antarctica-notes-on-the-fate-of-sovereignty-28292
29 https://www.theguardian.com/commentisfree/2022/jul/05/could-new-countries-be-founded-on-the-internet
30 Ibid.
31 Elements of this discussion on Brexit are set out in Paul B. Richardson, 'Sovereignty, the Hyperreal, and "Taking Back Control"', *Annals of the American Association of Geographers*, 109, no.6, pp.1999-2015.
32 https://inews.co.uk/opinion/brexit-language-dominic-cummingssovereignty-244286
33 https://www.spectator.co.uk/article/dominic-cummings-how-the-brexit-referendum-was-won

34 Agnew, 'Taking back control?', p.260.
35 https://www.independent.co.uk/news/uk/politics/theresa-mayconference-speech-article-50-brexit-eu-a7341926.html
36 https://www.ecb.europa.eu/press/key/date/2019/html/ecb.sp190222~fc5501c1b1.en.html
37 Ibid.
38 Ibid.
39 https://fullfact.org/europe/uk-eu-trade/
40 http://blogs.lse.ac.uk/brexit/2017/04/26/whythe-european-court-of-justice-isnt-going-away/
41 https://www.conservativehome.com/parliament/2016/04/theresa-maysspeech-on-brexit full-text.html
42 John Agnew, 'Sovereignty Regimes', *Annals of the Association of American Geographers*, 95, no.2, p.445.
43 Saskia Sassen, *Territory, Authority*, Rights.
44 http://web.archive.org/web/20210513101818/https://investin.org/blogs/news/112677126-why-are-hedge-fund-bosses-supporting-brexit
45 https://www.businessinsider.com/twenty-one-biggest-donors-to-theleave-brexit-campaign-2017-5?r=US&IR=T#1-arron-banks-8106-375-21
46 https://www.spectator.co.uk/article/dominic-cummings-how-the-brexit-referendum-was-won
47 https://somersetcm.com/
48 https://www.mirror.co.uk/news/politics/profits-jacob-rees-moggs-investment-14114954
49 https://www.economist.com/britain/2016/03/19/dreaming-of-sovereignty
50 https://www.wto.org/english/thewto_e/whatis_e/inbrief_e/inbr_e.htm
51 https://www.ft.com/content/3b583050-d277-11e6-b06b-680c49b4b4c0
52 https://www.bbc.co.uk/news/blogs-eu-32129018
53 https://ukandeu.ac.uk/research-papers/peoples-stated-reasons-for-voting-leave-or-remain/
54 https://www.spectator.co.uk/article/dominic-cummings-how-the-brexit-referendum-was-won
55 https://www.ft.com/content/3be49734-29cb-11e6-83e4-abc22d5d108c.
56 https://www.theguardian.com/commentisfree/2019/oct/22/today-brexit-debate-lack-of-information-sajid-javid-johnson-deal
57 https://www.theguardian.com/politics/2019/oct/21/sajid-javid-refuses-to-assess-

economic-dangers-of-brexit-plan
58 https://www.thesun.co.uk/news/1278140/why-voting-to-leave-theeu-will-save-our-sovereignty-rein-in-migration-and-boost-oureconomy/
59 https://www.telegraph.co.uk/business/2016/06/12/brexit-vote-is-aboutthe-supremacy-of-parliament-and-nothing-els
60 https://blogs.lse.ac.uk/brexit/2019/02/27/brexit-could-prove-to-be-britains-constitutional-moment/
61 Ibid.
62 https://blogs.lse.ac.uk/politicsandpolicy/the-illusion-of-sovereignty/
63 https://www.bbc.co.uk/news/explainers-53724381
64 https://www.health.org.uk/news-and-comment/news/nhs-remains-our-biggest-source-of-national-pride-but-public-areworried-about-its-future
65 https://www.theguardian.com/business/2017/nov/06/trumpross-says-uk-us-trade-deal-eu-brexit-chlorinated-chicken; https://www.manchestereveningnews.co.uk/news/uk-news/donald-trump-warns-nhs-must-16378794
66 https://www.ft.com/content/edfb3af5-a32a-4800-8494-1913709be295
67 https://theconversation.com/what-does-joe-biden-mean-for-brexit-aquick-primer-on-the-current-state-of-play-149928
68 https://www.bbc.co.uk/news/world-61844552
69 https://www.atlanticcouncil.org/blogs/ukrainealert/what-would-eu-candidate-status-mean-for-ukraine/
70 https://carnegieeurope.eu/2022/04/01/ukraine-s-eu-membership-andgeostrategy-of-democratic-self-preservation-pub-86771
71 https://www.bbc.co.uk/news/av/uk-politics-eu-referendum-35624753
72 Michael Gordon, 'The UK's Sovereignty Situation: Brexit, Bewilderment and Beyond…', *King's Law Journal*, 27, no. 3, pp.333-43.
73 https://www.bbc.co.uk/news/uk-politics-36168487
74 John Agnew, *Globalisation and Sovereignty*; Agnew, 'Sovereignty Regimes', pp.437-461.

5장. GDP _ 부, 건강, 아니면 행복?

1 https://www.usnews.com/news/best-countries/rankings/technological-expertise
2 https://data.worldbank.org/indicator/SP.DYN.LE00.IN?end=2020&most_recent_value_desc=true

3   https://www.facebook.com/visitokinawajapan/posts/may-8th-is-goya-daygoya-day-was-established-to-better-promote-goyawhich-sees-an/1624447174300193/

4   https://www.bbc.com/future/article/20190116-a-high-carb-diet-mayexplain-why-okinawans-live-so-long

5   https://www.bbc.com/travel/article/20201126-why-so-many-japanese-live-to-100

6   https://www.ncbi.nlm.nih.gov/pmc/articles/PMC6125071/pdf/10.1177_1559827616637066.pdf

7   https://stats.oecd.org

8   https://data.worldbank.org/indicator/NY.GDP.PCAP.CD

9   https://www.census.gov/quickfacts/fact/table/lomalindacitycalifornia,US/PST045221

10 https://databank.worldbank.org/metadataglossary/sustainabledevelopment-goals-%28sdgs%29/series/NY.GDP.PCAP.KD

11 https://theconversation.com/consensual-sex-is-key-to-happiness-andgood-health-science- says-91384

12 https://www.nab.gov.bt/assets/templates/images/constitution-ofbhutan-2008.pdf

13 https://thediplomat.com/2016/09/bhutans-dark-secret-the-lhotshampa-expulsion/; https://www.hrw.org/legacy/backgrounder/wrd/refugees/2.htm; https://www.hrw.org/legacy/backgrounder/wrd/refugees/3.htm

14 https://www.france24.com/en/20181015-bhutans-not-so-happy-evicted-minority-lhotshampa

15 http://www.grossnationalhappiness.com/wp-content/uploads/2017/01/Final-GNH-Report-jp-21.3.17-ilovepdf-compressed.pdf

16 https://www.qeh.ox.ac.uk/news/bhutan-gross-national-happinessindex-shows-increase-2015-despite-pandemic

17 https://ophi.org.uk/policy/national-policy/gross-national-happiness-index/

18 https://worldhappiness.report/ed/2020/#read

19 https://s3.amazonaws.com/happiness-report/2019/WHR19.pdf; https://worldhappiness.report/faq/

20 https://databank.worldbank.org/data/download/GDP.pdf

21 https://data.worldbank.org/indicator/NY.GDP.PCAP.PP.KD?end=2019&most_recent_value_desc=true&start=2016

22 Danny Dorling and Annika Koljonen, 'Finntopia', *New Internationalist* (Jan/Feb 2021), p.64; https://worldhappiness.report/ed/2021/; https://data.worldbank.org/indicator/NY.GDP.PCAP.PP.KD?end=2019&most_recent_value_desc=true&start=2016

23 https://www.theguardian.com/news/datablog/2012/may/24/robert-kennedy-gdp

24 Ibid.
25 https://fraser.stlouisfed.org/files/docs/publications/SCB/pages/2000-2004/35260_2000-2004.pdf
26 https://www.theaustralian.com.au/business/economics/australiangdp-growth-still-leading-advanced-economy-pack-fitch/news-story/af4c9c3a015ed05d1f0425b96100bb29
27 https://eu.usatoday.com/story/money/2020/07/29/u-s-gdp-nationseconomy-likely-shrank-35-annual-rate-q-2/5530223002/
28 https://portfolio-adviser.com/hopes-of-a-v-shaped-recovery-dashed-after-paltry-1-8-gdp-rise-in-may/
29 https://www.irishtimes.com/culture/books/the-growth-delusionreview-insightful-look-at-a-growing-dilemma-1.3411868; https://www.theguardian.com/business/2016/jul/12/irish-economic-growth-revised-figures-foreign-investment-aircraft
30 Ngai-Ling Sum, 'The intertwined geopolitics and geoeconomics of hopes/fears: China's triple economic bubbles and the "One Belt One Road" imaginary', *Territory, Politics, Governance*, 7, no.4, pp.530-31.
31 Ibid.
32 Ibid.
33 Ibid.
34 David Pilling, *The Growth Delusion: The Wealth and Well-Being of Nations*, p.176.
35 https://data.worldbank.org/indicator/NY.GDP.MKTP.CD?locations=CN
36 Pilling, *The Growth Delusion*, pp.173-7.
37 https://www.bbc.co.uk/news/uk-politics-53276461
38 Pilling, *The Growth Delusion*, p.226.
39 Robert Watson, former chair of the Intergovernmental Science-Policy Platform on Biodiversity and Ecosystem Services, cited in Dinyar Godrej, 'The Case for Nature', *New Internationalist* (January/February 2021), p.18.
40 Pilling, *The Growth Delusion*, pp.9-10.
41 Ibid., p.304.
42 Ibid., pp.23-27.
43 Ibid pp.28, 32-35.
44 https://www.bbc.co.uk/news/57362816; Pilling, The Growth Delusion, pp.43-4.
45 John Kay, *Other People's Money*.
46 https://www.bankofengland.co.uk/-/media/boe/files/quarterly-bulletin/2011/measuring-financial-sector-output-and-itscontribution-to-uk-gdp.pdf
47 https://www.theatlantic.com/business/archive/2016/11/economic-growth/506423/

48　　Pilling, *The Growth Delusion*, pp.62-4.
49　　https://www.bbc.co.uk/news/57362816
50　　https://www.ft.com/content/734e604b-93d9-43a6-a6ec-19e8b22dad3c
51　　Pilling, *The Growth Delusion*, pp.27, 109.
52　　https://www.forbes.com/sites/timworstall/2015/09/17/even-google-doesnt-understand-googles-value-to-the-economy/
53　　Pilling, *The Growth Delusion*, p.93.
54　　Ibid., pp.127-8.
55　　Diep Hoang Phan, 'Lights and GDP relationship: What does the computer tell us?', *Empirical Economics* 65; https://www.imf.org/en/Publications/fandd/issues/2019/09/satellite-imagesat-night-and-economic-growth-yao; https://www.stlouisfed.org/publications/regional-economist/second-quarter-2017/chinas-economic-data-an-accurate-reflection-or-just-smokeand-irrors; https://blogs.worldbank.org/sustainablecities/tracking-light-space-innovative-ways-measure-economic-development
56　　https://www.theguardian.com/books/2018/jun/29/growth-delusion-david-pilling-review
57　　https://www.newstatesman.com/culture/books/2018/03/jokey-nature-growth-delusion-odds-its-serious-economic-arguments
58　　https://www.theguardian.com/technology/2020/jul/21/jeff-bezos-theworlds-richest-man-added-10bn-to-his-fortune-in-just-one-day
59　　https://www.bloomberg.com/billionaires/profiles/jeffrey-p-bezos/
60　　https://www.pewsocialtrends.org/2020/01/09/trends-in-income-and-wealth-inequality/
61　　https://time.com/5888024/50-trillion-income-inequality-america/; https://www.rand.org/pubs/working_papers/WRA516-1.html
62　　https://www.newstatesman.com/culture/books/2018/03/jokey-nature-growth-delusion-odds-its-serious-economic-arguments
63　　https://databank.worldbank.org/metadataglossary/sustainabledevelopment-goals-%28sdgs%29/series/NY.GDP.PCAP.KD
64　　https://www.theguardian.com/business/2021/jan/17/bobby-kennedy-was-right-gdp-is-a-poor-measure-of-a-nations-health
65　　Donella H. Meadows, Dennis L. Meadows, Jergen Randers and William W. Behrens III, *The Limits to Growth* (1972)-a report commissioned by the Club of Rome, which consists of current and former heads of state, high-level administrators, politicians, officials, diplomats, scientists, economists and business leaders from around the globe-forecast exponential economic and population growth in a world with a finite supply of resources.

66   Jared Diamond, *Collapse*, p.509.
67   https://www.eea.europa.eu/publications/growth-without-economic-growth
68   Diamond, *Collapse*, p.23.
69   https://www.nature.com/articles/s41467-020-16941-y.pdf, p.2.
70   https://www.nature.com/articles/s41562-021-01229-y, p.1609.
71   https://blogs.lse.ac.uk/usappblog/2020/02/22/slow-economic-growth-is-a-sign-of-success/
72   Ibid.
73   https://www.nature.com/articles/s41562-021-01229-y
74   https://www.theatlantic.com/business/archive/2016/11/economic-growth/506423/
75   https://www.nature.com/articles/s41562-021-01229-y, p.1617.
76   Pilling, *The Growth Delusion*, pp.177-8.
77   https://www.theguardian.com/environment/2011/sep/16/china-green-economist-gdp
78   Pilling, *The Growth Delusion*, p.184.
79   Ibid., p.11; https://humanityinaction.org/knowledge_detail/a-case-for-governance/
80   Pilling, *The Growth Delusion*, pp.271, 281.
81   https://www.newyorker.com/magazine/2020/02/10/can-we-have-prosperity-without-growth
82   Ibid.
83   https://www.nature.com/articles/s41467-020-16941-y.pdf
84   https://www.eea.europa.eu/publications/growth-without-economic-growth
85   Dorling and Koljonen, 'Finntopia', *New Internationalist,* p.64.
86   Ibid., pp.64-5, 68.
87   Sigal Samuel, 'Finland gave people free money', Vox, 9 February 2019 cited in Dorling and Koljonen, 'Finntopia', *New Internationalist*, p.70.
88   Dorling and Koljonen, 'Finntopia', *New Internationalist*, p.70.
89   https://www.newyorker.com/magazine/2020/02/10/can-we-have-prosperity-without-growth
90   https://www.nature.com/articles/s41562-021-01229-y.pdf
91   https://www.credit-suisse.com/about-us/en/reports-research/globalwealth-report.html, p.24.
92   Pilling, *The Growth Delusion*, p.15.
93   https://www.theguardian.com/news/datablog/2012/may/24/robert-kennedy-gdp

6장. 러시아_푸틴은 어떻게 레반시즘에 사로잡혔나?

1. Some of the ideas explored in this chapter also appear in Paul B. Richardson, 'Rethinking Russia', *Geography Review*, 35, no. 1, pp.32-35.
2. https://www.dailymail.co.uk/news/article-10597929/Sergei-Lavrov-says-Russia-DIDNT-attack-Ukraine-dismisses-patheticoutcry-hospital.html
3. https://www.reuters.com/world/uk/bbc-halts-reporting-russia-after-new-law-passes-2022-03-04/
4. https://www.pbs.org/newshour/world/amid-russias-new-crackdowns-small-signs-of-defiance-emerge
5. https://www.theguardian.com/commentisfree/2022/feb/27/vladimir-putin-russia-ukraine-power
6. Ibid.
7. Ibid.
8. https://www.osw.waw.pl/en/publikacje/analyses/2021-07-13/putins-article-historical-unity-russians-and-ukrainians
9. Alfred T. Mahan, *The Problem of Asia and Its Effect Upon International Policies*, pp.118-9, cited in William C. Green, 'The Historic Russian Drive for a Warm Water Port: Anatomy of a Geopolitical Myth', *Naval War College Review*, 46, no. 2, p.83.
10. Green, 'The Historic Russian Drive for a Warm Water Port', p.83.
11. Tim Marshall, *Prisoners of Geography*, p.13.
12. Dimitry V. Lehovich, 'The Testament of Peter the Great', *American Slavic and East European Review* 7, no. 2: 111-24.
13. Green, 'The Historic Russian Drive for a Warm Water Port'; Lehovich, 'The Testament of Peter the Great'; Walter List, *Das Politische Testament Peter des Grossen*.
14. Lehovich, 'The Testament of Peter the Great', p.122.
15. Ibid., p.124.
16. Marshall, *Prisoners of Geography*, p.13.
17. https://governance.admin.ox.ac.uk/legislation/halford-mackinder-professor-of-geography
18. Mackinder 'The Geographical Pivot of History', p.436.
19. George F. Kennan, *Memoirs: 1925-1950*, pp.263-4; Green, 'The Historic Russian Drive for a Warm Water Port', p.89.
20. Green, 'The Historic Russian Drive for a Warm Water Port', p.88.
21. Kennan, *Memoirs: 1925-1950*, p.263.

22 Green, 'The Historic Russian Drive for a Warm Water Port', p.89.
23 https://www.eastasiaforum.org/2016/11/02/will-a-russian-naval-base-appear-in-the-south-china-sea/
24 https://www.cia.gov/library/readingroom/docs/CIA-RDP81B00401R000600120003-3.pdf
25 Green, 'The Historic Russian Drive for a Warm Water Port', p.95.
26 Marshall, *Prisoners of Geography*, p.12.
27 https://www.france24.com/en/live-news/20220406-zhirinovsky-russias-ultra-nationalist-who-predicted-ukraine-conflict
28 https://www.upi.com/Archives/1994/09/09/Zhirinovsky-to-boost-Russian-birthrate/5413779083200/
29 https://en.ilmatieteenlaitos.fi/ice-season-in-the-baltic-sea
30 Green, 'The Historic Russian Drive for a Warm Water Port', p.96.
31 John A. Morrison, 'Russia and Warm Water', *United States Naval Institute Proceedings*, 78, no. 11, pp.1169-80; https://www.metoffice.gov.uk/weather/learn-about/weather/oceans/what-is-the-gulf-stream
32 https://www.veterans.gc.ca/eng/remembrance/history/historical-sheets/murmansk
33 Morrison, 'Russia and Warm Water', pp.1169-80.
34 Marshall, *Prisoners of Geography*, p.16.
35 https://www.theatlantic.com/international/archive/2015/10/navy-base-syria-crimea-putin/408694/
36 https://jamestown.org/program/the-future-of-the-russian-black-seafleets-bases-novorossiysk-versus-sevastopol/
37 https://www.bbc.com/news/world-europe-26652058
38 https://www.legal-tools.org/doc/tt382m/pdf/
39 https://www.rferl.org/a/clinton-calls-eurasian-integration-effort-toresovietize/24791921.html#
40 Irina Busygina 'The Rise of Eurasia and the Ukraine War', *Horizons: Journal of International Relations and Sustainable Development*, 21, p.188.
41 https://www.nytimes.com/2014/05/23/world/asia/natosteps-back-into-the-ussr.html; https://www.economist.com/eastern-approaches/2014/03/25/the-bear-is-back
42 Gerard Toal, *Near Abroad*, p.89.
43 Ibid.
44 Though some have suggested that Russia's economic decline was probably smaller than officially reported: https://scholar.harvard.edu/files/shleifer/files/normal_jep.pdf
45 https://pubmed.ncbi.nlm.nih.gov/9508159/

46 John B. Dunlop, 'Russia: In Search of an Identity', p.49; John O'Loughlin and Paul F. Talbot, 'Where in the World Is Russia? Geopolitical Perceptions and Preferences of Ordinary Russians', *Eurasian Geography and Economics*, 46, no. 1, p.25.

47 Oleg Kashin, 'Rossiya-Urodlivoe Detishche Belovezheskogo Dogovora', *Slon*, 28 October 2013, cited and translated in Mikhail Suslov, '"Urania Is Older Than Sister Clio": Discursive Strategies in Contemporary Russian Textbooks on Geopolitics', *Ab Imperio*, 3(2013), p.353.

48 Putin speaking in 2005, cited in Toal, *Near Abroad*, p.55.

49 Toal, *Near Abroad*, p.89.

50 Ibid., p.87

51 https://www.theguardian.com/world/2019/sep/21/chechnya-death-squads-europe-ramzan-kadyrov

52 https://www.cambridge.org/core/journals/american-journal-of-international-law/article/international-law-and-the-2020-amendments-to-the-russianconstitution/89CE630A4E1AFD2F1EAD8DA47B3E0970

53 Ibid.

54 https://www.themoscowtimes.com/2020/07/22/russia-seeks-10-yearjail-terms-for-calls-to-cede-territory-under-new-constitution-a70827

55 https://www.theguardian.com/world/2022/sep/30/putin-russia-war-annexes-ukraine-regions

56 https://carnegieendowment.org/posts/2016/05/signs-and-symbols-on-the-sino-russian-border?lang=en

57 Paul B. Richardson, *At the Edge of the Nation*, p.51; https://en.interaffairs.ru/article/where-the-russian-flag-has-been-hoisted-it-shall-never-be-lowered-who-and-why-sold-russian-amerif23b8860/

58 Russia joined the Pacific Theatre against Japan in the last days of the Second World War and captured these islands.

59 Richardson, *At the Edge of the Nation*, p.73.

60 Paul B. Richardson, 'Geopolitical Cultures, Pragmatic Patriotism, and Russia's Disputed Islands', *Eurasian Geography and Economics*, 59, no. 1, pp.7-27; https://www.europenowjournal.org/2017/09/05/the-demon-of-geopolitics-how-karl-haushofer-educated-hitler-andhess-by-holger-h-herwig/

61 Richardson, 'Geopolitical Cultures, Pragmatic Patriotism, and Russia's Disputed Islands'.

62 Ibid.

63 Richardson, *At the Edge of the Nation*, Chapter 4.

64   https://ria.ru/20200630/1573690794.html
65   Richardson, 'Geopolitical Cultures, Pragmatic Patriotism, and Russia's Disputed Islands'.
66   https://www.gov.uk/government/speeches/russia-has-violated-unresolutions-by-procuring-weapons-from-north-korea-and-iran-to-usein-ukraine-uk-statement-at-the-un-security-council
67   https://canadiandimension.com/articles/view/weakness-and-paranoia-are-behind-the-western-war-scare
68   https://www.legal-tools.org/doc/tt382m/pdf/
69   https://nationalpost.com/news/world/russia-china-relations-are-at-highest-level-in-history-putin-and-xi
70   https://www.sciencedirect.com/science/article/pii/S1879366517300052
71   https://ec.europa.eu/trade/policy/countries-and-regions/countries/russia/index_en.htm
72   https://www.reuters.com/markets/europe/russias-share-eu-trade-drops-below-2-2023-09-01/
73   https://www.theguardian.com/commentisfree/2022/feb/27/vladimir-putin-russia-ukraine-power

7장. 중국_모든 길이 신실크로드로 통하지 않는 이유

1   Themes in this chapter are set out in more depth in Paul B. Richardson, 'Geopolitical Encounters and Entanglements Along the Belt and Road Initiative', *Geography Compass*, 15, no. 8.
2   https://palawan-news.com/stone-grave-marker-found-in-shipwreckin-thitu-reef-featured-by-national-museum/; https://modernarmenianhistory.history.ucla.edu/2020/01/31/blog-6/
3   http://edition.cnn.com/TECH/9708/10/spratly.shipwreck/index.html; https://palawan-news.com/stone-grave-marker-found-in-shipwreck-inthitu-reef-featured-by-national-museum/
4   https://www.thehindu.com/features/friday-review/history-and-culture/Madras-Miscellany-When-Pondy-was-wasted/article15719768.ece
5   https://palawan-news.com/stone-grave-marker-found-in-shipwreck-inthitu-reef-featured-by-national-museum/
6   https://www.csmonitor.com/1999/0615/p22s1.html.
7   Ibid.

8   Ibid.; https://www.tehrantimes.com/news/46354/Philippine-Seas-Are-a-Trove-of-Sunken-Treasures

9   https://www.tehrantimes.com/news/46354/Philippine-Seas-Are-a-Trove-of-Sunken-Treasures

10 Eusebio Z. Dizon, 'Underwater and Maritime Archaeology in the Philippines', *Philippine Quarterly of Culture and Society*, 31, no. 1/2, pp.1-25. http://www.jstor.org/stable/29792514; http://www.themua.org/collections/files/original/441a5d344a97b5f3f2182e742c9e89d2.pdf; https://newsroom.ap.org/editorial-photos-videos/detail?itemid=3982270ca220aaaeeb24b134d75de09e&mediatype=video&source=youtube

11 https://www.rappler.com/nation/8824-ph-town-no-match-vs-china-s-sansha/

12 https://thediplomat.com/2016/07/international-court-issuesunanimous-award-in-philippines-v-china-case-on-south-china-sea/

13 https://www.aljazeera.com/news/2023/10/24/why-does-china-claim-almost-the-entire-south-china-sea

14 Ibid.; https://uk.usembassy.gov/the-importance-of-the-southchina-sea/; https://www.theguardian.com/world/2023/sep/08/competition-over-the-south-china-sea-explained-in-30-seconds

15 Ibid.

16 https://www.rfa.org/english/news/china/subi-reef-building-05102022104439.html

17 Ibid.

18 https://www.reuters.com/article/us-china-southchinasea-insight-idUSKCN1IO3GA

19 https://www.rfa.org/english/news/southchinasea/china-artificialislands-10312022043801.html

20 https://www.reuters.com/article/us-china-southchinasea-insight-idUSKCN1IO3GA

21 https://www.theguardian.com/world/2016/may/13/pentagon-report-china-reclaimed-3200-acres-south-china-sea

22 https://pca-cpa.org/en/cases/7/

23 https://www.cfr.org/councilofcouncils/global-memos/hague-tribunalssouth-china-sea-ruling-empty-provocation-or-slow-burning-influence

24 https://thediplomat.com/2016/07/international-court-issuesunanimous-award-in-philippines-v-china-case-on-south-china-sea/

25 https://amti.csis.org/thitu-island/; https://asia.nikkei.com/Politics/International-relations/South-China-Sea/Philippines-set-to-fixairstrip-on-South-China-Sea-island; https://www.wsj.com/world/asia/welcome-to-thitu-the-tiny-island-fending-off-china-0e565ec4

26 https://www.bbc.co.uk/news/uk-38666854

27 Ibid.
28 Ibid.
29 https://www.cfr.org/backgrounder/chinas-massive-belt-and-road-initiative
30 State Council Information Office, 'Six major economic corridors form the "Belt and Road" framework', 2 May 2015, cited in Steven Brakman, Peter Frankopan, Harry Garretsen and Charles van Marrewijk, 'The New Silk Roads: an introduction to China's Belt and Road Initiative', *Cambridge Journal of Regions, Economy and Society*, 12, no. 1, p.3.
31 https://eng.yidaiyilu.gov.cn/info/iList.jsp?cat_id=10076&cur_page=3
32 https://www.cfr.org/in-brief/china-solomon-islands-security-pact-us-south-pacific
33 Brakman, Frankopan, Garretsen and van Marrewijk, 'The New Silk Roads: an introduction to China's Belt and Road Initiative', p.8.
34 https://www.theguardian.com/cities/ng-interactive/2018/jul/30/what-china-belt-road-initiative-silk-road-explainer
35 https://www.brookings.edu/research/chinas-belt-and-road-the-newgeopolitics-of-global-infrastructure-development/
36 https://www.cfr.org/backgrounder/chinas-massive-belt-and-road-initiative
37 https://www.hudson.org/node/41813
38 Theresa Fallon, 'The New Silk Road: Xi Jinping's Grand Strategy for Eurasia', *American Foreign Policy Interests*, 37, no. 3, p.140, cited in Seung-Ook Lee, Joel Wainwright and Jim Glassman, 'Geopolitical Economy and the Production of Territory: The Case of US-China Geopolitical Economic Competition in Asia', *Environment and Planning A: Economy and Space*, 50, no. 2, p.427.
39 Mackinder, 'The Geographical Pivot of History'.
40 Ibid., p.434.
41 https://www.theguardian.com/books/2019/may/11/new-silk-roads-peter-frankopan-review
42 https://thediplomat.com/2019/01/china-and-the-world-island/
43 China Daily, 6 May 2015, cited in Sum, 'The intertwined geopolitics and geoeconomics of hopes/fears,' p.538; see also Yiwei Wang and Xuejun Liu, 'Is the Belt and road initiative a Chinese geo- political strategy?', *Asian Affairs*, 50, no. 2.
44 https://www.railwaygazette.com/news/infrastructure/single-view/view/kamchik-tunnel-completed.html
45 https://www.chathamhouse.org/publications/twt/inroads-eurasia; Assel G. Bitabarova, 'Unpacking Sino-Central Asian engagement along the New Silk Road: A case study of

Kazakhstan', *Journal of Contemporary East Asia Studies*, 7, no. 2, p.161.

46 https://www.theguardian.com/global-development/2018/may/12/ethiopia-railway-boom-promises-turn-to-dust

47 http://www.mofcom.gov.cn/article/beltandroad/ke/enindex.shtml

48 Jakub Jakóbowski, Konrad Popławski and Marcin Kaczmarski, 'The Silk Railroad: The EU- China rail connections: background, actors, interests', *OSW Studies*, 72, p.5.

49 Sum, 'The intertwined geopolitics and geoeconomics of hopes/fears', p.531; Patrick Bessler, 'China's "New Silk Road" focus on Central Asia. EU-Asia Economic Governance Forum', *Konrad-Adenauer-Stiftung*: https://www.kas.de/c/document_library/get_file?uuid=340e4711-32ee-377c-11c9-b986819bd1d7&groupId=252038

50 Tim Summers, 'China's "new silk roads": Sub-national regions and networks of global political economy', *Third World Quarterly*, 37, no. 9.

51 David Harvey, The New Imperialism; David Harvey, 'Globalization and the "Spatial Fix"', *Geographische Revue*, 2: pp. 23-30;; 'David Harvey on the geography of capitalism, understanding cities as polities and shifting imperialisms', Theory Talk #20, http://www.theory-talks.org/2008/10/theory-talk-20-david-harvey.html

52 https://data.worldbank.org/indicator/NY.GDP.MKTP.KD.ZG?locations=CN; https://eastasiaforum.org/2024/02/08/a-bumpy-road-ahead-for-chinas-economy/

53 Sum, 'The intertwined geopolitics and geoeconomics of hopes/fears', p.531; Bessler, 'China's "New Silk Road."'

54 https://www.reuters.com/world/china/chinas-dec-new-home-pricesfall-fastest-pace-since-feb-2015-2024-01-17/

55 Imomov Imomnazar, 'Impact of "One Belt, One Road" initiatives to the economy of Central Asian countries', *International Journal of Business and Economic Development*, 6, no. 2, p.32.

56 Ngai-Ling Sum, 'A cultural political economy of crisis recovery: (Trans-) national imaginaries of '"BRIC" and sub- altern groups in China,' *Economy and Society*, 42, no. 4; Sum, 'The intertwined geopolitics and geoeconomics of hopes/fears', p.535.

57 Xinhua, 'China Now a Net Capital Exporter', 21 January 2015, cited in Xin Zhang, 'Chinese capitalism and the maritime silk road: A worldsystems perspective', *Geopolitics*, 22, no. 2, pp.320, 322.

58 https://www.ft.com/content/e83ced94-0bd8-11e6-9456-444ab5211a2f; Michael Dunford and Weidong Liu, 'Chinese perspectives on the Belt and Road Initiative', *Cambridge Journal of Regions*, Economy and Society, 12, no. 1, p.150.

59 https://foreignpolicy.com/2018/12/06/bri-china-belt-road-initiative-blunder/

60   Ching K. Lee, 'The spectre of global China', *New Left Review*, 89, pp.34-5.
61   Lee, Wainwright and Glassman, 'Geopolitical Economy and the Production of Territory'.
62   Martin Müller, 'Assemblages and actor-networks: Rethinking socio-material power, politics and space', *Geography Compass*, 9, no.1, p.29.
63   Dunford and Liu, 'Chinese perspectives on the Belt and Road Initiative', p.148.
64   https://www.economist.com/special-report/2020/02/06/how-the-belt-and-road-initiative-got-its-name
65   https://www.bbc.co.uk/news/world-asia-china-22726375
66   Caixin, *'Yidai yilu' guojia dingceng zhanlue shiji yu xingdong buju*['One Belt, One Road': National Strategic Top-Level Design and Action Plan]; NDRC, 'Vision and actions on jointly building silk road economic belt and 21st-century maritime silk road', both cited in William A. Callahan, 'China's "Asia dream": The Belt Road initiative and the new regional order', *Asian Journal of Comparative Politics*, 1, no. 3, p.236.
67   Brakman, Frankopan, Garretsen and van Marrewijk, 'The New Silk Roads: an introduction to China's Belt and Road Initiative', p.2.
68   Ibid., p.7.
69   Tim Winter, *Geocultural Power: China's Quest to Revive the Silk Roads for the Twenty-First Century*; Winter, 'Geocultural power: China's Belt and road initiative', Geopolitics, 26, no. 5, 1385, 1389.
70   Winter, 'Geocultural power: China's Belt and road initiative', p.1393.
71   Cynthia Enloe, 'Flick of the Skirt: A Feminist Challenge to IR's Coherent Narrative', *International Political Sociology*, 10, no. 4, p.320.
72   Lee, 'The spectre of global China', pp.53-8.
73   Ibid., pp.57-60.
74   Colin Flint and Madeleine Waddoups, 'South-South Cooperation or Core-Periphery Contention? Ghanaian and Zambian Perceptions of Economic Relations with China', *Geopolitics*, 26, no. 3, p.908.
75   Ibid., p.910; https://www.lusakatimes.com/2018/11/04/zaffico-has-not-be-sold-to-chinese-investors/
76   https://thediplomat.com/2023/09/china-and-zambia-a-new-chapter-beyond-debt/
77   https://www.sais-cari.org/data; https://www.statista.com/statistics/1122389/leading-countries-for-fdi-in-africa-by-investor-country/
78   https://www.orfonline.org/research/chinas-belt-and-road-initiative-implications-in-africa/
79   Laureen Fagan, 'New China- Africa paper calls on West to tone down the BRI drama',

Africa Times, 30 September 2019; Mingxin Pei, 'China's expensive bet on Africa has failed Coronavirus crash in commodity prices has wasted $200 billion in investment and loans', *Nikkei Asian Review*, 1 May 2020, both cited in https://www.orfonline.org/research/chinas-belt-and-road-initiative-implications-in-africa/

80 Nyshka Chandran, 'Fears of excessive debt drive more countries to cut down their Belt and Road investments', cited in https://www.orfonline.org/research/chinas-belt-and-road-initiative-implications-in-africa/

81 https://nation.africa/kenya/news/Workers-union-wades-into-SGRmistreatment-claims/1056-4655442-ned326/index.html; https://www.standardmedia.co.ke/article/2001287179/revealed-sgr-workerstreated-badly-by-chinese-masters; https://www.bbc.co.uk/news/world-africa-46341910

82 https://adf-magazine.com/2023/11/kenyas-sgr-drives-up-debt-falls-short-on-profits/

83 https://nation.africa/lifestyle/DN2/Last-ride-on-the-kenya-Lunatic-Express/957860-3917650-vpvga7z/index.html

84 https://www.theguardian.com/global-development/2019/jul/11/kenyafirst-coal-plant-construction-paused-climate-victory; Chandran, 'Fears of excessive debt drive more countries to cut down their Belt and Road investments', cited in https://www.orfonline.org/research/chinas-belt-and-road-initiative-implications-in-africa/

85 https://www.orfonline.org/research/chinas-belt-and-road-initiativeimplications-in-africa/; https://africacheck.org/fact-checks/reports/china-owns-213-kenyas-external-debt-not-70-reported

86 Anthony Kleven, 'Belt and Road: colonialism with Chinese characteristics', *The Interpreter, Lowy Institute*, 6 May 2019; Dipanjan Roy Chaudhury, 'Africa cancels a Belt and Road Project for the First Time', *Economic Times*, 25 October 2018; Ian Scoones, 'The Chinese Belt And Road Initiative: What's in it for Africa?', Steps Centre, 13 May 2019; Bill Ide and Joyce Huang, 'Caution, Cancellations, Protests as Concerns Grow on China's Belt and Road', *Voice of America*, 15 October 2018; and Editorial, 'Africa's experience with Chinese investors. Some parallels with Central Asia', *Eurasianet*, 31 Oct 2019, all of the above cited in https://www.orfonline.org/research/chinas-belt-and-road-initiative-implications-in-africa/

87 https://foreignpolicy.com/2018/12/06/bri-china-belt-road-initiative-blunder/

88 Ibid.

89 https://www.chathamhouse.org/2021/09/what-chinas-belt-and-road-initiative-bri

90 https://www.forbes.com/sites/wadeshepard/2017/01/08/violentprotests-against-chinese-colony-in-hambantota-sri-lanka-rage-on/; https://www.ft.com/content/e150ef0c-de37-

11e7-a8a4-0a1e63a52f9c
91 https://ge.usembassy.gov/chinas-construction-companies-sow-chaos-worldwide/
92 https://www.benarnews.org/english/news/thai/project-protest-12102020165020.html
93 https://www.eesi.org/articles/view/exploring-the-environmentalrepercussions-of-chinas-belt-and-road-initiativ
94 Ibid.
95 https://www.chathamhouse.org/2018/06/making-concrete-change-innovation-low-carbon-cement-and-concrete
96 https://www.euronews.com/green/2022/05/09/china-sets-new-record-for-rising-sea-levels-how-will-its-cities-cope
97 Ibid.
98 Xiao Han and Michael Webber, 'From Chinese dam building in Africa to the Belt and Road Initiative: Assembling infrastructure projects and their linkages', *Political Geography*, 77, p.1.
99 John Agnew and Stuart Corbridge, *Mastering Space: Hegemony, Territory and International Political Economy*, pp.143-5.
100 Ibid., p.145.
101 Ibid.
102 https://www.theguardian.com/commentisfree/2022/apr/04/pupils-benefits-empire-ignorance-royals-caribbean-windrush
103 Richardson, 'Geopolitical Encounters and Entanglements Along the Belt and Road Initiative'.

8장. 아프리카_영화로운 제국의 사라진 역사

1 https://www.britannica.com/place/Gonder; https://www.africanhistoryextra.com/p/the-complete-history-of-gondar-africas#footnote-1-113489625
2 https://www.africanhistoryextra.com/p/the-complete-history-of-gondar-africas
3 https://blogs.bl.uk/asian-and-african/2018/02/african-scribesmanuscript-culture-of-ethiopia.html
4 https://www.theatlantic.com/international/archive/2019/07/whybritain-wont-return-ethiopias-sacred-treasures/593281/; https://www.ethioembassy.org.uk/culture-minister-visits-british-museums-ondebut-visit-to-the-uk/; Dipo Faloyin, *Africa Is Not a Country*, p.240.

5   https://blogs.bl.uk/asian-and-african/2018/02/africanscribes-manuscript-culture-of-ethiopia.html; https://www.theatlantic.com/international/archive/2019/07/why-britain-wont-return-ethiopias-sacred-treasures/593281/
6   Taken from Robert Dent, *The Making of Birmingham: Being A History of the Rise and Growth of the Midland Metropolis*, cited in 'From City of Empire to City of Diversity' exhibition held at Birmingham Central Library, June 2022.
7   'From City of Empire to City of Diversity', June 2022.
8   https://www.rmg.co.uk/stories/topics/size-britishempire#:~:text=The%20British%20Empire%20was%20at,set%20on%20the%20British%20Empire.
9   https://www.youtube.com/watch?v=bw7pITeFF7E
10 Stuart Hall, cited in 'From City of Empire to City of Diversity' Exhibition, June 2022; Mathilde Bertrand, 'The politics of representation and the subversion of landscape in Ingrid Pollard's Pastoral Interlude (1987)'. *E-CRINI-La revue électronique du Centre de Recherche sur les Identités Nationales et l'Interculturalité*, 7, p.10.
11 https://www.spectator.co.uk/article/full-text-boris-johnson-s-conference-speech
12 Ibid.
13 https://granta.com/how-to-write-about-africa/
14 https://www.spectator.co.uk/article/full-text-boris-johnson-s-conference-speech/
15 https://www.independent.co.uk/news/uk/politics/boris-johnson-statues-churchill-mandela-colston-protests-blacklives-matter-a9562626.html; https://twitter.com/BorisJohnson/status/1271388182538526721
16 https://yougov.co.uk/topics/international/articles-reports/2020/03/11/how-unique-are-british-attitudes-empire?utm_source=twitter&utm_medium=website_article&utm_campaign=British_Empire_attitudes
17 https://www.un.org/en/sections/issues-depth/population/; https://minorityrights.org/minorities/overview-of-africa/
18 https://www.theguardian.com/commentisfree/2017/jun/28/why-africa-so-poor-google
19 Faloyin, *Africa Is Not a Country*, p.79, 98, 106.
20 Crang, *Cultural Geography*, pp.39-40.
21 https://www.economist.com/interactive/christmas-specials/2021/12/18/great-zimbabwe-archaeology
22 Crang, *Cultural Geography*, pp.39-40.
23 https://www.economist.com/interactive/christmas-specials/2021/12/18/great-zimbabwe-archaeology
24 https://www.theguardian.com/news/2021/jan/14/rhodes-must-fall-oxford-colonialism-

zimbabwe-simukai-chigudu
25 https://newint.org/features/2023/08/21/how-rhodes-must-fall-amplified-calls-decolonize
26 https://www.nybooks.com/articles/1998/12/17/africa-the-hidden-history/
27 https://whc.unesco.org/en/list/1073/
28 https://www.theguardian.com/world/2016/mar/03/welcome-to-the-land-that-no-country-wants-bir-tawil
29 https://whc.unesco.org/en/list/1073/; https://www.bbc.co.uk/news/world-africa-40420910
30 https://whc.unesco.org/en/list/15/
31 https://www.theguardian.com/world/2005/apr/20/italy.ethiopia;https://education.nationalgeographic.org/resource/kingdom-aksum/;https://whc.unesco.org/document/100813
32 https://whc.unesco.org/en/list/15/
33 https://whc.unesco.org/en/list/144/
34 https://www.nationalgeographic.co.uk/history-and-civilisation/2020/09/this-abandoned-east-african-city-once-controlled-the-medieval-gold
35 https://www.pnas.org/content/115/36/8942
36 https://www.smithsonianmag.com/science-nature/when-their-world-was-chaos-these-ancient-people-coped-buildingmonument-180970087/
37 https://www.nybooks.com/articles/1998/12/17/africa-the-hidden-history/
38 https://www.bbc.co.uk/bitesize/topics/zpvckqt/articles/z883gk7
39 https://www.blackhistorymonth.org.uk/article/section/history-ofslavery/africa-before-transatlantic-enslavement/; https://www.bbc.co.uk/news/world-africa-47379458
40 https://www.bbc.co.uk/bitesize/topics/zpvckqt/articles/z3n7mp3;https://www.bbc.co.uk/bitesize/topics/zpvckqt/articles/z84fvcw
41 https://www.britishmuseum.org/about-us/british-museum-story/contested-objects-collection/benin-bronzes
42 https://www.nybooks.com/articles/1998/12/17/africa-the-hidden-history/
43 Ali Al'Amin Mazrui, 'The Re-invention of Africa: Edward Said, V.Y.Mudimbe, and beyond', *Research in African Literatures*, 36, no. 3, p.77.
44 https://www.nybooks.com/articles/1998/12/17/africa-the-hidden-history/
45 Mazrui, 'The Re-invention of Africa', p.77.
46 Ibid., pp.69, 80.
47 Ibid., pp.71, 80.
48 https://www.independent.co.uk/arts-entertainment/books/features/unearthed-the-

ancient-texts-that-tell-story-of-christianity-2019188.html

49 Mazrui, 'The Re-invention of Africa', pp.70, 71, 80.
50 Ibid., pp.74, 75.
51 Ibid., pp.77, 81, 71.
52 Faloyin, *Africa Is Not a Country*, p.349.
53 https://www.newyorker.com/books/page-turner/postscript-chinua-achebe-1930-2013
54 Frederick Cooper, 'Africa in World History', pp.571-2.
55 https://www.blackhistorymonth.org.uk/article/section/history-of-slavery/africa-before-transatlantic-enslavement/
56 https://www.nybooks.com/articles/1998/12/17/africa-the-hidden-history/
57 Ibid.
58 https://www.britannica.com/topic/Middle-Passage-slave-trade
59 Richard Bjornson, 'Review', *Research in African Literatures*, 12, no. 2, p.247; https://heritagecollections.parliament.uk/stories/the-transatlantic-slave-trade/
60 Patrick Manning, *Slavery and African Life: Occidental, Oriental, and African Slave Trades*, pp.170-1, cited in Nathan Nunn, 'The Long- Term Effects of Africa's Slave Trades', *The Quarterly Journal of Economics*, 123, no. 1, p.142.
61 https://historicengland.org.uk/research/inclusive-heritage/the-slave-trade-and-abolition/sites-of-memory/slave-tradersand-plantation-wealth/; https://www.rmg.co.uk/stories/topics/history-transatlantic-slave-trade
62 https://www.theguardian.com/world/2013/aug/27/britain-slave-trade
63 https://taxjustice.net/2020/06/09/slavery-compensation-ukquestions/; https://www.theguardian.com/commentisfree/2018/feb/12/treasury-tweet-slavery-compensate-slave-owners
64 https://www.nybooks.com/articles/1998/12/17/africa-the-hidden-history/
65 Nunn, 'The Long-Term Effects of Africa's Slave Trades', p.142.
66 For example, see Mario Azevedo, 'Power and Slavery in Central Africa: Chad (1890-1925)', *Journal of Negro History*, 67; Joseph E. Inikori, 'Africa and the Trans-Atlantic Slave Trade'; Andrew Hubbell, 'A View of the Slave Trade from the Margin: Souroudougou in the Late Nineteenth-Century Slave Trade of the Niger Bend', *Journal of African History*, 42, all cited in Nunn, 'The Long-Term Effects of Africa's Slave Trades', p.142.
67 Paul E. Lovejoy, *Transformations in Slavery: A History of Slavery in Africa*, second edition, pp.68-70, cited in Nunn, 'The Long-Term Effects of Africa's Slave Trades', pp.142-3.
68 https://www.nybooks.com/articles/1998/12/17/africa-the-hidden-history/

69 Cooper, 'Africa in World History', pp.558, 559.
70 Nunn, 'The Long- Term Effects of Africa's Slave Trades', p.140.
71 https://www.newstatesman.com/culture/books/2019/01/west-africa-pre-colonial-fistful-shells-toby-green-review
72 Cooper, 'Africa in World History', p.562.
73 Ibid., p.562, 565.
74 Chinua Achebe, *Things Fall Apart*, pp.154-5.
75 Ibid., p.183.
76 Cooper, 'Africa in World History', pp.562, 566, 567, 564.
77 Ibid., p.562.; Nunn, 'The Long- Term Effects of Africa's Slave Trades', p.166.
78 Clement Eme Adibe, 'Accountability in Africa and the international Community,' *Social Research*, 77, no. 4, pp.1253-4, 1256.
79 Cooper, 'Africa in World History', p.566.
80 Ibid., pp.575, 578.
81 Ibid., pp.579, 562.
82 Cooper, *Citizenship between Empire and Nation*, p.9.
83 https://tribunemag.co.uk/2023/04/kwame-nkrumahs-pan-african-socialism
84 https://www.bbc.co.uk/news/world-africa-67278027
85 https://www.voanews.com/a/france-struggles-to-reshape-relations-inafrica-/7257057.html
86 Ruth Maclean, 'Democracy teeters in old French colonies', *New York Times*(international edition), 2 April 2024, pp.1-2.
87 Ibid.; https://www.imf.org/external/pubs/ft/fabric/backgrnd.htm; https://hir.harvard.edu/true-sovereignty-the-cfa-franc-and-frenchinfluence-in-west-and-central-africa/
88 Cooper, *Citizenship between Empire and Nation*, pp.438-9.
89 Michael Collins, 'Nation, state and agency: evolving historiographies of African decolonization', p.37.
90 Ibid., p.42.
91 https://www.theguardian.com/world/2023/oct/05/france-departure-niger-failure-former-colonies
92 https://www.aljazeera.com/news/2023/8/5/nigers-military-rulers-ask-for-help-from-russian-group-wagner
93 https://www.theguardian.com/world/2023/oct/05/france-departure-niger-failure-former-colonies; https://www.theguardian.com/world/2023/may/20/russian-mercenaries-behind-slaughter-in-mali-village-un-report-finds

94	https://www.bbc.co.uk/news/world-africa-68322230
95	https://www.theguardian.com/world/2023/oct/05/france-departure-nigerfailure-former-colonies; https://www.theguardian.com/world/2023/may/20/russian-mercenaries-behind-slaughter-in-mali-village-un-report-finds
96	Nunn, 'The Long- Term Effects of Africa's Slave Trades', pp.167-8.
97	https://www.theguardian.com/politics/2022/aug/30/ghosts-of-empire-what-kwasi-kwartengs-book-tells-us-about-him
98	https://www.gov.uk/government/publications/political-impartiality-in-schools/political-impartiality-in-schools
99	https://www.theguardian.com/politics/2022/aug/30/ghosts-of-empire-what-kwasi-kwartengs-book-tells-us-about-him
100	https://www.theguardian.com/commentisfree/2021/sep/27/badenoch-empire-comments-enduring-mentality-colonialism-britain
101	https://inews.co.uk/opinion/teaching-pupils-positives-british-empirewhite-supremacy-1545806
102	Ibid.
103	Ibid.
104	https://blogs.sussex.ac.uk/snapshotsofempire/2016/01/26/time-tothrow-out-the-balance-sheet/; Collins, 'Nation, state and agency: evolving historiographies of African decolonization', p.23.
105	Collins, 'Nation, state and agency: evolving historiographies of African decolonization', p.23.
106	https://theconversation.com/a-decade-after-the-riots-france-hasrewritten-its-colonial-history-50499; Collins, 'Nation, state and agency: evolving historiographies of African decolonization', pp.22-3.
107	https://www.theatlantic.com/magazine/archive/2020/01/when-museums-have-ugly-pasts/603133/
108	Ibid.
109	https://www.theguardian.com/culture/2023/dec/12/british-museum-told-to-keep-better-records-after-theft-of-1500-items; Faloyin, *Africa is Not a Country*, pp.257, 261.
110	Edward W. Said, Culture and Imperialism, p. xx, cited in Dominic Thomas, *Africa and France*, p.6.
111	Collins, 'Nation, state and agency: evolving historiographies of African decolonization', p.24.
112	Ibid., pp.41-2.

113 https://www.theguardian.com/education/2019/jul/03/migration-and-empire-should-be-taught-in-english-schools
114 https://www.newyorker.com/magazine/2020/11/02/misremembering-the-british-empire
115 Ibid.; https://www.theguardian.com/news/2016/aug/18/uncovering-truth-british-empire-caroline-elkins-mau-mau
116 https://www.newyorker.com/magazine/2020/11/02/misremembering-the-british-empire
117 Richard Drayton, 'Where Does the World Historian Write From? Objectivity, Moral Conscience and the Past and Present of Imperialism', *Journal of Contemporary History*, 46, no. 3, p.685, cited in Robert Gildea, *Empires of the Mind*, p.10. 118. Gildea, *Empires of the Mind*, p.13.
119 https://www.theguardian.com/world/2015/jul/12/british-history-slavery-buried-scale-revealed
120 https://www.newstatesman.com/politics/education/2020/06/history-british-empire-not-taught-schools-curriculum
121 https://www.theguardian.com/commentisfree/2019/jul/06/britains-story-empire-based-myth-need-know-truth
122 https://www.newyorker.com/magazine/1995/11/06/the-trouble-with-heart-of-darkness
123 https://www.theguardian.com/commentisfree/2015/sep/08/10-things-africa-given-world
124 https://kinginstitute.stanford.edu/our-god-marching

맺음말. 신화를 넘어_새로운 세계지리

1 Essebo, 'A mythical place', p.523.
2 Joanna Overing, 'The role of myth: An anthropological perspective, or: "the reality of the really made-up"', p.10, cited in Essebo, 'A mythical place', p.523.
3 https://news.un.org/en/story/2020/03/1059061
4 IPBES, Global assessment report on biodiversity and ecosystem services, 2019, nin.tl/vertebrates, cited in Dinyar Godrej, 'The Case for Nature', *New Internationalist*, 529, p.16.
5 https://www.nationalgeographic.com/animals/article/chinesepaddlefish-one-of-largest-fish-extinct; Dinyar Godrej, 'The Case for Nature', p.16.
6 Dinyar Godrej, 'The Case for Nature', pp.16-18.
7 https://www.bbc.co.uk/news/uk-51768274; https://covid.cdc.gov/covid-data-tracker/#datatracker-home
8 Oli Mould, 'From globalisation to the planetary', *Geography Compass*, 17, no. 9, p.6.

9   Ilias Alami and Adam D. Dixon, 'The strange geographies of the "new" state capitalism', *Political Geography*, 82; https://www.noemamag.com/governing-in-the-planetary-age/, both cited in Mould, 'From globalisation to the planetary: Towards a critical framework of planetary thinking in geography.' *Geography Compass*, 17(9), e12720, p.8.

10 Mould, 'From globalisation to the planetary', p.8.

11 Paul Claval, *Les mythes fondateurs des sciences sociales*; Claval, 'The geographical study of myths', p.147.

12 https://www.scientificamerican.com/article/pangaea-ultima-the-nextsupercontinent-may-doom-mammals-to-far-future-extinction/

13 https://www.britannica.com/place/Pangea

14 https://www.nytimes.com/2011/06/07/science/07obpenguin.html

15 Faloyin, *Africa Is Not a Country*, p.351.

16 David Ludden, 'Presidential Address: Maps in the Mind and the Mobility of Asia', *The Journal of Asian Studies*, 62, no. 4, pp.1058, 1062.

17 *Mappa Mundi*, Herford Cathedral Enterprises, pp.28-9.

18 https://tfl.gov.uk/corporate/about-tfl/culture-and-heritage/art-and-design/harry-becks-tube-map

19 https://www.washingtonpost.com/technology/2020/02/14/google-maps-political-borders/

20 Faloyin, *Africa Is Not a Country*, p.334.

21 https://theconversation.com/antarctica-notes-on-the-fate-of-sovereignty-28292

22 Thanks to Klaus Dodds for this succinct summary.

역자 이미숙

계명대학교 영어영문학과 석사학위를 취득하였으며, 한국외국어대학교 통번역대학원에서 수학했다. 번역 에이전시 엔터스코리아에서 출판기획 및 전문 번역가로 활동하고 있다. 주요 역서로는 《데일카네기의 인간관계론》, 《제임스 앨런 운의 법칙》, 《드림 빅》, 《나는 인생에서 중요한 것만 남기기로 했다》 등이 있다.

대륙부터 국경까지 지도에 가려진 8가지 진실
완전히 새로운 지정학 수업

초판 1쇄 발행 2025년 6월 16일

지은이 폴 리처드슨
옮긴이 이미숙
펴낸이 성의현
펴낸곳 미래의창

편집주간 김성옥
책임편집 정보라·이은규·윤현아
디자인 공미향

출판 신고 2019년 10월 28일 제2019-000291호
주소 서울시 마포구 잔다리로 62-1 미래의창빌딩(서교동 376-15, 5층)
전화 070-8693-1719 **팩스** 0507-0301-1585
홈페이지 www.miraebook.co.kr
ISBN 979-11-93638-67-5 03900

※ 책값은 뒤표지에 표기되어 있습니다.

생각이 글이 되고, 글이 책이 되는 놀라운 경험. 미래의창과 함께라면 가능합니다.
책을 통해 여러분의 생각과 아이디어를 더 많은 사람들과 공유하시기 바랍니다.
투고메일 togo@miraebook.co.kr (홈페이지와 블로그에서 양식을 다운로드하세요)
제휴 및 기타 문의 ask@miraebook.co.kr